U0501856

经世济民
诚信服务
德法兼修

质检

高等职业教育财经商贸类专业基础课

经世济民 立德树人

新形态一体化教材

电子商务基础

主编 林 海

副主编 张 燕 王钰奇

中国教育出版传媒集团

高等教育出版社·北京

内容简介

本书是高等职业教育财经商贸类专业基础课"经世济民 立德树人"新形态一体化教材。

本书从电子商务作为数字经济的重要组成部分和构建以国内大循环为主体、国内国际双循环相互促进的新发展格局的重要推动力的角度出发，阐述在社会主义市场经济体系下中国电子商务的发展成就，围绕电子商务的新实践，全面介绍了电子商务的产业体系、支撑体系及创新发展。本书主要包括8章内容：经济引擎：电子商务概述；迭代创新：电子商务模式；敢为人先：电子商务新业态；生态支撑：电子商务服务体系；优化治理：电子商务信用体系；法治规范：电子商务法律法规体系；防范为先：电子商务安全与风险；数字共舞：电子商务与产业融合。本书通过对电子商务的新发展、新理论、新实践清晰完整的介绍，引导读者从宏观角度胸怀家国天下，坚定"四个自信"；从中观角度培育创新精神、法治意识；从微观角度锤炼职业技能，坚守职业伦理，展现社会担当。本书内容结构合理、层次清晰，符合科学的思维逻辑，注重理论与实际相结合，有利于培养和发展学生的实践探索、研究和创新能力。

本书既可作为高等职业教育本科、专科院校及应用型本科院校财经商贸类专业的教材，也可作为相关从业人员的读物。

为了便于教学，本书实现了"在线开放课程与新形态一体化教材"的一体化设计，建设了微课、PPT课件、课后答案等数字化教学资源，精选其中具有典型性、实用性的资源，以二维码形式标注在教材中。保证了新形态教材的教学适用性和教学资源的原创性。其他资源详见"郑重声明"页的资源服务提示。

图书在版编目（CIP）数据

电子商务基础／林海主编. -- 北京：高等教育出版社，2022.9
ISBN 978-7-04-058623-7

Ⅰ.①电… Ⅱ.①林… Ⅲ.①电子商务 – 高等职业教育 – 教材 Ⅳ.①F713.36

中国版本图书馆CIP数据核字 (2022) 第071625号

电子商务基础
DIANZI SHANGWU JICHU

| 项目策划 赵　洁 | 策划编辑 康　蓉　王　沛 | 责任编辑 王　沛 | 封面设计 赵　阳 | 责任绘图 邓　超 |
| 版式设计 赵　阳 | 责任校对 陈　杨 | 责任印制 刁　毅 |

出版发行　高等教育出版社　　社址　北京市西城区德外大街 4 号　邮政编码　100120
购书热线　010-58581118　　咨询电话　400-810-0598
网址　http://www.hep.edu.cn　http://www.hep.com.cn
网上订购　http://www.hepmall.com.cn　http://www.hepmall.com　http://www.hepmall.cn

印刷　河北鹏盛贤印刷有限公司　　开本　787mm×1092mm 1/16　印张　17.5
字数　340千字　版次　2022年9月第1版　印次　2022年9月第1次印刷
定价　48.80元

本书如有缺页、倒页、脱页等质量问题，请到所购图书销售部门联系调换
版权所有　侵权必究
物料号　58623-00

前言

　　30多年来，我国电子商务经历了从无到有、从弱到强的发展过程，取得了举世瞩目的发展成就。我国电子商务有两条清晰的脉络：一方面，随着互联网的普及，电子商务已成为数字经济中发展规模最大、增长速度最快、覆盖范围最广、创业创新最活跃的重要组成部分，一系列法律法规的出台也让行业发展不断走向规范；另一方面，电子商务是实体经济与数字经济融合发展的重要推动力，催生出一大批新模式、新业态，创造了大量新职业、新岗位，成为重要的"社会稳定器"。

　　党中央、国务院高度重视电子商务的发展。2020年以来，习近平总书记在不同场合多次就发展电子商务做出重要指示，对发展农村电商、跨境电商、丝路电商等提出要求，明确指出发展电子商务大有可为。"两会"的《政府工作报告》中多次提及电子商务，高度肯定了电子商务在抗击新冠肺炎疫情中的重要作用，要求继续推动线上线下融合，促进电子商务发展。党的十九届五中全会指出，要发展数字经济，坚定不移建设数字中国。电子商务是新发展格局蓝图中非常重要的环节，在畅通国内大循环，促进国内国际双循环中发挥重要作用。

　　与此同时，我国电子商务发展仍然面临不规范、不充分、不平衡的问题，平台企业垄断和不公平竞争问题凸显，内容乱象、诚信危机、规范缺失、税收争议等问题依然困扰着行业发展，外部宏观环境发生了复杂而深刻的变化，电子商务高质量发展机遇和挑战并存。2019年1月1日，《中华人民共和国电子商务法》正式实施。2021年10月9日，在以"新经济 新业态 新发展"为主题的首届中国新电商大会上，为广泛凝聚新电商行业发展共识，推动新电商行业健康发展，20家新电商平台企业联合发布《中国新电商行业健康发展倡议书》，提出"服务国家发展，助力共同富裕""诚信守法经营，共建网络生态""提高服务品质，满足美好生活""深化创新驱动，引领行业

I

发展""加强行业自律，接受社会监督"等倡议。

面对电子商务在国民经济中的新战略定位、新发展理念、新发展模式及新发展环境，"电子商务基础"作为学习电子商务的入门课程，为引导学习者了解中国电子商务的基本面，本教材开发团队紧密对接电子商务产业升级和技术变革新趋势，服务职业教育专业升级，心怀"国之大者"，反映"中国之治"，适时编写了本书，本书具有如下鲜明特色：

1. 育教相融，系统设计宏观、中观、微观"三位一体"的课程思政模式

本书根据电子商务的发展特点，结合课程实际、思维方法和价值理念，坚持马克思主义指导地位，融入习近平新时代中国特色社会主义思想，确立"国际视野、家国情怀、创新精神、德法兼修"的课程思政目标，阐述在社会主义市场经济体系下中国电子商务的发展，站在产业发展、经济引擎的高度构建电子商务体系。在宏观上设计了"中国方案""文化视角"栏目，引导读者在电子商务的中国创新、中国之治、文化传承中胸怀家国天下，坚定"四个自信"；在中观上设计了"企业创新""法治护航"栏目，在中国电子商务企业创新案例、相关法律法规及典型判例中培育创新精神和法治意识；在微观上设计了"协作探究""职业伦理"栏目，全面提升学生的探究思维和综合素养，锤炼职业技能，坚守职业伦理，展现社会担当，育教相融，润物无声。

2. 中国特色，构建了电子商务"创新实践—产业体系—融合发展"的知识技能体系

本书站在全球视野、中国道路的高度，打破了传统以网店为载体、以岗位分工为核心的编写逻辑，建构行业和产业思维体系，既包含系统的理论知识，又紧跟新时代发展趋势，贴近读者的思想、学习和生活实际，系统介绍了以电子商务新模式、新业态为代表的创新实践，以电子商务服务体系、信用体系、法律法规体系等为架构的产业体系，以带动农业、工业、服务业等实体经济数字化升级的融合发展，从而形成了"创新实践—产业体系—融合发展"为主线的知识技能体系，更加符合职业教育教学规律和新时代的人才培养需求。同时，按照《职业院校教材管理办法》中"名称、名词、术语等符合国家有关技术质量标准和规范"的要求,采用中华人民共和国国家标准《物流术语》(GB/T 18354—2021)和《物联网术语》(GB/T 33745—2017)等,规范术语使用。

3. 媒体融合,形成"一书一课一空间"的教学新生态

为适应"三教"改革要求和信息化教学需求,本书以纸质教材为核心,依托在线平台搭建课程资源,在云端连接在线开放课程和课堂教学,构建起纸质教材与在线开放课程互动的新形态一体化教学体系,实现了线上线下的互动及全媒体融合,教材内容与数字化教学资源建设一体化、教材编写与课程开发一体化、教学过程与学习过程一体化。

4. 易教利学,创新"学生中心、数字赋能"的内容编排与版式设计

在内容编排上,按照"学习目标→引入案例→知识准备→知识与技能训练→实训任务"的框架进行设计,逻辑清晰,循序渐进,符合职业教育教学规律和技术技能人才成长规律;在版式设计上,图、文、表并茂,配套数字化教学资源丰富,形式多样,将重要知识点、技能点对应的微课、视频等通过教材边白处的二维码标注出来,方便学生泛在学习,有效激发学生的学习兴趣和创新潜能,体现教材开放灵活和易教利学的适用性。

本书由广东科学技术职业学院林海教授担任主编,张燕、王钰奇担任副主编。全书共分为八章,第1章由林海编写;第2章由方舟编写;第3章由王钰奇编写;第4章由张燕、汪奕辰编写;第5章由徐文瑞编写;第6章由邓奔驰编写;第7章和第8章由林海、张燕、李大铭编写。本书大纲、编写理念与内容的总体设计,以及最后的统稿、定稿、总纂由林海完成。本书在编写过程中,得到了行业企业、研究机构、院校专家的指导与建议,高等教育出版社的编辑用专业能力和匠心精神确保了本书的高质量出版,在此一并致以真诚的感谢。

由于电子商务的发展日新月异,相关内容具有较强的时效性,编写团队的时间和水平有限,书中难免存在疏漏和不足之处,敬请广大专家、学者、同仁及读者提出宝贵意见,以使本书日臻完善。

编者

2022 年 5 月

目录

第7章

防范为先：电子商务安全与风险 207

第8章

数字共舞：电子商务与产业融合 239

第1章

经济引擎

电子商务概述

学习目标

✦ 知识目标
- 了解电子商务的产生及发展历程
- 熟悉社会主义市场经济与中国电子商务的关系
- 掌握电子商务主要就业岗位及其从业人员需具备的基本素养

✦ 技能目标
- 能够准确分析中国电子商务演进过程中的阶段特征及发展趋势
- 能够清晰描述全球电子商务发展现状及趋势
- 能够举例说明电子商务对中国经济社会发展的促进作用
- 能够精准分析电子商务产业链的人才需求及就业岗位

✦ 素养目标
- 引导学生关心国际国内宏观及微观经济环境发展新动向，树立数字中国、电商强国的大国自信，激发学生的爱国主义情怀
- 引导学生通过电子商务传承中华优秀传统文化，增强文化自信
- 引导学生合法合规参与电子商务活动，树立正确的电子商务价值观
- 培养学生爱岗敬业、精益求精的工匠精神，形成正确的职业伦理观

思维导图

- 经济引擎·电子商务概述
  - 电子商务的产生与发展
    - 电子商务的缘起
    - 中国电子商务的发展
    - 全球电子商务的发展
  - 中国经济与电子商务
    - 社会主义市场经济与电子商务
    - 电子商务对中国经济社会发展的促进作用
    - 中国电子商务价值观
  - 电子商务从业人员的职业素养
    - 电子商务产业链与就业岗位
    - 电子商务从业人员的知识素养
    - 电子商务从业人员的技能素养
    - 电子商务从业人员的思想道德素养

学习计划

❖ **知识学习计划**

❖ **技能训练计划**

❖ **素养提升计划**

电子商务助力我国经济社会发展

2020年是我国"十三五"规划收官之年。商务部发布的《中国电子商务报告2020》显示,"十三五"时期我国电子商务保持良好发展势头,已成为数字经济中发展规模最大、增长速度最快、覆盖范围最广、创业创新最为活跃的重要组成部分,也是实体经济与数字经济融合发展的重要推动力。

电子商务助推夺取疫情防控胜利。自新冠肺炎疫情发生以来,电子商务在防疫物资筹措、民生供应保障、稳定就业、助力复工复产、解决农产品滞销等方面发挥了重要作用。电子商务企业积极践行"保价格稳定、保质量可靠、保供应有序"号召,取得了积极成效。许多电子商务企业主动捐助抗疫物资,并参与物资调配工作,部分电子商务企业通过灵活用工等方式,为受疫情影响的餐饮员工提供了临时就业岗位;部分平台紧急开通"抗疫助农"专区,集中平台资源,联合各方力量,优化产销对接,打通疫情发生以来的农产品上行通路。随着全国新冠肺炎疫情防控阻击战取得重大进展,网络零售迅速回暖,带动消费水平快速回升。

农村电商助力脱贫攻坚取得实效成果。自新冠肺炎疫情发生以来,农村电商成为农民销售农副产品、购买生活必需品的好帮手。商务部数据显示,2020年全国832个国家级贫困县网络零售总额达3 014.5亿元,同比增长26%。其中,国家级贫困县农产品网络零售总额为406.6亿元,同比增长43.5%,增速较2019年提高14.6个百分点。截至2020年年底,国家级贫困县网商总数达306.5万家,较2019年增加36.6万家,增长13.7%。特色农产品发展模式多样。农村电商进一步促进农业标准化、品牌化发展。中国电商扶贫联盟在商务部电子商务和信息化司的指导下,积极培育农产品品牌,截至2020年年底,共帮助1 229家贫困地区农产品企业开展"三品一标"认证培训,资助296家通过认证。

案例启示:

中国电子商务的飞速发展非一日之功。我国电子商务领域坚决贯彻落实党中央、国务院部署,坚持新发展理念,在抗疫保供、助力复工复产,统筹推进疫情防控和经济社会发展方面做出了突出贡献。在"双循环"新发展格局下,中国电子商务又将如何助力我国经济社会发展?

1.1 电子商务的产生与发展

20世纪90年代，随着互联网技术突飞猛进的发展，商务活动电子化的条件逐步成熟，电子商务（简称"电商"）得到了蓬勃发展。进入21世纪后，电子商务将生产企业、流通企业、消费者和政府等都引到了一个数字化空间，影响和改变了人们生产和生活的方方面面。随着国家"互联网+"行动计划的实施，电子商务迎来了新一轮的重要发展机遇，呈现出不同以往的新内涵、新特征和新趋势，以电子商务为代表的数字经济取得了长足进步，在推动国内经济社会发展方面发挥了重要作用，也成为助推全球经济发展的重要手段。

1.1.1 电子商务的缘起

1. 电子商务的概念

电子商务是一个不断发展的概念。IBM公司于1996年提出了 Electronic Commerce（E-commerce）的概念；1997年，该公司又提出了 Electronic Business（E-business）的概念；事实上，电子商务至今还没有一个较全面、具有权威性、能够为大多数人所接受的定义。各国政府、机构、学者、企业人士根据自己的理解和对电子商务的参与程度，给出了许多不同的定义。

（1）联合国国际经济合作与发展组织（OECD）的定义：电子商务是发生在开放网络上的包含企业之间（Business to Business）、企业和消费者之间（Business to Consumer）的商业交易。

（2）世界贸易组织电子商务专题报告中的定义：电子商务是通过电信网络开展的生产、营销、销售和流通的活动，它不仅指基于互联网的交易，而且指各种采用电子信息技术来解决问题、降低成本、增加价值和创造商机的商务活动，包括利用网络实现从原材料查询、采购、产品展示、订购。到出口、储运及电子支付等一系列的贸易活动。

（3）欧洲议会在"欧洲电子商务发展倡议"中的定义：电子商务是通过电子方式进行的商务活动。它以数据（包括文本、声音和图像）的电子处理和传输为基础，包含了许多方面的活动（如商品服务的电子贸易、数字内容的在线传输、电子资金划拨、电子证券交易、商品拍卖、协作、在线资料、公共产品获得等），它涉及产品（如消费品）和服务（如信息服务、金融与法律服务）、传统活动（保健、教育）和新型活动（虚拟商场）等。

（4）全球信息基础设施委员会（GIIC）的定义：电子商务是以电子通信为手段的经济活动，通过这种方式，人们可以对带有经济价值的产品和服务进行宣传、购买和结算。这种交易的方式不受地理位置、资金多少或零售渠道所有权的影响，国有或私有企业、政府组织、各种社会团体、一般公民和企业家都能自由地参加广泛的经济活动，其中包括农业、林业、渔业、工业、私营和政府的服务业。电子商务能使产品在世界范围内进行交易并向消费者提供多种多样的选择。

本书综合多种定义后认为：电子商务是指利用互联网及现代通信技术进行的任何形式的商务运作、管理活动或信息交换。电子商务有狭义和广义之分，狭义的电子商务（E-commerce）也可以称作电子交易，是指人们在互联网上开展的交易或与交易有关的活动；广义的电子商务（E-business）是指人们利用信息技术使整个商务活动实现电子化的所有相关活动。它既包括企业内部的商务活动（如企业资源计划、管理信息系统、生产管理、市场营销、客户关系管理等），也包括企业间的商务活动。

2. 电子商务的发展历程

经济全球化和信息处理技术、现代通信技术的迅速发展，带动了电子商务的快速发展。电子商务的发展经历了以下两个阶段：

（1）基于EDI的电子商务（1960—1990年）。单纯从技术的角度来看，人们利用电子通信的方式进行贸易活动已有几十年的历史了。早在20世纪60年代，人们就开始用电报发送商务文件。到了20世纪70年代，人们普遍采用方便、快捷的传真机来替代电报，但是由于传真文件是通过纸面打印来传递和管理信息的，不能将信息直接转入信息系统中，因此，人们开始将电子数据交换（Electronic Data Interchange，EDI）作为企业间电子商务的应用技术，这就是电子商务的雏形。

EDI在20世纪60年代末期产生于美国，当时的贸易商在使用计算机处理各种商务文件时发现，由人工输入一台计算机中的数据70%是来自另一台计算机输出的文件，过多的人为因素影响了数据的准确性和工作效率的提高，人们开始尝试在贸易伙伴之间的计算机上进行数据自动交换，进而促使EDI应运而生。

EDI是将业务文件按一个公认的标准从一台计算机传输到另一台计算机上去的电子传输方法。由于EDI大大减少了纸张票据的作用，人们也形象地称它为"无纸贸易"或"无纸交易"。从普通商场的电子收款机、POS（销售点实时管理系统）、EOS（电子订货系统）和MIS（管理信息系统），到跨越不同国家、不同企业的EDI，数据信息的控制处理越来越准确和有效，同时大量事务处理工作也趋向标准化。

EDI发展之初主要应用于企业内部不同部门之间传送图纸、文件等，到了20世纪

90年代，EDI技术已经较为成熟，其应用范围逐渐扩大到国际贸易和金融等领域，甚至在贸易界提出了"没有EDI就没有订单"的口号。

⬡ 协作探究

改革开放后的中国互联网

从1978年十一届三中全会以后，国家的工作重心转移到以经济建设为中心的轨道上来，开创了社会主义现代化建设的新局面。中国改革开放四十多年，也是中国互联网飞跃发展的四十多年。正是在改革开放的大环境下，中国互联网发展的网络基础、资金基础、经营基础得以形成、完善，处于高科技前沿的互联网产业正是改革开放的最直接受益者。

站在改革开放辉煌40余载的新起点上，可以清晰地看到中国互联网从"追随者"到"引领者"风云激荡的发展历程。请大家思考并讨论改革开放为中国互联网的蓬勃发展奠定了什么基础？

（2）基于Internet的电子商务（1991年至今）。使用VAN（Valued Added Network，增值网，是指租用公用网络的通信路线并与计算机连接，进行信息的存储、处理的通信网系统）的费用很高，仅大型企业才有可能使用，限制了基于EDI的电子商务应用范围的扩大。促使电子商务快速发展的关键因素是互联网的飞速发展。

20世纪90年代中期后，国际互联网迅速走向普及化，逐渐从大学、科研机构走向企业和普通百姓家庭，其功能也从信息共享演变为一种大众化的信息传播工具。自此，一直被排斥在互联网之外的商业贸易活动正式进入这个领域，从而使电子商务成为互联网应用的最大热点。从这时起，电子商务发展主要经历了三个阶段：

①**快速发展期**（1991—2000年）。20世纪90年代以来，电子商务不再单纯依赖EDI技术，基于Internet的电子商务受到了高度重视，并且开始快速发展起来。1995年7月亚马逊网络书店诞生，同年9月世界上第一个线上拍卖及购物网站eBay出现。在这一年，英国国民威斯敏斯特银行、米德兰银行（该银行于1992年被汇丰银行全面收购）和英国电信集团开始使用一种叫作Mondex的电子货币，实现了网上支付。电子商务逐渐开始成为各国经济活动的热点，基于互联网的电子商务从诞生开始就以超常速度发展，销售额成倍增长。

②**放缓调整期**（2001—2003年）。20世纪初，由于扩张速度过快，电子商务行业中的物流、管理等问题逐渐暴露。电子商务热度急剧下降，资金撤离，网站开始重新

洗牌。面对电子商务发展的严峻形势，联合国等有关组织加大了电子商务发展工作的扶持力度。2001年5月10日，联合国贸易便利化和电子商务中心（UN/CEFACT）与结构化信息标准促进组织（Organization for the Advancement of Structured Information Standards, OASIS）正式批准了《ebXML电子商务全球化标准》，为拓展统一的全球性电子商务交易市场奠定了基础。与此同时，各国政府也相继推出各种鼓励政策，继续支持电子商务的发展。

③稳步发展期（2004年至今）。2004年以来，电子商务摆脱了世界经济萎缩和行业泡沫破灭的影响，逐步进入稳步发展阶段。在这个阶段，B2B模式高速发展，不仅大型企业全面采用了电子商务，许多中小型企业也在电子商务领域快速发展。与此同时，B2C模式也愈加成熟，越来越多的消费者接受网络购物的方式，全球网民数量持续增长。在此基础上，电子商务的发展环境日渐完善，电子商务营商环境持续优化，电子支付和电子商务物流逐渐完善，市场交易规模不断扩大，全球范围内的电子商务发挥着更加重要的作用。

1.1.2 中国电子商务的发展

1. 中国电子商务的发展历程

中国电子商务自1995年萌芽至今，在不到30年的时间里经历了从"工具"（点）、"渠道"（线）到"基础设施"（面）三个维度上的不断扩展和纵深发展的过程。2013年，电子商务在"基础设施"维度上进一步催生出新的商业生态，影响和加速了传统产业的电子商务化，"电子商务经济体"开始兴起。

改革开放以来，我国成功实现了计划经济向社会主义市场经济体制转型，零售新业态层出不穷，极大地便利了老百姓的生活。随着电子商务的普及与发展，消费者的购物方式彻底打破了时间、空间的界限。市场的需求、政策的红利、基础设施的完善，推动着电子商务产业的迭代升级，而电子商务产业的发展也反哺着市场。目前，电子商务已成为我国经济发展的重要驱动力，我国也稳居当前全球第一网络零售大国的地位。

中国电子商务从工具、渠道、基础设施到经济体的演变，不是简单的新旧替代的过程，而是不断进化、扩展和丰富的生态进化过程。

（1）工具阶段（1995—2003年）。这个阶段是互联网进入中国的探索期和启蒙期。中国电子商务以企业间电子商务模式的探索和发展为主。在早期，应用电子商务的企业和个人主要把电子商务作为优化业务活动或商业流程的工具，如信息发布、信息搜索和邮件沟通等，其应用仅局限于某个业务"点"。

从中国黄页到中国化工网（国内第一家专业化工网站，也是国内客户量最大、数据最丰富、访问量最多的化工网站）的成立，再到8848、携程网、易趣网、阿里巴巴、当当网等一批电子商务网站先后创立，互联网高潮助推电子商务快速发展，但"千禧年"互联网泡沫的破灭使一批电子商务企业倒闭，随后电子商务经历了一个比较漫长的"冰河时期"。

（2）渠道阶段（2004—2008年）。在这个阶段，电子商务应用由企业向个人延伸。2003年，非典的肆虐令许多行业在春天里感受到寒冬的冷意，但给电子商务带来了机会。电子商务领域在这一年经历了一系列重大事件，如阿里巴巴集团成立淘宝网进军C2C市场，京东涉足电子商务领域等。

❀ 法治护航

2004—2008年国家出台的政策文件

2004—2008年，国家先后出台了《中华人民共和国电子签名法》《国务院办公厅关于加快电子商务发展的若干意见》《电子商务发展"十一五"规划》《关于网上交易的指导意见（暂行）》《商务部关于促进电子商务规范发展的意见》《国民经济和社会发展信息化"十一五"规划》等政策文件，提出发展电子商务服务业的战略任务，构筑电子商务发展的政策生态。

其中，《国务院办公厅关于加快电子商务发展的若干意见》提出加快电子商务发展的基本原则是：政府推动与企业主导相结合；营造环境与推广应用相结合；网络经济与实体经济相结合；重点推进与协调发展相结合；加快发展与加强管理相结合。

同时，随着网民数量和电子商务交易规模的迅速增长，电子商务成为众多企业和个人新的交易渠道，如传统商店的网上商店、传统企业的电子商务部门及传统银行的网络银行等，越来越多的企业在线下渠道之外开辟了线上渠道，并逐步将电子商务延伸至供应链环节，促进了物流快递和网上支付等电子商务支撑服务的兴起。

（3）基础设施阶段（2009—2013年）。电子商务引发的经济变革使信息这一核心生产要素日益广泛运用于经济活动，使信息在商业、工业和农业中的渗透速度不断加快，极大地改变了消费行为、企业形态和社会创造价值的方式，有效地降低了社会交易成本，促进了社会分工协作，引发了社会创新，提高了社会资源的配置效率，深刻地影响着零售业、制造业和物流业等传统行业，成为信息经济重要的基础设施或新的商业基础设施。越来越多的企业和个人通过以电子商务平台为核心的新商业基础设施降低交易成本，共享商业资源，创新商业服务，极大地促进了电子商务的迅猛发展。

（4）经济体阶段（2013年至今）。2013年，中国超越美国，成为全球第一大网络零售市场。网络零售的蓬勃发展促进了宽带、云计算、IT外包、网络第三方支付、网络营销、网店运营、物流快递、咨询服务等生产性服务业的发展，形成了庞大的电子商务生态系统。电子商务基础设施日益完善，电子商务对经济和社会的影响日益强劲，电子商务在"基础设施"之上进一步催生出新的商业生态，影响和推动了传统产业的电子商务化和经济整体的转型升级，电子商务经济体开始兴起。

◈ 中国方案

三部门联合发布《电子商务"十四五"发展规划》

2021年10月，商务部、中央网信办、国家发展改革委三部门联合发布《"十四五"电子商务发展规划》（以下简称《规划》）。

《规划》提出，到2025年，我国电子商务高质量发展要取得显著成效。电子商务新业态新模式蓬勃发展，企业核心竞争力大幅增强，网络零售持续引领消费增长，高品质的数字化生活方式基本形成。电子商务与一二三产业加速融合，全面促进产业链供应链数字化改造，成为助力传统产业转型升级和乡村振兴的重要力量。

《规划》共分为4章、18节，共计约1.7万字，进一步明确了电子商务在新时代国民经济社会发展中的新使命；确立了全新的电子商务发展原则和政策导向；开展了电子商务发展指标体系的有益探索；构建了电子商务服务构建新发展格局的战略框架。

2. 中国电子商务的发展现状

党中央、国务院高度重视电子商务的发展，在各部门的大力推动下，电子商务政策法规环境不断优化，市场主体创新发展能力不断提升，与传统产业的融合发展程度不断加深，跨境电商、农村电商、生活服务电商等对稳外贸、促消费、助扶贫、扩就业的作用不断增强，丝路电商国际合作已成为更高水平对外开放和"一带一路"建设的重要内容。作为当前数字经济中表现最活跃、发展势头最好的新业态、新动能之一，电子商务正逐步成为居民消费的主要渠道和推动经济增长的重要引擎。

微课：中国电子商务发展现状

（1）迭代创新促进消费新增长。不断迭代创新是电子商务持续保持旺盛生命力的关键因素，而新技术应用和新模式推广又是电商创新的"鸟之双翼"。人工智能、虚拟现实、大数据、小程序等新技术的加快应用，驱动了消费体验升级；直播电商、社交电商、线上线下融合供应链、跨境电商海外仓等新模式更好地满足了消费选择多元化、消费内容个性化的需求。

🔷 协作探究

电商助力疫情防控

在抗击新冠肺炎疫情期间，主要电子商务平台商品供应基本正常，价格基本有序，为广大群众抗击疫情提供了坚实的物质保障。一些电商平台协助地方政府搭建了应急物资供应链管理平台，发挥数字化优势，整合抗疫物资信息，并对其进行统一管理分配；部分电子商务平台创新性地推出"无人车配送""无接触配送"等模式，在避免密切接触、保障消费者安全的前提下提供基本生活物资。

请查阅所在地区相关资料，思考并讨论电商如何助力当地疫情防控？

（2）品质消费成为网购新风尚。从全国零售市场的销售渠道和商品结构来看，商品消费品牌化、品质化趋势明显，个性化、定制化商品备受青睐。数据显示，C2M（Customer to Manufacture，用户直连制造）反向定制合作项目商品销售大幅增长。国家大力推进消费升级，2019年4月，由商务部、国家邮政局、中国消费者协会组织的第一届"双品网购节"，依托电商大数据等先进技术，优选商品品类，大力促进品牌消费、品质消费。2020年4月，第二届"双品网购节"举行，旨在缓解新冠肺炎疫情的影响，扩大消费需求。2021年4月，"第三届全国双品网购节暨2021北京消费季"在京启动，立足8大消费领域，全面推动消费提质升级，助力北京国际消费中心建设。

🔶 文化视角

传统文化回归，"新国货"成为时尚标签

"国潮"的兴起，不是一次产品的爆红，而是众多国货老品牌不断探索新时尚所产生的必然结果。从百雀羚融合民国元素的长图广告《一九三一》，到回忆童年的大白兔唇膏、泸州老窖香水、故宫口红等跨界国货爆品，在让老牌国货重新焕发活力的同时，也将"国潮"推入大众视野，成为最流行的时尚文化。

"国潮"流行的根本原因是中国经济实力提升所带动的文化自信和文化回归，以及大众对于国货实力的日渐认可。

（3）跨境电商引领外贸新业态。根据海关数据显示，中国跨境电商进出口总额持续增长，尤其是在贸易保护主义抬头、传统外贸渠道受阻的背景下，跨境电商已成为中国出口的新兴力量。伴随着数字技术加快与经济社会各领域的渗透融合，国际贸易中的各个领域与环节都产生了深刻的改变，跨境电商模式的新变化、新升级，为世界经济贸易带来了新的机遇。云计算、大数据、人工智能等新型数字经济广泛应用于跨境电商服务、生产、物流和支付等各个环节，大幅推动了跨境电商的蓬勃发展。

国家出台了一系列促进跨境电商稳步发展和产业升级的政策，重点包括企业税收减免、行业监管、外贸创新发展等方面，为跨境电商企业带来众多利好，使得跨境电商企业可以合理规划供应链；相关配套政策促进了跨境电商企业的报关信息化并简化了申报流程，海关监管创新也为跨境电商发展提供了有力支撑。

（4）农村电商发展贡献中国智慧。近年来，随着"互联网＋"的深入发展，电商扶贫工作取得了丰硕成果。各级政府陆续出台了一系列政策支持农村电商发展，从数字乡村、电商扶贫、物流体系、农产品供应链等方面，推动农村电商发展的政策体系和管理机制不断深化。在各级政府的引导推动下，各大电商企业积极参与脱贫攻坚，增强了电商扶贫的内生动力，电商扶贫极大推进了贫困地区特色产业的标准化、规模化、品牌化建设，助其实现产品增值和溢价，建立了可持续的发展模式。农村电商模式也不断创新，为"乡村振兴"提供支撑，例如，在工业消费品下乡方面，在电商服务站、"村淘"基础上，扩展了社区拼团、短视频直播、小程序电商等新模式；在农产品"上行"方面[1]，标准化、品牌化渐成趋势。

（5）产业深度融合呈现高质量发展。电子商务与制造业的融合已成趋势，产业链上下游协同效率得到大幅度提高，制造业潜力得到释放，智能定制新消费模式加速酝酿。一方面，各大电商平台加速连接生产制造企业，各类电子商务平台通过数据分析、社群运营、流量创新等多种方式获取消费者需求偏好，引导制造企业设计、研发和生产市场需求的产品。另一方面，个性化定制企业将用户的个性化需求处理后形成标准化订单，

---

1 农产品"上行"主要是指利用互联网技术，把农产品从农村生产地销售到各消费终端，也称"农产品进城"。

分发给智能制造工厂，C2M平台与工厂直接合作定制热销产品，满足用户的个性化消费需求。B2B电子商务也向产业链深度延伸，一类是横向整合供应链服务、技术、资金、物流和加工等资源，推动订单数字化，提高供应链环节数字化运营效率；另一类是纵向深入上下游企业进行数字化改造，在供给侧推进智能制造和柔性供应链，在需求侧推进采购数字化，提升供产销全线协同效率。

（6）政策法规建设逐步完善。2019年《中华人民共和国电子商务法》正式实施，与电子商务相关的法律法规逐步完善。一批电商标准逐步立项、实施，电子商务标准体系日渐完善。2019年12月，商务部印发了《关于加强电子商务统计监测分析工作的指导意见》，深入推进部省电商大数据共建共享，全国电子商务统计监测工作进入新阶段。政府、平台企业和电商经营者持续合力加强信用建设，构建以信用为基础的新型监管机制；大力推动电子商务企业开展诚信承诺，完善诚信档案，开通以信用共建为主要内容的全国电子商务公共服务平台，中国电子商务信用体系建设取得新进展；有关部门不断提高监管和执法能力，数据信息利用和保护水平显著提高，知识产权保护与治理不断强化，电子商务市场环境进一步优化。

❖ 法治护航

整治电商平台乱象：打击"刷单炒信"有了法律依据

"给个好评可以获得5元返利。"不少消费者网购时，会在包裹里看到这样的卡片。QQ群、贴吧等社交网上的刷单广告也屡见不鲜。通过网络"水军"刷单炒信似乎也成了电商行业内外"公开的秘密"。

刷单炒信，是指电商平台上的卖家通过安排"刷手"进行虚假交易，提高商品销量、好评率和店铺的信誉，从而提升商品或店铺的检索排名，增加被消费者选择的交易机会的行为。由于多数人网购时习惯根据购买评价决定是否下单，这也导致部分商家在用户评价上动起歪脑筋，试图通过刷好评、删差评等方式提升店铺的信用水平。不实评价不仅会误导消费者，也会扰乱线上市场秩序。

2019年4月23日新修正的《中华人民共和国反不正当竞争法》一方面明确了虚假宣传的具体内容，明确经营者不得对其商品的"销售状况""用户评价"等做虚假或者引人误解的商业宣传，欺骗、误导消费者；另一方面，明确经营者不得通过组织虚假交易等方式，帮助其他经营者进行虚假或者引人误解的商业宣传。根据该法的规定，"刷单炒信"和帮助"刷单炒信"等行为将会面临二十万元以上一百万元以下的罚款；情节严重的，处一百万元以上二百万元以下的罚款，甚至可以吊销营业执照。这表明了国家整治电商平台刷单乱象的决心，将重拳打击不实评价、恶意炒信等行为，助力建设诚实守信、公平公正的电商市场生态环境，为网购消费者撑起一把"安全伞"。

1.1.3 全球电子商务的发展

1. 全球电子商务的发展现状

从总体趋势来看，全球电商市场持续保持高速增长态势。从基础条件看，全球网民数量持续增长，移动互联网快速发展，网络营商环境持续优化，数字支付和物流设施逐渐完善；从总体特征看，全球电子商务市场集中度增强，呈现移动化、社交化和智能化的特点；从趋势看，创新发展与合规监管互动协同成为全球电子商务发展的大势所趋，区域间电子商务合作将成为重点。

（1）全球电子商务市场规模不断扩大。据eMarketer估算，全球网络零售占全球零售总额的比重不断上升，随着全球电子商务的持续发展，网络购物已经成为全球居民的一种重要购物方式。2017—2023年全球零售及网络零售相关数据及预测如表1-1所示。

表1-1 2017—2023年全球零售及网络零售相关数据及预测

年份	全球零售总额/万亿美元	总额增速/%	全球网络零售额/万亿美元	网络零售增速/%	网络零售占总额比重/%
2017年	22.974	6.2	2.382	28.0	10.4
2018年	23.956	4.3	2.928	22.9	12.2
2019年	25.038	4.5	3.535	20.7	14.1
2020年	26.074	4.1	4.206	19.0	16.1
2021年	27.243	4.5	4.927	17.1	18.1
2022e	28.472	4.5	5.695	15.6	20.0
2023e	29.763	4.5	6.542	14.9	22.0

欧美地区电子商务起步较早、应用较广泛。线下零售是美国最大的销售市场，而电商市场是美国零售商的主要增长动力，特别是在新冠肺炎疫情全面暴发的情况下，美国电商在零售行业的增长不断加快。目前，80%的美国制造商拥有自己的网站，60%的小

企业、80%的中型企业和90%的大型企业已经开展电子商务应用。欧洲B2C电子商务营业额在2020年超过6 000亿欧元，约增长13%。其中，西欧的B2C电子商务营业额比率约为66%，而北欧的人均网购支出最高。

亚太地区电子商务体量大、发展快。电子商务起源于欧美，但兴盛于亚洲。根据数据机构eMarkete的统计，亚太地区是全球最大的电商市场，2021年的线上销售额达到2.992万亿美元。该数额超过北美三倍以上，约合西欧市场的五倍。具体到国家，中国是占据全球电商份额最高的国家，并以巨大优势遥遥领先于其后的国家。

拉丁美洲、中东及北非地区的电子商务规模小、潜力大。拉丁美洲是全球B2C电子商务发展最快的区域之一，电子商务市场看好的主要原因是网民数量增长红利、互联网普及率提升、本土技术创新等。非洲地域广阔，人口分布不均，实体店数量少，居民购物不便，电子商务发展存在刚性需求。近年来，非洲各国更加重视电子商务发展，加大了电子商务基础设施建设力度。

（2）全球电子商务发展基础条件得到改善。

①全球网民数量持续增长。根据WeAreSocial和Hootsuite发布的最新统计，2021年1月全球网民数量已经达到46.6亿人，比上年同期增加了3.16亿人，增长7.3%。全球互联网普及率目前为59.5%。随着互联网信息技术的广泛应用，全球网民的数量将进一步增长。

全球范围内移动互联网快速发展，随着智能手机的普及，移动互联网的应用更加广泛。自2020年1月以来，独立手机用户数量增长了1.8%（达到9 300万人）；而移动连接总数则增加了7 200万个（增长0.9%），到2021年年初达到80.2亿个。截至2021年1月，全球手机用户数量为52.2亿人。

②全球电商物流配套基础设施进展缓慢。从区域来看，全球仅有东亚和太平洋、拉丁美洲和加勒比海等地区在贸易与运输相关的基础设施质量方面有所提升，而北美地区与贸易、运输相关的基础设施质量下降幅度最大，随着全球电子商务的快速发展，其配套的物流基础设施将会出现相应改进。

③全球数字支付方式逐渐普及。目前全球电子商务交易的支付方式以电子钱包为主。未来，随着移动互联网的快速发展，电子钱包的使用量将进一步增长，而货到付款、预付卡、签账卡与递延借记卡等支付方式的使用量将逐渐下降。

2. 全球电子商务的发展趋势

随着全球消费者购买力的增强、社交媒体用户数量的激增、基础设施和技术的不断进步，全球电子商务的发展前景广阔，并呈现出以下发展趋势：

（1）移动电子商务快速发展。近年来，移动电商实现了快速增长，移动电商购物已经成为主要的消费渠道，亚洲和中东地区的移动电商市场正持续快速增长，两地消费者更倾向于通过移动设备购买零售产品，亚太地区新兴市场尤是如此。随着移动互联网和智能手机的持续普及，移动电商成为电子商务发展的主流。

（2）社交电商成为新渠道。社交媒体和电子商务平台相互融合，社交电商成为全球电子商务发展的新动力。一方面，社交平台不再是单一的交流平台，正在逐步演变成电子商务平台。Global Web Index（GWI）发布的《2021年社交媒体趋势报告》显示，2020年全球互联网用户每日使用社交媒体的平均时长为2小时24分，而且使用社交媒体进行社交的人数呈上升趋势。在亚洲，微信等平台已经成功接入电商，并将业务拓展到网约车、购物结账、酒店住宿、出行娱乐等领域，社交购物已经成为社交媒体除广告之外的主要收入来源。另一方面，电子商务平台也开通了社交功能，以提高购物转化率，并增强购物黏性。

（3）智能场景运用逐渐增多。当前，电子商务领域中使用较为广泛的智能化工具有智能客服、智能化店面设计、行业分析等，智能配送、智能选品、精准推送等应用也持续扩大。一方面，无人机配送取得新进展，成为解决"最后一公里"的新途径；另一方面，基于消费大数据分析实现的智能选品和智能推送，可以有效降低电商运营成本，经过十多年的消费数据积累，电商对消费者的年龄分布、线上品类偏好，以及购买商品倾向有了更精准的把握，为备货、营销提供了依据。随着大数据、云计算、人工智能、区块链等新一代信息技术的广泛应用，全球电子商务将出现更多新模式。

（4）跨境电商日益盛行。由于跨境电商可以让消费者找到更便宜的或本地市场上没有的商品，因此全球消费者对跨境电商也会越来越感兴趣。据弗雷斯特研究公司（Forrester）预测，到2022年，20%的电商销售额将由跨境销售占领，40%的网上买家将定期进行跨境购物，全球跨境电商销售额将达6 270亿美元。而受中国进出口电商发展的带动，亚太地区在跨境电商方面将成为规模最大的市场。

1.2　中国经济与电子商务

社会主义从来都是在奋勇开拓中前进的。改革开放四十余年来，我国经济实现了飞速发展，人民生活水平不断提高。经过长期努力，中国特色社会主义进入了新时代，我国发展站到了新的历史起点上。在新时代，人民日益增长的美好生活需要和不平衡不充分的发展之间的矛盾已成为我国社会新的主要矛盾，而电子商务在解决这一矛盾上大有可为。

1998年，阿里巴巴、中国制造网等B2B电子商务企业成立；2003年，淘宝网、京东商城等B2C电子商务平台崛起，中国电子商务开启了快速发展的阶段。从国内市场来看，2021年，全国实物商品网上零售额达10.8万亿元，占社会消费品零售总额的比重为24.5%，对社会消费品零售总额增长的贡献率为23.6%。电子商务在促消费、稳外贸、助扶贫、扩就业，以及带动产业数字化转型等方面做出了积极贡献，成为稳定经济增长和促进经济高质量发展的重要动能。

1.2.1　社会主义市场经济与电子商务

建立和完善社会主义市场经济体制是我国进一步深化经济体制改革的重要内容。我国电子商务的发展与社会主义市场经济体制的建立和完善是息息相关的。1992年，邓小平南方谈话提出要建立社会主义市场经济体制，为我国电子商务的起步奠定了基础。党的十六大提出了科学发展观，强调"坚持以人为本，树立全面、协调、可持续的发展观，促进经济社会和人的全面发展"，为电子商务的发展提供了科学的理论指导。党的十八大以来，我国在经济建设上形成新的发展理念，建设现代化经济体系。国家高度重视电子商务发展，2015年5月，国务院印发了《关于大力发展电子商务　加快培育经济新动力的意见》，这既是落实中央精神的重要举措，也为电子商务爆发式增长提供了有力的政策支撑。2020年以来，习近平总书记在不同场合多次就发展电子商务做出重要指示，对发展农村电商、跨境电商、丝路电商等提出要求，明确指出电子商务是大有可为的。李克强总理在2020年的《政府工作报告》中三次提及电子商务，高度肯定了电子商务在抗击新冠肺炎疫情中的重要作用，要求继续推动线上线下融合，促进电子商务发展。国家的一系列重大部署是新时代电子商务行业发展与革新的动力。我国电子商务的发展是建立在社会主义市场经济体制形成、发展基础上的，既符合中国国情，也符合马克思主义理论的基本观点。

我国电子商务在社会主义市场经济中发挥着重要作用，主要体现在以下三个方面：

1. 加快商品流通速度

电子商务利用互联网优势，突破了时间和空间的限制，打通了生产者和消费者之间的交易渠道，使交易能够在短时间内快速进行。马克思认为：资本是按照时间顺序通过生产领域和流通领域两个阶段完成运动的。资本在生产领域停留的时间是它的生产时间，资本在流通领域停留的时间是它的流通时间。所以，资本完成它的循环的全部时间等于生产时间和流通时间之和。而商品的流通速度又与企业的盈利周期紧密联系。电子商务的出现大大缩短了商品的流通时间，加快了商品的流通速度，在帮助企业快速实现盈利目标的同时，还能满足消费者快速获得和使用商品的需求。

2. 缩短资本转化周期

资本的转化周期与资本的利用效率息息相关。资本的转化周期越短，资本的周转速度越快，利用效率也就越高。马克思认为：市场距离所造成的资本束缚在商品资本形式上时间的延长，直接造成货币回流的延迟，因而也延迟了资本由货币资本到生产资本的转化。电子商务在缩短市场距离上做出了巨大贡献。市场距离缩短了，资本在商品资本形式上的时间也减少了，使货币快速回流，资本转化率进而就提高了。这对于企业而言是非常有利的。在市场经济中，企业回收资金越快，越能充分调动资金将其用于扩大再生产，从而提高自身优势。电子商务为企业提供了将商品快速销售出去的平台，帮助企业迅速回笼资金，从而扩大生产和销售规模，实现快速发展。

3. 促进社会主义市场经济健康发展

党的十九大报告中指出：要加快完善社会主义市场经济体制。经济体制改革必须以完善产权制度和要素市场化配置为重点，实现产权有效激励、要素自由流动、价格反应灵活、竞争公平有序、企业优胜劣汰。电子商务作为一种经济新业态，近年来发展迅猛，逐渐成为社会主义市场经济的重要商业模式，也在完善社会主义市场经济体制方面发挥了重要作用。首先，电子商务的出现提高了商品流通速度，缩短了资金回流时间，促进了商品和各种生产生活要素快速流动。其次，电子商务平台为市场参与者提供了大量信息，解决了买卖双方的信息不对称问题，使市场价格等相关信息更加公开透明，价格反应更加灵活。最后，电子商务突破了时间和空间限制，缩短了交易距离，推动了全国统一市场的形成与完善，从而更好地发挥市场对资源配置的决定性作用，促进了社会主义市场经济体制完善。

1.2.2　电子商务对中国经济社会发展的促进作用

近年来，随着信息化和经济全球化进程的加快，我国对于电子商务及中小企业的发展越来越重视。相关政策向电子商务行业倾斜。例如，我国陆续推出的《国务院办公厅关于加快电子商务发展的若干意见》《关于大力发展电子商务加快培育经济新动力的意见》《关于促进跨境电子商务健康快速发展的指导意见》等，客观上为电子商务发展提供了有力的政策支撑。近年来，随着人们生活水平的提高，消费者的网购参与度也越来越高，电子商务逐渐成为我国经济发展的重要组成部分，对中国经济产生了重要的影响，具体表现为以下三点：

1. 电子商务促进实体经济发展

相对于传统商务，电子商务的出现大大提高了市场效率，优化了资源配置，极大地促进了我国实体经济的发展。《中国互联网发展报告（2021）》显示，2020年中国数字经济规模达到39.2万亿元，占GDP比重达38.6%，保持9.7%的高位增长速度，成为稳定经济增长的关键动力。同时，成熟完善的电商为实体经济振兴奠定了坚实基础。当前，我国电商产业涵盖批发电商、大宗电商、工业品电商等多个类别。据电子商务研究中心数据统计，2020年中国大宗电商市场规模为220 000亿元，较2019年增加了22 500亿元；工业品电商市场规模为7 650亿元，较2019年增加了1 150亿元；其他产业电商市场规模为47 350亿元，较2019年增加了1 350亿元。虽然工业品电商整体仍处于较低维度发展阶段，但未来在行业数字化层面仍有较大发展空间。

▦ 企业创新

三一集团携手京东探索"互联网＋先进制造业"新路径

党的十九大报告指出，建设现代化经济体系，深化供给侧结构性改革，加快发展先进制造业，推动互联网、大数据、人工智能和实体经济深度融合。国家相继发布了《关于深化"互联网＋先进制造业"发展工业互联网的实施意见》《关于推动先进制造业和现代服务业深度融合发展的实施意见》，促进实体经济振兴，加快转型升级。

通过互联网技术驱动制造业发展已成趋势，但实现两者之间的创新结合，则是制造业实现转型升级的关键。三一集团与京东合作，就是工业企业探索互联网转型的一个创新案例。京东利用其灵活可配置的零售基础设施，为三一集团提供了体系化的工业电子商务解决方案，首次实现制造企业"在电商买，在电商卖"，借助电商平台实现供应链升级，切实推进制造业转型升级。

2. 电子商务对于拉动内需具有重要作用

国务院总理李克强在2022年《政府工作报告》中提出，坚持实施扩大内需战略，推进区域协调发展和新型城镇化。当前世界经济形势复杂严峻，面对经济形势变化，扩大需求成为经济促增长的重要路径。电子商务作为一种新型的商业模式，是当今社会重要的营销手段之一。电子商务打破了地域限制，使生产者和消费者建立直接联系，降低了中间成本，提高了流通效率，使交易流程变得简单快捷，极大地刺激了消费者的购买欲望。同时，电商平台商品种类齐全，丰富了消费者的消费选择，创造了新的消费需求。而电商新业态、新模式的出现也大大提高了消费者的市场参与度。

3. 电子商务成为我国对外贸易的重要组成部分

随着电子商务的快速发展，跨境电子商务逐步成长起来，成为我国外贸新业态。在第三届中国国际进口博览会开幕式上，习近平总书记指出："中国将推动跨境电商等新业态新模式加快发展，培育外贸新动能。"跨境电商作为对外贸易的新模式，突破了不同国家及地区之间的地理位置限制，让贸易变得更加高效便捷。海关总署的统计数据显示，2020年通过海关跨境电子商务管理平台验收进出口清单24.5亿票，同比增长63.3%。相对于传统贸易，跨境电商的效率更高，体量更大，对满足人民需求、我国企业的发展，以及国家经济的增长都有积极的促进作用。

✿ 中国方案

"双循环"是未来中国经济发展新格局

2020年7月召开的中共中央政治局会议指出，当前经济形势仍然复杂严峻，不稳定性、不确定性较大，我们遇到的很多问题是中长期的，必须从持久战的角度加以认识。加快形成以国内大循环为主体、国内国际双循环相互促进的新发展格局，这是党中央审视国内外形势做出的重大战略部署。

双循环经济发展格局表现为：未来中国经济依托我国超大市场规模优势和内需潜力，以国内需求作为发展出发点和落脚点，促进生产、流通和消费各个环节在国内市场的循环流通；同时，以国内经济循环为基础，运用国际分工和协作，便于国内国际经济互相促进发展。

1.2.3 中国电子商务价值观

坚持以人民为中心是新时代坚持和发展中国特色社会主义的根本立场。习近平总书记指出："人民对美好生活的向往，就是我们的奋斗目标。"在这样的时代背景下，电商行业也应顺应时代发展，成为解决我国社会主要矛盾的有力抓手，满足人民日益增长的美好生活需要，由此形成中国电子商务价值观。中国电子商务价值观体现了中国特色社会主义的鲜明特征，反映中国国情，体现国家和人民的意志。从具体内容看，中国电子商务价值观可以分为以下三个方面：

1. 服务社会主义市场经济体制

社会主义市场经济体制是长期发展的产物，经得起历史的考验，有着其特有的制度优势。电子商务作为贸易新业态，加速了商品流通速度，缩短了资本转化时间，极大地促进了我国企业的发展，进而推动了国家经济的增长。电子商务的发展为我国经济社会注入了活力，未来应进一步发展，挖掘新动力，服务于我国社会主义市场经济体制。而一系列电子商务相关法律法规的颁布，规范了电子商务活动，使电子商务活动有法可依，极大地降低了行业内部风险，从而促进社会主义市场经济有序发展。

2. 以人民需求为本位

我国当今社会的主要矛盾已转化为满足人民日益增长的美好生活需要和不平衡不充分的发展之间的矛盾。这要求我国电子商务行业的发展也要紧紧围绕这一核心。电商行业的发展给人民生活带来了诸多便利。首先，电子商务打破了地域限制，丰富了人们的消费选择，缩短了商品到达消费者手中的时间。其次，电子商务与其他行业的融合使人们的生活更加美好。如在线医疗使人们可以足不出户在家看病问诊，在线教育帮助人们随时随地获取所需知识，电子商务与旅游业的融合使出行更加便捷。由此可见，电子商务为实现人民日益增长的美好生活需要做出了巨大贡献。

企业创新

抖音发力"兴趣电商"

2021年4月，抖音电商在其首届生态大会上提出"兴趣电商"的概念。抖音电商对其内涵的阐释是："兴趣电商是一种基于用户对美好生活的向往，主动帮助消费者发现潜在购物兴趣，提升生活品质的电商。"

与传统货架式电商不同，抖音电商所倡导的兴趣电商，强调对用户潜在需求的发掘，通过推荐技术高效匹配供需双方，促使其达成交易，而不是追求做大而全的货架式电商。

相关专家认为：以抖音为代表的互联网经济越来越体现社会属性，越来越依赖和根植于社会关系。相应地，其肩负的社会责任也越来越大。将来，直播平台对社会责任应有更加清晰、准确和完整的价值体系，助推经济社会发展。

3. 坚持法律监管与道德约束并重

信息技术的进步为电子商务的发展提供了有利的条件。而电子商务交易复杂多样，需要相应的法律法规来保护。社会主义市场经济是法治经济，遵守法律法规是开展电子商务活动的前提。电子商务法律法规的确立为社会主义市场经济的发展提供了法律保障，使得电子商务贸易往来、电商平台运营，以及其他形式的电子商务活动有法可依、秩序井然。作为电商从业者，应加强对电子商务法律法规的了解，培养自身的法律意识，做到知法懂法，遵守法律。

诚信是市场经济的基础，一切经济活动应在诚实互信的基础上进行。市场信用的缺失会扰乱市场经济活动的秩序，也会导致虚假宣传、销售等乱象的出现。因此，诚信既是电商运营的基石，也是每一个电子商务从业人员应具备的职业道德。电商从业者应恪守职业道德，发布和传递真实信息，积极维护电商行业的健康发展，从而促进市场活动的有序发展。

◈ 职业伦理

守好电子商务伦理这道"门"

电子商务伦理是指利用电子信息网络进行的商品和服务交易活动的伦理准则。与传统的线下交易不同，电子商务活动是以信息网络为载体的新的经济运作模式，采用数字化电子方式进行商务数据交换和开展商务业务活动。在电子商务中，交易双方以电子方式而不是通过当面交换或直接面谈方式来进行商业活动。

中国电商发展速度居世界前列，中国电商在经济增长、产业创新、就业扶贫、改善社区等方面的领先经验，值得全球其他发展中国家借鉴。但是，电子商务蓬勃发展的背后乱象也日益严重，假冒伪劣、虚假宣传、虚假评价、不平等条款、大数据杀熟等问题突出；随着电子商务的迅速发展，以"网约车司机""外卖小哥""快递员"等为代表的新业态从业者不断增多，从业者权益保障问题日益凸显。

电子商务有序发展离不开政府的监管和社会的监督，更离不开电子商务从业者的诚信自律。电商从业者应厘清电商活动的伦理风险，将价值权衡与伦理考量纳入电商活动全过程，使电子商务伦理成为电商从业者共同恪守的价值观念、社会责任和行为规范。

1.3 电子商务从业人员的职业素养

1.3.1 电子商务产业链与就业岗位

1. 电子商务产业链

产业链是产业经济学涉及的概念，是指各个产业部门之间基于一定的技术经济关联，并依据特定的逻辑关系和时空布局客观形成的链条式关联关系形态。产业链的形成本质上是为了在劳动分工的基础上对产业进行优化组合，从而实现产业经济效率的提升。

本书中的电子商务产业链聚焦于电子商务商业模式中的上下游关系和价值交换，是电子商务商业模式中各相关活动的有机统一体。在这个统一体中，上下游各个环节互相配合，形成了前端消费场景化、中端全渠道运营数字化、后端供应链管理智慧化的电子商务活动链条，发挥出优势互补、资源共享、互为依托、互为支撑的作用。

随着"互联网+"和数字经济的深入推进，电子商务产业链的形成与发展带来了就业岗位形式上的多样化和数量上的增长态势，拉动了生产制造、零售、贸易、物流服务等多个领域对电子商务高素质技术技能人才的需求，也推动了运营、营销推广、客户服务与管理、视觉设计、供应链管理等各类就业岗位的发展。电子商务产业链、岗位群及岗位职业能力的对应关系如图1-1所示。

2. 电子商务就业岗位

招聘网站的数据分析及相关研究报告显示，电子商务仍然是创业创新的重要选择，灵活、多元、创业式就业更受年轻一代欢迎，电子商务的发展催生了新的就业形态，支撑电子商务发展的服务衍生类就业发展迅速。随着电子商务的快速发展和深度应用，人才缺口依然较大。

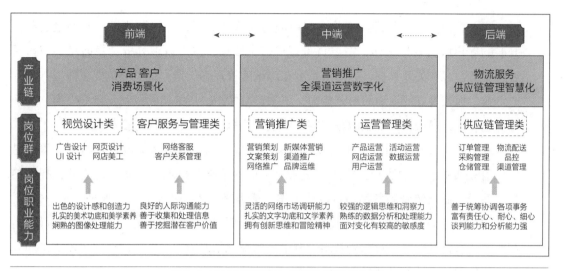

图1-1　电子商务产业链、岗位群及岗位职业能力

　　国内相关研究机构利用互联网爬虫技术，对国内主流招聘网站中北京、上海和广州地区电子商务岗位中的66 925条招聘数据进行了语义深度分析，并结合我国相关的电子商务人才状况调查报告进行了综合分析。分析结果显示，电子商务就业目标岗位群主要集中在五大类，招聘需求方面按岗位需求数量从大到小排序依次是：电商运营>营销推广>客户服务与管理>视觉设计>供应链管理，也就是说，企业最急需的岗位是电商运营类岗位，其次是营销推广类岗位，再次是客户服务与管理类岗位，对视觉设计和供应链管理类岗位的需求量较少。

　　（1）电商运营类岗位。电商运营是一个综合岗位，其核心工作主要是规划店铺近期及远期的发展目标，合理安排团队工作，明确各部门的职责划分，同时监督各部门、各岗位的执行情况，为店铺的最终运营结果负责。具体到一个店铺，电商运营涉及的工作包括选款、定价、拍照、上传、文案、店铺首页和商品详情页设计、客服、直通车推广、活动申报、标题优化、数据分析等。总体来说，电商运营把控的是过程，实现的是目标。电商运营类岗位要求从业人员具有一定的商业敏感度，具备较强的统筹规划能力、产品策划能力、市场推广能力、数据分析能力、监控能力和成本意识。

　　（2）营销推广类岗位。电子商务营销推广是伴随着互联网进入商业应用而产生的，指的是企业为实现经营目标所进行的以互联网为基本手段，营造网上经营环境，通过多渠道开展推广的相关业务活动。这类岗位主要负责在互联网上建立并推广企业的品牌，获得相应的访问量，向目标客户传递营销信息并促进线上销售等工作。要求从业人员具备营销活动策划、文案撰写、全渠道推广、海外市场拓展、品牌运维、商务数据分析等方面的能力。

（3）客户服务与管理类岗位。客户服务与管理类岗位是借助信息技术和电商平台开展的客户服务管理工作，主要负责客户信息收集、客户需求分析、售前/售中/售后客户服务、客户关系维护、客户满意度和忠诚度管理等工作。这类岗位要求从业人员耐心细致，拥有良好的沟通和协调能力，熟悉产品知识、店铺运营策略及行业发展，善于分析已有的客户数据并挖掘潜在的客户价值，能有效提升客户满意度和忠诚度。

（4）视觉设计类岗位。视觉设计类岗位主要根据对当前市场流行趋势的预测，借助自身扎实的设计功底和独特的审美观完成图片拍摄与处理、活动主题策划、视频拍摄与剪辑、网店装修等各类创意设计工作。这类岗位要求从业人员掌握PS、AI、C4D、DreamWaver、Pr等各类设计工具的应用，有独到的审美鉴赏能力，有敏锐的流行时尚洞察力，有良好的布局感和色彩感，有出色的视觉创造能力，能以用户的体验需求为导向，整体把握店铺的设计风格，完成页面设计优化工作。

（5）供应链管理类岗位。供应链管理是电子商务产业链后端的重要业务组成部分，主要负责提供高效、畅通的物流服务，以解决电子商务模式下供给方与需求方之间场所和时间分离的问题，创造"场所效用"和"时间效用"，使企业在电子商务模式下的运作更加智能化、信息化、柔性化。其岗位的工作内容主要包括订单管理、采购管理、仓储管理、物流配送、品控、渠道管理等。要求从业人员具备信息收集与处理能力、成本控制能力及统筹规划能力。

1.3.2　电子商务从业人员的知识素养

电子商务的发展日新月异，新技术、新模式、新业态不断涌现，从业人员经常要接触新的领域，面对新的问题，并快速制定出合理可行的解决方案。没有一定的知识素养，在工作中就难以做到得心应手。这种素养既包括基本知识素养，又包括专业知识素养。

1. 基本知识素养

（1）互联网知识。电子商务是随着互联网技术的突飞猛进而蓬勃发展的行业，信息技术是电子商务的基础。因此，作为电子商务从业人员，需要具备基本的互联网知识，了解如何通过互联网开展市场调查与分析，如何利用常见的移动端、PC端的电子设备完成电子商务交易活动。无论未来打算从事哪类岗位的工作，互联网知识是进入电子商务行业的必备要求。

（2）经济学知识。经济环境是电子商务行业赖以生存的外部系统之一，经济的高速发展推动了电子商务快速成长，也带动了交易形式的多样化。只有把握宏观经济走向、产业发展趋势和消费动向，才能制定正确的营销战略和运营策略，更好地促进电子商务产业的发展。因此，对于电子商务从业人员来说，经济学知识是不可或缺的。

（3）法律知识。我国是一个法治国家，知法、懂法、守法是每个公民的基本素养，电子商务从业人员也不例外。法律是行动的底线，从业人员不仅需要了解相关的法律法规，如《中华人民共和国电子商务法》《中华人民共和国民法典》等，还要严格遵守相关的行业规范，如自觉维护网络交易平台的安全、如实描述商品信息、遵守客户隐私和数据保密制度等，通过树立合法合规经营理念，依法从事电子商务活动，促进电子商务行业的健康、可持续发展。

（4）心理学知识。电子商务的本质是交易活动，在交易过程中，交易双方的心理往往会直接或间接影响活动的完成度。电子商务模式的多样化决定了交易主体的多样化，不同的交易主体在进行电子商务活动时所考虑的因素有所不同。只有具备较高的心理学素养，才能深入洞察对方的心理活动。因此，电子商务从业人员只有掌握一定的心理学知识，才能更好地把握消费群体的消费心理与消费行为，有效提高经营效益。

2. 专业知识素养

（1）视觉设计知识。电子商务视觉设计位于电商运营的最前端，是连接店铺和消费者的关键环节。视觉是手段，营销是目的。既有创意和美感，又能体现运营及营销思维的视觉效果才能打动消费者。因此，要求从业人员要全面了解视觉营销设计的原则及规范，掌握合成、建模等各种视觉表现手法，能够综合运用 PS、AI、C4D、DreamWaver、Pr 等各类工具完成店铺装修，设计出有创意、有美感的视觉营销作品，为开展营销推广奠定基础。

（2）网络营销知识。网络营销推广是树立企业形象、增加店铺流量、提升品牌竞争力的重要手段，这就决定了电子商务从业人员有必要了解网络营销的基本原理与方法，熟悉微博、微信、抖音、今日头条等新媒体平台的规则，能够通过图文、短视频、直播等不同展现形式实现内容推广、粉丝引流与流量变现，从而在同行竞争中脱颖而出。

（3）数据化运营知识。电商运营活动的目的主要是维持店铺稳定，推动店铺持续向前发展。因此，要求从业人员了解电商运营的流程，熟悉店铺运营的数据指标，通过数据化工具、技术和方法，对运营过程中的各个环节进行科学分析，制定出专业、准确

　　　　　　　　　　1.3　电子商务从业人员的职业素养

的运营策略，从而达到优化运营效果和效率、降低运营成本、提高经济效益的目的。

（4）客户服务知识。电商客服是直面消费者的工作岗位，是电商商家和客户"直接接触"的唯一窗口。它承载着与客户沟通、订单业务受理（新增、补单、调换货、撤单等）、客户投诉、客户关系维护等职责。需要从业人员对产品足够了解，掌握导购、解答客户咨询、促使买卖成交、处理售后问题的方法和技巧，并能熟练运用各种在线通信工具与客户进行互动和沟通。

（5）供应链管理知识。供应链关系作为电子商务运营主体的重要环节，一直以来都是大多数电子商务企业最重视的经营环节。在电子商务各个环节中，供应链管理都被企业视为决定电子商务企业兴衰的关键。在互联网信息技术快速发展的推动下，供应链作为直接决定企业市场份额因素的重要因素，已经成为电子商务企业在战略制定上的重要参考标准之一。

电子商务从业者不仅要具备供应链管理思维，还要掌握供应链管理知识，电子商务企业的供应链管理模式要求突破传统的计划、采购、生产、分销的范畴和障碍，把订单处理、生产组织、采购管理、配送与运输管理、库存管理、客户服务、支付管理等方面有机集成起来。优秀的电商供应链，不仅指线下可以获取理想的货源（品质、价格），也需要供应链上的各个角色（供应方、销售方、仓储等）及各种线上系统（ERP、OMS、WMS、TMS、商家系统）进行紧密高效的配合，才能实现更快的配送、更好的服务、更低的成本。

1.3.3　电子商务从业人员的技能素养

电子商务的快速迭代，使技能型人才成为支撑产业发展的中坚力量，只有经过专业训练和掌握岗位技能的人，才能在电子商务行业游刃有余。

1. 基本技能素养

（1）文字表达能力。文字表达贯穿于电子商务的各个环节。例如，在视觉设计环节中，广告设计需要通过恰当的文字来表达，以获得更好的展现效果；在营销策划环节中，文案策划需要优质的文字来表达，以获得更好的传播效果；在新媒体营销过程中，内容编辑需要出色的文字来表达，以获得更好的运营效果。由此可见，不论是设计类岗位，还是营销推广类岗位，都需要较强的文字表达能力。

（2）市场调研与分析能力。在电子商务活动中，占领市场就占据了主动权，这就要求电子商务从业人员能够运用科学的方法，系统、明确地收集、记录、整理有关市场的信息和资料，了解市场情况，分析市场现状及其发展趋势，为市场预测和营销决策提供客观的数据支撑。

（3）创新能力。"大众创业、万众创新"被视作中国新常态下经济发展"双引擎"之一。创新能力既包括商业模式和经营理念方面的创新能力，也包括电子商务企业管理和互联网技术方面的创新意识。在电子商务发展过程中，各个岗位都需要源源不断地引入创新人才，为行业注入新动力。对于视觉设计类岗位而言，创新的设计往往能够吸引更多消费者的关注；对于营销推广类岗位而言，好的创意往往能够带来意想不到的营销效果；对于电商运营岗位而言，创新的管理方式往往能够提高运营效率；对于客户服务与管理岗位而言，创新的服务理念往往能够维持更高的顾客忠诚度；对于供应链管理岗位而言，不断优化创新的配送方式往往能够为电子商务活动提供更有效的支撑。

（4）消费者洞察力。消费者洞察力是一种能发现消费者真实需求和偏好，从而精准发现机会的能力。在数字经济时代，信息的传递更加便捷，消费者获得信息的渠道更加多元化，消费的主动性增强，选择更加个性化、更有主见。只有深入分析网络消费者的心理与行为特征，才能准确把握消费者的心理过程、需求、动机、习惯和消费趋向，为企业进行市场细分和市场定位，确定营销策略提供依据。

2. 专业技能素养

（1）商务数据分析能力。近年来电商发展开始进入瓶颈期，人口红利已经过去，用户规模趋于饱和，流量成本不断攀升，引流效果也大不如前，竞争环境已变成以消费者为主的买方市场。粗放式的营销手段已很难明显提升电子商务企业的运营效率，通过数据驱动开展精细化运营是企业突破经营困境的新方向。未来电子商务的核心竞争优势来自对数据的解读能力，以及配合数据变化的快速反应能力。只有全面开展市场数据分析、客户数据分析、运营数据分析、供应链数据分析，才能真正发挥数据的价值，实现精细化运营。

（2）营销推广能力。营销推广的最终目的是促成交易。电子商务从业人员需要具备一定的营销推广能力，能够在营销活动中通过创作优秀的文案、编辑令人耳目一新的图文、开辟多样化的推广渠道等方式打开市场，吸引不同年龄阶段、不同行业领域的消费者，全方位、深层次、多元化地进行电商促销活动，扩大目标用户范围，加快粉丝引流和流量变现，从而更快、更好地推进电商发展。

（3）运营管理能力。电子商务活动是围绕着"人—货—场"三要素展开的，涉及资源在各方面的整合与调度，这就要求从业人员具备一定的运营管理能力，能够在人员安排上做到合理分配，形成高效合作的团队；在产品规划上做到差异化经营，精准定位运营平台；在场地统筹上做到优化配置，物尽其用。此外，在运营管理过程中，还需要从业人员具备较好的沟通技巧，架起电子商务经营者、电子商务平台、供应商及消费者等多个主体之间的桥梁，确保电子商务活动的有序进行。

1.3.4　电子商务从业人员的思想道德素养

劳模精神、劳动精神、工匠精神等以爱国主义为核心的民族精神和以改革创新为核心的时代精神是电商行业快速发展的重要推动力，也是电商从业者奋勇前进的强大精神动力。电子商务的便捷性、虚拟性等市场活动特点，决定了其伦理道德呈现出更多自主性与自觉性，也对电商从业人员提出了更高的思想道德素养要求，具体包括以下几个方面：

1. 坚定理想信念

不忘初心，方得始终。理想是一个人的奋斗目标，对专业的热爱和对专业理想的执着追求，是电商从业者在这个行业兢兢业业、不断进取的动力。确立坚定的理想信念，就不会把所从事的工作仅仅视为谋生手段，而是当作一份崇高的事业，树立主人翁精神和责任心，获得成就感。只有热爱这一事业，勇敢追求理想并为此不懈努力，才能在为社会做出贡献中实现个人价值。

微课：
"工匠精神"
是一种文化
传承

 文化视角

"工匠精神"是一种文化传承

什么是"工匠精神"？就是对自己的工作和产品精雕细琢、精益求精的精神理念，是一种情怀、一种执着、一份坚守、一份责任。在日常生活中，工匠无处不在，他们是各行各业的从业者中"倔强"而"执着"的那一部分人，他们的存在让这个世界多了一份单纯的理想追求。

"工匠精神"既是时代的需要，也是一种文化的传承。工匠精神在中国自古有之。今天我们从各类史料记载之中可以窥见古代工匠们一道道坚韧的剪影。早在4 300年前，便出现了有史可载的工匠精神的萌芽。据《史记·五帝本纪》记载，舜"陶河滨，河滨器皆不苦窳"，记录了舜早年在河滨制陶时，追求精工细作，并以此带动周围人们制作陶器，杜绝粗制滥造的事迹。自舜时期开始，再到夏朝的"奚仲"、商朝的"傅说"、春秋战国的"庆"，工匠开始大量出现在史书之中，其演变历史也随着我国古代政治、文化、商业、科技等领域的发展而不断推进，由此形成了我国独特、悠久的工匠文化和工匠精神。

古代工匠最典型的气质就是对自己的技艺要求严苛，并为此不厌其烦、不惜代价地做到极致，精益求精，同时对自己的手艺和作品怀有一种自尊和自信。工匠文化和工匠精神不仅是我国古代社会走向繁荣的重要支撑，也是一份厚重的历史沉淀。

2020年12月10日，习近平总书记致信祝贺首届全国职业技能大赛举办，强调"大力弘扬劳模精神、劳动精神、工匠精神""培养更多高技能人才和大国工匠"。在长期实践中，我国在人才培养中着力培育执着专注、精益求精、一丝不苟、追求卓越的工匠精神。迈向新征程，扬帆再出发，目前我国急需一大批具有工匠精神的劳动者，亟待让工匠精神在全社会更加深入人心。

2. 恪守职业道德

职业道德是人们在一定的职业活动范围内所遵守的行为规范的总和。职业道德水平越高，职业群体自身的组织也就越稳定、越合理。电子商务从业人员的职业道德修养主要包括职业责任、职业纪律、职业情感及职业能力的修养。优良的职业道德是新时期电子商务从业人员高效率从事电子商务工作的保证，是电子商务从业人员职业活动的指南。

电子商务活动是一个参与主体多元化的复杂流程。每一位从业人员都会遇到个人与他人、个人与集体、局部与整体、眼前与长远等各种利益冲突。职业道德可以通过评价、教育、警示、激励、沟通、自省等多种方式规范从业人员的行为。人人恪守职业道德，将有助于维护和提高电商行业的信誉，促进行业稳定发展。

3. 勇担社会责任

随着信息技术的广泛应用，电子商务在社会范围内的普及推广程度也逐渐提高。电子商务影响着人们生活的方方面面，也影响着整个社会的发展。特别是在新冠肺炎疫情防控常态化期间，电子商务为人们生产与生活带来了极大的便利，其中也离不开电子商务从业人员的重要贡献，例如，为物资配送而奔波的快递人员，不辞辛劳，坚守岗位，为需要帮助的客户伸出援助之手，表现了其强大的责任感和使命感。因此，勇担社会责任既是电子商务从业人员难能可贵的思想道德素养，也是任何时代都应坚守的思想道德素养。

人民日报：用社会责任导引"内容创新"

凝结在信息流之上的观念、思想、价值，让一条内容转发与一枚硬币的流通有了本质的区别。内容并非普通商品，不仅有"劳动价值"属性，更有"社会价值"属性。辩论选手走下擂台传授"好好说话"的方法，时尚博主将美妆经验打造成网络课程，15秒手舞足蹈的短视频带火了一大批"神曲"……从"社交＋内容"到"电商＋内容"，从用户生产到内容聚合分发，从文字、图片到短视频，创新创意在不断丰富新媒体的内容生态。在电子商务发展中，内容运营一直处于风口，内容创新丰富多彩，内容创业方兴未艾。

值得注意的是，从生产到消费，内容创新创业也都面临挑战。一方面，一些内容供应商为吸引眼球，刻意迎合低俗需求，甚至将青少年卷入其中，而平台的流量争夺更助长了这些不良内容的盛行。另一方面，一些新媒体作者偏离做原创的初衷，沦为"伪创新"，比如以"洗稿"的方式当起"知识的搬运工"。这些行为都与内容创新创业的本意格格不入，拉低了新媒体内容的社会评价，影响到舆论生态的清朗健康。

不管是从自身发展看，还是从社会影响看，新媒体内容生产的良性发展都在于"责任"二字。时代确实在为内容赋值，但内容并非普通商品。鼓励内容创业的百花齐放，不等于支持内容市场的泥沙俱下。内容创业者在时代风口上受益，就应为自己的影响力负责。

一、单选题

1. 电子商务实际上是一种（   ）活动。

   A. 网络　　　　　　　　　　B. 商务

   C. 生产　　　　　　　　　　D. 运输

2. 电子数据交换简称（   ）。

   A. VRML　　　　　　　　　　B. B2B

   C. EDI　　　　　　　　　　 D. EB

3. 电子商务的核心内容是（   ）。

   A. 网络广告　　　　　　　　B. 信息的互相沟通和交流

   C. 信息查询　　　　　　　　D. 企业管理

4. 电子商务最早产生于（   ）。

   A. 20世纪30年代　　　　　　B. 20世纪40年代

   C. 20世纪50年代　　　　　　D. 20世纪60年代

5. 自2013年起，中国电子商务进入（   ）阶段。

   A. 工具　　　　　　　　　　B. 渠道

   C. 基础设施　　　　　　　　D. 经济体

二、多选题

1. 中国电子商务发展经历的阶段包括（   ）。

   A. 工具阶段　　　　　　　　B. 渠道阶段

   C. 基础设施阶段　　　　　　D. 经济体阶段

2. 中国电子商务发展现状包括（   ）。

   A. 迭代创新促进消费不断增长　B. 跨境电商稳步发展

   C. 农村电商蓬勃发展　　　　D. 政策法规建设不断完善

3. 电子商务从业人员应具备（   ）等技能。

   A. 消费者洞察力　　　　　　B. 市场调研与分析能力

   C. 商务数据分析能力　　　　D. 营销推广能力

4. 从事电子商务工作，要遵守（   ）的约束。

   A. 岗位职责　　　　　　　　B. 家庭美德

   C. 规章制度　　　　　　　　D. 职业道德

5. 爱岗敬业需要做到（　　　　）。

    A. 树立职业理想　　　　　　　B. 强化职业责任

    C. 提高职业技能　　　　　　　D. 抓住择业机遇

三、判断题

1. 电子商务是经济全球化的时代要求。（　　　）

2. 新技术应用和新模式推广助推电子商务不断迭代创新，驱动消费体验不断升级，电子商务正逐步成为居民消费的主要渠道和经济增长的关键动力。（　　　）

3. 开展电子商务存在风险，而传统商务活动则没有风险。（　　　）

4. 从总体趋势来看，全球电商市场持续保持高速增长态势，其竞争的激烈程度逐渐放缓。（　　　）

5. 电子商务从业人员的职业道德修养主要包括职业责任、职业纪律、职业情感及职业能力修养。（　　　）

四、案例分析

    2021年，全国网上零售额达13.1万亿元，实物商品网上零售额占社会消费品零售总额的比重为24.5%，对社会消费品零售总额增长的贡献率为23.6%。网络零售市场保持稳步增长，成为稳增长、保就业、促消费的重要力量。

    请举例说明电子商务在中国经济发展中扮演了怎样的角色，发挥了哪些作用？

实训主题：电子商务岗位职责分析

实训背景：通过课程学习对电子商务岗位有了初步认知，通过本实训任务，系统了解各岗位的工作职责，明确未来的就业方向。

实训目标：1. 了解企业电子商务相关岗位。
　　　　　2. 分析电子商务各岗位的具体职责。

实训操作：1. 通过招聘网站收集相关信息，归纳整理电子商务招聘岗位及职责要求。
　　　　　2. 走访校内合作企业进行调研，了解其电商岗位设置及职责要求。
　　　　　3. 小组分享，展示分析结果，教师进行点评。

岗位类别	具体岗位名称	职责要求	调研行业或企业
客户服务与管理类岗位			
视觉设计类岗位			
营销推广类岗位			
电商运营类岗位			
供应链管理类岗位			

岗位类别	具体岗位名称	职责要求	调研行业或企业
其他岗位			

第 2 章

迭代创新
电子商务模式

学习目标

知识目标

- 了解B2B等传统电子商务的内涵及商业价值
- 了解O2O等新型电子商务的内涵及创新特色
- 掌握各电子商务模式的不同应用类型及领域

技能目标

- 能够举例说明B2B、B2C、O2O、C2M电子商务模式的分类及区别
- 能够清晰描述B2B、B2C电子商务发展现状及趋势
- 能够收集分析其他电子商务模式创新的范式及特点
- 能够准确分析电子商务模式迭代创新过程中的特征及未来趋势

素养目标

- 引导学生在理解中国电子商务模式创新的过程中培育创新精神，弘扬以爱国主义为核心的民族精神
- 引导学生了解国家对电子商务发展的"中国之治"，坚定"四个自信"
- 培养学生遵纪守法、规范经营的法治意识
- 培养学生的团队合作精神和探究思维

思维导图

```
                                          ┌─ B2B 电子商务模式
                        传统电子商务模式 ──┼─ B2C 电子商务模式
迭代创新::电子商务模式                     └─ B2G 电子商务模式

                                          ┌─ O2O 电子商务模式
                        新型电子商务模式 ──┤
                                          └─ C2M 电子商务模式
```

学习计划

知识学习计划

_____

_____

技能训练计划

_____

_____

素养提升计划

_____

_____

海尔：构建B2B电商生态圈，模式创新引领新发展

创新和变革既是企业的生存密码，也是企业品牌价值的重要体现。在BrandZ最具价值的全球品牌榜单中，中国品牌海尔2019—2021年连续三年以全球唯一的物联网生态品牌上榜，品牌价值提升了41%。海尔在物联网生态品牌道路上的引领探索再一次获得全球机构和用户的高度认可，得益于其在全球商业大潮中积极创新商业模式，构建B2B电商生态圈，成为不断创造品牌新价值的企业引领者。

在物联网催生的产业格局变革中，海尔开创了一个通过与合作伙伴、用户联合共创，构建B2B电商生态圈，创新B2B电商模式，不断提供持续迭代的整体价值体验，最终实现生态各方共赢共生、为社会创造价值循环的新品牌范式。例如，海尔基于"5G＋工业互联网＋大数据"打造的卡奥斯工业互联网平台。2020年以来，新冠肺炎疫情在全球蔓延，卡奥斯工业互联网平台却化身破题者：48小时装配了山西全省首条自动化口罩生产线，迅速赋能多家服装企业转产防护用品；搭建复工增产平台，贡献助力复工复产的工业App35个；仅在青岛，卡奥斯工业互联网平台2020年已赋能企业6万家，使2993家企业平均提效30%，增产117亿元。卡奥斯工业互联网平台的辐射能力早已突破国界，其中美国GEA利用该平台实现了有效防疫前提下的快速复工复产，即使行业整体下滑，仍实现营收利润的逆势增长。凭借"与大企业共创，与小企业共享"的生态赋能模式，卡奥斯工业互联网平台持续助力企业数字化、智能化转型升级，孵化出服装、化工、农业等15个行业生态的优秀企业，连接全国80万家企业，在全球20多个国家赋能推广，为世界工业的数字化转型贡献了中国特色的智慧化升级方案。卡奥斯工业互联网平台独创以用户体验为中心的大规模定制模式，成就了工业互联网建设的中国特色，助力中国工业互联网建设实现在世界范围内的引领作用。

案例启示：

近年来，电子商务传统模式不断迭代更新的同时，新模式也不断涌现，成为推动我国经济社会发展的新引擎。电子商务领域的商业模式创新是将电子商务技术与用户需求相结合的模式，人性化的需求设计和强大的技术支撑是支持整合电子商务平台运营的根本。

2.1 传统电子商务模式

电子商务模式，就是在网络环境和大数据环境中基于一定技术基础的商务运作方式和盈利模式。早期电子商务通常在三类群体之间进行，即企业（Business）、政府部门（Government）和个人消费者（Customer）。基于电子商务的主要交易主体，按照信息在这三类交易主体之间的流向不同，将传统电子商务模式分为 B2B、B2C 和 B2G 三种类型。

2.1.1 B2B 电子商务模式

1. B2B 电子商务模式的内涵

B2B（Business to Business）电子商务模式是指企业与企业之间通过专用网络或互联网进行数据信息的交换、传递，开展交易活动的商业模式。它将企业内部网和企业的产品及服务，通过 B2B 网站或移动客户端与客户紧密结合起来，通过网络的快速反应，为客户提供更好的服务，从而促进企业的业务发展。

传统商务的大致过程可以描述为调查需求、采购原料、生产制作、销售、收款、结算。而这个过程中存在许多不足之处：信息难以整合、合理规划，供应商与企业之间不容易形成一个连贯流畅的交易过程，采购的渠道不规范等。但是，在 B2B 电子商务模式的商务结构中，这个流程中的许多步骤都可以信息化、自动化。例如，需求调查可以利用智能化的搜索引擎进行；原材料的采购信息可以以电子档案的形式记录在系统中，方便查询和以后的数据分析，以便于制定合理的采购方案；在销售商品的过程中，可以通过互联网发送网络广告，采用电子支付技术，避免了许多错误。总的来说，B2B 电子商务模式使企业与供货商之间的联系更紧密，交易的过程更加规范，减少了许多麻烦，由此带来的商业价值十分明显，主要体现在以下四个方面：

（1）缩短产销周期，提高商务效率。传统的企业交易会受到时间和空间的限制，人要到场，且在正常的工作时间才会有交易。而基于互联网的 B2B 电子商务模式则可以一周 7 天、一天 24 小时不间断运作，将市场开拓到传统营销人员和广告促销所达不到的范围，使交易可以随时随地进行，消除了以往的时空制约，从而大大加快了企业资金流、物流的流动，缩短了企业的整个生产销售周期，使效率得到显著提高。

（2）强化供应链管理，降低经营成本。传统的交易是分环节进行的，从品牌商到中间商，再到零售商，各环节相对独立，存在各自独立的业务体系及物流交付体系，导致订单、库存、交付效率的降低。利用B2B电子商务模式，买卖双方能够在网上完成整个业务流程：从建立联络、货比三家，到讨价还价、签单和交货，最后到售后服务，打通了各个交易环节，实现了订单、库存、交付的共享，减少了许多事务性的工作流程和管理费用，降低了企业经营成本。

（3）优化生产计划，增加商务机会。利用B2B电子商务模式，可获悉一个产品在不同区域的需求情况，进一步预测市场供求信息，从而对库存商品和物流进行明确的规划和管理，优化生产计划。此外，以往的线下营销模式比较单一，而在线上交易环境中，不论是营销模式还是营销手段，都可以进行创新，更有效地吸引用户。

（4）产生数字决策、数字执行与数字协同。B2B电子商务模式是推动传统企业数字化转型升级的基础设施，是重构新营销模式的底层架构。利用B2B电子商务模式，传统企业可建立一套以连接为主体的数字化工具体系：连接产生数据、数据产生智能化的数字决策、执行与协同。数字化带来的改变是把以往以人为主体的业务运营变成以数字化为主体的业务运营，形成一套数字化决策、数字化执行、数字化协同的新运营体系。

2. B2B电子商务模式的分类

作为目前在我国份额最大、最具操作性、最易成功的模式，B2B电子商务模式的应用场景众多，总体来说分为以下三类：

（1）以服务的贸易类型划分。根据B2B电子商务交易的贸易类型，可将其分为内贸型B2B电子商务和外贸型B2B电子商务。内贸型B2B电子商务是指主要为国内供应商与采购商进行交易提供服务的B2B电子商务，交易的主体和行业范围在同一国家（地区）。外贸型B2B电子商务，即跨境B2B电子商务，是指主要为国内采购商与国外供应商或国内供应商与国外采购商交易提供服务的B2B电子商务。外贸型B2B电子商务对语言文化、法律法规、关税、汇率等各方面有着更高的要求，外贸型B2B电子商务的活动流程更加复杂，专业性更强。

✤ **文化视角**

中土跨境电商合作的"探路者"

在"数字丝绸之路"建设合作已成为"一带一路"倡议合作重要领域的大背景下，以敦煌网为代表的跨境电子商务平台正赋能越来越多的中小企业走出国门，帮助它们实现"买全球、卖全球"的梦想，助力网上丝绸之路惠及全球。

2019年，由新华社中国经济信息社、国家发展和改革委员会创新和高技术发展司、国家互联网信息办公室信息化发展局共同推出的《数字点亮丝路之光》中英文双语图文集，即"一带一路"成果案例集首次亮相。敦煌网与土耳其商会及商品交易所联合会（TOBB）合作的《中土跨境电商合作的"探路者"》被收入其中，成为9个最具代表性的"数字丝绸之路"项目故事之一，也是跨境电商领域的唯一代表案例。

走进位于土耳其伊斯坦布尔市中心的希什利区Blackout商务中心，可以看到敦煌网土耳其数字贸易中心。这里摆放着琳琅满目的中国和土耳其商品，包括3C电子、母婴、家居、五金、户外等近千件产品。该数字贸易中心占地面积逾500 m^2，由敦煌网与土耳其QT集团针对土耳其市场需求共同投建。

根据创始人介绍，敦煌网在土耳其以B2B经营模式为主，经营探索出"三步走"战略：一是建设土耳其语电商平台，在线展示和销售中国企业的各类产品，让土耳其消费者可以以低成本获得价廉物美的中国商品；二是在伊斯坦布尔市中心商业区建成数字贸易中心，实体化展示中国商品，吸引更多土耳其客户进行在线交易；三是拓展经营思路，进行技术改造，吸引土耳其中小企业入驻敦煌网平台，帮助土耳其卖家向全球尤其是欧洲市场销售商品。敦煌网中土项目始于2015年，中土跨境电商合作协议于2015年10月在两国最高领导人见证下签署，这也是中国第一个双边跨境电商合作。

（2）以服务的行业划分。以服务的行业划分，可将B2B电子商务划分为垂直类B2B电子商务和综合类B2B电子商务。垂直类B2B电子商务（或行业垂直B2B电子商务），是指聚焦于一个或某几个特定行业的B2B电子商务模式；综合类B2B电子商务，是指不限定或不完全限定行业领域的B2B电子商务模式。

（3）以服务的对象划分。以服务的对象划分，可将B2B电子商务分为面向企业服务型B2B电子商务和面向交易服务型B2B电子商务。面向企业服务型B2B电子商务，是指为中小企业提供涉及采购、推广、营销、技术、资金、管理等环节服务的电子商务，盈利模式以向企业收取会员服务费用为主，面向交易服务型B2B电子商务，是指为交易、结算等服务的电子商务，盈利模式以从交易额中收取一定比例的费用为主。

3. 中国B2B电子商务的发展历程

中国B2B电子商务发展经历了三个阶段，如图2-1所示。

	信息黄页时代	交易平台时代		数字化供销时代	
业务特点	以匹配供求双方信息、撮合交易为主	交易开始线上化、大部分交易行为仍在线下完成		线上交易渗透率持续提高	
交易品类	线上直接交易少	服装百货、钢材等品类线上交易		更多工业品类 [如 MRO (与维护、维修和运营相关的产品) 、化工等] 展开线上交易	
行业发展动力	阿里巴巴等一批互联网公司成立，中国互联网开始兴起	支付宝等网络支付功能开始应用于 B2B 电子商务平台		供应链基础设施（物流金融等）逐步建立	
电商平台提供的产品与服务	黄页服务 ◆ 提供企业信息 ◆ 提供搜索功能	营销服务 ◆ 提供企业信息 ◆ 提供搜索功能 ◆ 线上营销服务	支付服务 ◆ 线上支付	营销服务 ◆ 线上品牌营销 ◆ 渠道数字化 交付 / 售后服务 ◆ 物流服务 ◆ 线下服务	金融服务 ◆ 线上支付 ◆ 征信、融资 数字化赋能 ◆ 数据分析 ◆ 云服务

图2-1　中国B2B电子商务的三个发展阶段

第一阶段是2000—2011年的信息黄页时代，这一时代的B2B电子商务以信息交互为主，主要解决企业获取供求信息的途径和及时性问题，以撮合交易为主，典型公司如阿里巴巴、环球资源、慧聪集团、中国制造网等综合型和垂直型B2B平台。

第二阶段是2012—2016年的交易平台时代，随着大数据、云计算、物联网等技术的不断应用以及经济周期，特别是产业周期的变化，在线交易、SaaS等服务逐渐兴起，电子商务B2B行业由信息服务发展到网上商品交易。

第三阶段是从2017年开始至今的数字化供销时代，数字化供销时代仍处在探索阶段，此阶段的电商平台开始逐步建立物流、金融等供应链基础设施，并开始形成生态合作伙伴服务体系，打通采购、设计、生产与营销的产业间协同。

4. 中国B2B电子商务的发展趋势

当前中国经济正处于转型升级的重要时期，创新正在成为经济发展的新引擎。近年来，"互联网＋"快速渗透发展，以钢铁、化工、建材、农业、物流等领域为代表的B2B电子商务企业发展迅速。传统产业通过"互联网＋"和供给侧结构性改革实现转型升级已成为不可逆转的趋势，更是产业互联网和B2B电子商务的春天和战略机遇期。中国B2B电子商务呈现出如下发展趋势：

（1）垂直产业链平台快速发展。垂直产业链平台相比于综合类平台具有更加专业化和专注化的特点，能专注于某个细分行业进行深入拓展，在产业链的上下游不断延伸中下功夫，降低行业供应链的成本，提升产品和服务的质量。借助互联网的高效率及用户对行业产业链的深度需求，垂直产业链平台将得到更快的发展。

（2）向供应链管理深度延伸服务。未来B2B平台将更快地向供应链深度服务延伸，通过在线交易切入，将信息流、订单流、物流、资金流通过B2B平台实现整合，并以此为基础从在线交易延伸扩展到上下游用户的生产采购、物流仓储、支付结算、营销推广、信息化建设等供应链的不同环节，B2B平台同时将成为高效的供应链管理服务体系。

（3）从技术驱动向工业互联网演进。B2B电子商务属于产业互联网范畴，随着垂直产业链平台的快速发展，以及供应链管理的不断深化，特别是移动互联网、大数据、云计算、物联网、人工智能等新技术的不断发展和应用，未来20年将成为产业互联网发展的黄金时期。产业互联网不仅把企业和企业、把产业的上下游连接起来，更重要的是能够连接企业内部的生产运营数据，将智能制造、工业互联网进行共构连接。因此，未来B2B平台将依托技术驱动，向产业互联网全面演进。

◈ 中国方案

中国产业互联网发展环境

2020年以来，我国产业互联网上市公司股价呈倍数增长，产业互联网进一步受到各方关注，为什么中国产业互联网在这两年开始全面发展呢？主要有以下四个原因：

1. 政策利好

2020年4月，国家发改委、中央网信办印发了《关于推进"上云用数赋智"行动，培育新经济发展实施方案》的通知，首次提出"构建多层联动的产业互联网平台"，加快完善数字基础设施建设，为企业数字化转型赋能。这是产业互联网首次上升到国家政策层面，同时被正式"定调"。近年来，国务院、工信部、商务部等部门发布多项政策，从智能制造、工业互联网、供应链创新等角度，为产业互联网发展构建了良好的政策环境。

2. 新冠肺炎疫情下产业互联网加速发展

2020年，新冠肺炎疫情在对经济发展和社会生活带来挑战和困扰的同时，也促使产业互联网加速发展。产业互联网显示出来巨大的社会价值和经济价值。B端企业对产业互联网的内在需求被激发，大量垂直产业引入数字技术，以互联网医疗、教育直播、远程办公、B2B交易平台及在线公共服务等为典型代表的新兴数字化业态呈现爆发态势，不仅在抗疫和复工复产方面发挥了重要作用，而且对经济复苏起到重要推动作用。

3. 新基建提升核心基础设施支撑力

在新基建项目中，5G、大数据中心、人工智能、工业互联网四类是发展产业互联网的核心基础设施，是产业互联网发展的保障。以5G为例，工信部公开数据显示，截至2021年年底，我国已建设超142.5万个5G基站，预计到2022年，全国5G基站将接近400万个，强力支撑产业互联网应用场景落地。新基建的建设，将推动产业互联网向各行业纵深发展，加快行业数字化进程，同时推动形成新的产品服务、生产体系和商业模式。

4. 互联网红利向B端转移，产业互联网逐渐兴起

随着人口红利见底，互联网红利从C端逐渐向B端转移，产业互联网发展迅速。产业互联网连接产业链各环节，能够降低运营成本，提高产业效率，最终实现产业赋能并推动产业升级。目前，国内的产业互联网行业初步从产业互联网电商交易平台向供应链服务和工业互联网方向发展。国内产业互联网的发展，受到客观市场规律和政策引导的双重驱动，未来发展空间广阔。

2.1.2　B2C电子商务模式

1. B2C电子商务模式的内涵

B2C（Business to Customer）电子商务是按交易对象分类中的一种，即表示商业机构对消费者的电子商务。这种形式的电子商务一般以网络零售业为主，主要借助互联网开展在线销售活动。B2C 模式是中国最早产生的电子商务模式，以8848网上商城正式运营为标志。B2C即企业通过互联网为消费者提供一个新型购物环境——网上商店，消费者通过网络在网上购物，在网上支付。由于这种模式节省了消费者和企业的时间和空间，大大提高了交易效率。

目前B2C电子商务的付款方式是货到付款与网上支付相结合，而大多数企业的配送选择物流外包方式以节约运营成本。随着用户消费习惯的改变及优秀企业示范效应的推动，网上购物用户迅速增长，这种商业模式在中国已经基本成熟。

近年来，线上消费成为正向拉动经济增长的重要力量。据国家统计局的数据显示，2021年全年，全国网上零售额130 884亿元，同比增长14.1%，明显快于社会消费品零售总额增速。在新发展格局下，新型消费蓬勃发展。政府积极引导线上线下深度融

合，利用新技术、新理念、新媒体，塑造消费新模式、新场景，提升消费智能化、便利化水平，激发消费新动能。

2. B2C电子商务的分类

（1）从企业和消费者买卖关系的角度分类。B2C电子商务的商务模式主要分为"卖方企业—买方个人"的电子商务及"买方企业—卖方个人"的电子商务两种模式。

①"卖方企业—买方个人"的电子商务模式。这是商家出售商品和服务给消费者个人的电子商务模式。在这种模式下，商家首先在网站上开设网上商店，公布商品的品种、规格、价格、性能等，或者提供服务种类、价格和方式，由消费者个人选购，下订单，在线或离线付款，商家负责送货上门。这种网上购物方式可以使消费者获得更多的商品信息，虽足不出户却可货比千家，买到价格较低的商品，节省购物时间。当然，这种电子商务模式的发展需要高效率和低成本的物流体系配合。这种模式的典型代表如京东、天猫等。

②"买方企业—卖方个人"的电子商务模式。这是企业在网上向个人求购商品或服务的一种电子商务模式。这种模式应用最多的就是企业在网上招聘人才。在这种模式中，企业首先在网上发布需求信息，然后由个人上网与企业洽谈。这种方式在当今人才流动量大的社会中极为流行，因为它建立起了企业与个人之间的联系平台，使得人力资源得以充分利用。

（2）根据交易的客体分类。按照交易的客体分类，可把B2C电子商务分为无形商品和服务的电子商务模式，以及有形商品和服务的电子商务模式。前者可以完整地通过网络进行，后者则不能完全在网上实现，要借助传统手段的配合才能完成。

①无形商品和服务的电子商务模式。计算机网络本身具有信息传输和信息处理功能，无形商品和服务（如电子信息、计算机软件、数字化视听娱乐产品等）一般可以通过网络直接提供给消费者。

②有形商品和服务的电子商务模式。有形商品是指传统的实物商品，采用这种模式，有形商品和服务的查询、订购、付款等活动在网上进行，但最终的交付不能通过网络实现，还是用传统的方法完成。这种电子商务模式也叫在线销售。

企业实现在线销售主要有两种方式：一种是在网上开设独立的虚拟商店，另一种是参与并成为网上购物中心的一部分。有形商品和服务的在线销售使企业扩大了销售渠道，增加了市场机会。与传统的店铺销售相比，即使企业的规模很小，网上销售也可将业务伸展到世界的各个角落。网上商店不需要像一般的实物商店那样保持很多的库存，如果是纯粹的虚拟商店，则可以直接向厂家或批发商订货，省去了商品存储的阶段，从而大大节省了库存成本。

3. B2C电子商务的发展现状

目前，中国网上零售B2C电子商务正处于成熟期，但国内电商行业发展在战略布局、商业模式、技术手段等方面发生了重大变化。

（1）品质升级。随着消费者收入水平的持续提升，物质条件的极大丰富，消费者的消费诉求发生了明显转变，从主要追求商品低价、商品功能为核心的消费诉求转向更加追求生活品质及消费体验。品质消费诉求拉动跨境电商、品质电商及奢侈品电商等领域的快速发展。在供应侧改革中，ODM（Original Design Manufacture，原始设计制造商）及C2M（Customer to Manufacture，用户直连制造）等新型供应模式满足并进一步塑造品质消费需求。

（2）场景变革。随着线上流量红利消失，线上获客成本快速上升，B2C电商开始从传统的线下零售业务寻找突破口，电商企业与零售实体全场景融合加速，不仅可以助推线下门店的数字化改造，而且可以弥补线上体验的短板。

线上、线下零售企业相继布局零售新业态，线上、线下各业态间的界限日益模糊，服务内容更加多元，零售场景实现重构，从过去单一的线下零售角色，向"线上线下零售、体验、服务、配送、仓储"等多角色转变，零售业与服务业进一步融合，以满足消费者的需求。

利用物联网、人脸识别、移动支付等技术，将消费场景下沉到消费者日常生活中，随处随时提供服务，满足了消费者对购物便捷性的要求，为消费者带来更好的用户体验。

（3）智慧零售。企业业务复杂性的日益加深，以及用户个性化需求和消费数据的累积，对企业供应链管理的效率和智能化水平提出了新的要求，以消费者为中心的具有敏捷性和柔性的智慧供应链体系开始崛起；物流的数字化运营和智能化作业能力成为零售企业竞争的核心因素之一；电商平台已经成为全链路的消费平台，数据算法、人工智能、识别技术等创新技术的应用提高了营销的精准性和多元性。智慧供应链、智慧物流和智慧营销成为支撑智慧零售的三个要素，如图2-2所示。

4. B2C电子商务的发展趋势

（1）B2C电商平台品牌背书的重要性将更加突出。目前电商行业发展进入成熟期，头部电商平台的综合服务能力愈加突出，B2C电商能从平台品控、物流配送等方面更好地服务用户，未来其作为电商行业主流的情况仍将持续。而消费者对品质的追求越来越高，B2C电商平台自身及平台商品的品牌背书能力更被用户看重，品牌背书能力的提升也成为B2C电商平台的重要发展方向。

价值提升
成本优化

科技开启零售未来，数据助力企业提效

智慧供应链	智慧物流	智慧营销
企业由生产中心转型为设计中心，消费者反向定制生产	电商平台为企业打造开放的物流服务平台，并围绕消费者重构近场景物流布局，提升购物体验	全渠道营销形式，需要企业整合线上线下资源，在营销过程中打造独特的"品牌资产"
平台建立了商品数据库，为线上和线下店铺提供了智能化的新品挖掘方案，丰富了平台和店铺商品线的深度和宽度	自动化作业，提升仓配过程中的效率，降低物流和人力成本	智能化体验场景的构建使得营销的趣味性、互动性更强
对消费者行为进行分析，能够迅速判断市场对新产品的接受度，安排生产和采购计划	前瞻性预测产品需求，规划仓储环节的库存和区域布局，实现高库存周转率	企业通过数字化手段更好地了解消费者，从而完成更加精准的营销推送，实现更高的转化率

关键支撑要素

大数据和新技术的应用	新零售下运营模式和组织方式的改变

图2-2 智慧零售的三个支撑要素

🏛 文化视角

以国货品牌彰显文化自信

近年来，中国"新国货"日益崛起，"新国潮"逐渐流行。中国"新国货"以其新品类、新技术、新审美、新材料等"新"文化，在国际市场实现了弯道超车，品牌竞争力大大增强。多家互联网企业也利用大数据和云计算等高科技手段，如阿里的"新国货计划"、京东的"国货当潮计划"等，助力国货品牌的发展，使其在信息时代完成品牌的转型升级。

新国货品牌既是中国硬实力的展示，也是中国软实力的象征。每一个新国货品牌都是一则中国故事、一张中国明信片，都是一道展现中国企业品牌形象的流动风景线，如闻名中外的家电品牌"卡萨帝"、精工制作的手机品牌"华为"、特色鲜明的服装品牌"梅花"、风情万种的美妆品牌"百雀羚"……都掀起了一股中国新国潮风尚。"新国货"以自己的品牌故事和品牌气质诠释着时代精神和价值取向，全方位投射、引领着当代国人的文化自信及国家认同，展示着中国美学、中国风格和中国气派，构筑着中国精神、中国价值和中国力量。

（2）B2C电商运营模式的多样化发展。随着线上获客成本的不断提高，B2C电商平台纷纷创新运营模式，多种玩法以及针对不同类型人群的运营模式不断出现。而针对主流消费者消费需求的变化，拼团、社区电商、社交电商及内容电商等能满足用户对优质、高性价比商品消费需求的运营模式未来将有较大的发展空间，能否针对主流消费者进一步提升服务质量以及商品品控水平也成为平台竞争的重点。

（3）B2C电商平台产品细分化趋势愈加明显。物流配送服务的提升使B2C电商平台有能力渗透到更多细分领域，而对不同垂直领域商品的覆盖也使用户的个性化需求可以得到更好的满足。未来B2C电商行业产品细分化的趋势会更加明显，更多垂直电商平台将会出现，而综合B2C电商平台也会利用自身的资源优势渗透到各领域。

（4）各B2C电商平台加强布局新零售。无论是阿里对饿了么的收购，还是各B2C电商平台纷纷推出线下门店和提高配送效率，都显示出新零售业务的竞争日益激烈，线下场景也成为竞争重点。新零售业务的发展是电商平台拓展线下流量，降低获客成本的关键，同时是提升消费者体验的关键一环，未来各B2C电商平台围绕新零售的布局将不断加强。

2.1.3 B2G电子商务模式

1. B2G电子商务的内涵

B2G（Business to Government）电子商务是指企业与政府机构之间通过互联网进行交易的电子商务模式。这种模式搭建了企业与政府之间的贸易桥梁，有效提高了政府采购、招标等管理与服务效率，其典型代表有中国政府采购网等。

政府作为社会治理体系的公共组织，既是社会信息资源的最大生产者和拥有者，又是社会信息产品的领先使用者和主要传播者。随着全球信息化进程的加快，政府运用网络和通信技术，精简管理业务流程，快捷、迅速地为企业提供各种信息服务是大势所趋。这也意味着政府迎来全新的发展时期——电子政务时代。电子政务的处理方式是政府以"向社会提供高效、优质的政府管理与服务"为出发点，帮助企业、其他社会组织和大众办理各种经济与社会事务。

B2G电子商务是电子政务的重要形式，其显著特点是效率高、信息量大。由于交易活动是在网络上完成，企业不仅可以随时随地了解政府的动向，还可以减少中间环节的时间延误和成本费用，提高政府办公的公开性、透明度及服务效率。

2. B2G电子商务的应用

B2G电子商务的典型应用主要有以下方面:

微课:
政府采购电
子化时代或
全面来临

(1)电子采购与招标。政府本身是一个巨大的消费者,每年都要购买大量的公共用品。在B2G电子商务中,政府通过网络公布采购与招标信息,为企业特别是中小企业参与政府采购提供了必要帮助。政府采用电子采购与招标的方式,即政府在网络上直接进行商品和服务的招标与采购,企业可从网上下载招标书,以电子数据形式发回投标书,通过网络完成招投标与采购过程,让企业公平、公开、公正地竞争,降低交易成本,节约了政府采购支出。电子采购是电子商务的重要形式,政府采购工作电子商务化,是政府采购体制发展的必然趋势。

(2)电子纳税。利用B2G电子商务,企业人员通过政府税务网络系统,在家或办公室就能了解税收政策,完成税务登记申报,查询税收公报等业务,既方便了企业,也提高了政府部门的工作效率,减少了税务开支。

(3)电子通关。电子通关也是B2G电子商务的典型应用,即采用网络信息技术将检验检疫机构签发的出入境通关单的电子数据传输到海关业务系统,海关将报检报关数据与进出口实际情况进行比对确认,符合后予以放行的通关形式。海关是我国政府部门中信息化建设起步最早和应用水平较高的部门之一。例如,全国海关信息中心(全国海关电子通关中心)设计开发和运行维护了海关核心业务信息系统、海关门户网站等一系列重要项目,涵盖"电子海关""电子总署"和"电子口岸"三大业务领域,服务于海关总署各部门、各直属海关单位,1 000多个通关业务现场和几十万家企业。

3. B2G电子商务的发展历程

B2G电子商务的兴起是电子政务发展的生动体现。在信息化时代,电子政务已成为国家治理不可或缺的工具。我国电子政务从起步到如今,大致经历了如下阶段:

(1)办公自动化阶段。20世纪80年代中期至20世纪90年初期,中央和地方党政机关开展了办公自动化(OA)工程,建立了各种纵向和横向的内部信息办公网络,为利用网络通信技术奠定了基础。

(2)"三金"工程建设阶段。20世纪90年代中后期,"三金"工程(金桥工程、金关工程和金卡工程)启动,这是我国政府主导的以政府信息化为特征的系统工程,其重点是建设信息化的基础设施,为重点行业和部门传输数据和信息。

(3)政府上网阶段。20世纪90年代末,中国电信和国家经济贸易委员会经济信息中心联合40多家部委信息主管部门共同发起了"政府上网工程",这是电子政务在国内迈出的坚实一步。在这个阶段,政府从开始的仅通过网络发布与政府有关的公共服务静态信息，如政策法规、办事指南等，到向用户提供某种形式的服务，如下载表单等，再到政府与企业或个人用户在网上实现双向互动，如用户提交反馈意见等，电子政务经历了从静态、单向的信息发布到动态、双向的信息交流的发展。

（4）政务服务阶段。21世纪初，国家信息化领导小组明确提出"政府先行，带动信息化发展"的战略，加快推进"互联网+政务服务"建设也多次出现在政府工作报告中。在这一阶段，政府与企业、公众实现了全面互动，全面实行政务公开，推广电子政务和网上办事，政府服务的广度与深度也随着信息化程度而递增。

随着新媒体技术的出现，政府从服务型走向智慧型成为必然，B2G电子商务模式也将跟随智慧政务的发展不断迭代创新。智慧政务是在信息化时代背景下，综合运用互联网和信息网络技术，以大数据为核心，通过信息化手段为企业和公众提供高效政务服务的公共服务，以此推动政府高效运转、政策精准科学、服务便捷高效和信息透明可及。目前，全国各地区智慧政务建设正在加快。未来政务服务"一网通办"将从"网上可办、网上深办"向"全程网办、全网通办"的纵深方向发展，从线下"一窗受理"向"5G+区块链+AI的智慧政务服务"跨越。

2.2　新型电子商务模式

随着互联网的快速普及以及现代科学技术的迅猛发展，电子商务模式也在不断迭代创新。电子商务的交易主体不再局限于企业（Business）、政府部门（Government）和个人消费者（Customer），工厂（Factory）、制造商（Manufacturer）等直接交易主体，线上线下渠道开启了融合的进程，新型电子商务模式如O2O、C2M等不断涌现。

2.2.1　O2O电子商务模式

1. O2O电子商务模式的内涵

O2O（Online to Offline）电子商务是指将线下的商务机会与互联网结合，让互联网成为线下交易的前台，同时让线下商务优质的体验和互联网社群相互融合，成就企业品牌之路的一种电子商务模式。

与传统的消费者在商家直接消费的模式不同，在O2O电子商务中，整个消费过程由线上和线下两部分构成。线上平台为消费者提供消费指南、优惠信息、便利服务（预订、在线支付、地图等）和分享平台，而线下商户则专注于提供服务。整个O2O电子商务的消费流程可以分解为如下五个阶段：

（1）引流阶段。线上平台作为线下消费决策的入口，汇聚了大量有消费需求的消费者，或引发消费者的线下消费需求。常见O2O平台引流入口包括：消费点评类网站或应用，如大众点评；电子地图类，如百度地图、高德地图；社交类，如微信等。

（2）转化阶段。线上平台向消费者提供商户的详细信息、优惠（如团购、优惠券）信息和便利服务信息，方便消费者搜索、对比商户，最终帮助消费者选择线下商户，完成消费决策。

（3）消费阶段。消费者一般使用在线支付付款，利用线上平台提供的信息到线下商户获取商品或接受服务，完成实际消费。

（4）反馈阶段。消费者将自己的消费体验反馈到线上平台，有助于其他消费者做出消费决策。线上平台通过梳理和分析消费者的反馈，形成更加完整的本地商户信息库，以此吸引更多的消费者使用在线平台。

（5）留存阶段。线上平台为消费者和本地商户建立沟通渠道，可以帮助本地商户维护消费者关系，使消费者重复消费，成为商家的回头客。

O2O电子商务模式的出现为用户提供了传统消费方式与电子商务相结合的模式，即消费者在线上进行购买支付，在线下获得服务，实现线上线下的融合互通；同时改善了网络购物的信息不对称问题，顾客虽然同样是从线上购买商品及服务，但却可以通过线下体验店看到商品，可以通过线下商家享受服务，这种线上与线下结合的方式能为用户提供更舒适、更完善的消费体验；此外，通过线上系统，还可以统计分析销售数据，了解客户需求，利用云计算、大数据等现代技术，通过预测分析，合理规划产能，降低库存，从而为商家降低成本。O2O的最大价值就是，在消费者消费习惯发生巨大变革的互联网时代，帮助传统线下经营者实现"互联网＋"的转型，为传统商业插上翅膀。

◈ **协作探究**

现阶段O2O电子商务模式的发展难题是什么？

O2O电子商务模式将互联网的创新成果深度融合于经济、社会各领域之中，提升全社会的创新力和生产力，形成更加广泛的以互联网为基础设施和实现工具的经济发展新形态。O2O电子商务模式的发展降低了线下商家对店铺地理位置的依赖，减少了租金方面的支出，助力精准营销。同时，O2O电子商务模式为消费者提供了丰富、全面、及时的商家优惠信息，能够帮助消费者快捷筛选并订购适宜的商品或服务，为其带来极大的便利。虽然O2O电子商务是一个充满生机的产业，但同时也面临着很多需要克服的困难。

请以小组为单位，分析当前O2O电子商务模式发展中有哪些特点和难题？

2. O2O电子商务模式的分类

从用户需求的角度出发，O2O电子商务模式的应用主要有以下三类：

（1）导流类O2O电子商务。导流类O2O电子商务的核心是流量引导，强调以门店为核心，O2O平台主要用来为线下门店导流，提高线下门店的销量。使用该模式的企业旨在利用O2O平台吸引更多的客户到店消费，建立一套线上线下会员的互动互通机制。

导流类O2O电子商务的主要应用领域有：

①团购。在导流模式中，团购是典型的从线上到线下通过团购低价引流的一种方式，代表平台有：美团、大众点评等。团购就是通过互联网，将认识或不认识的消费者联合起来，加大与商家的谈判能力，以获得最优价格的一种购物方式。团购作为一种新兴的电子商务模式，通过消费者自行组团、专业团购网站、商家组织团购等形式，提升用户与商家的议价能力，并极大程度上获得商品优惠，引起消费者及业内厂商的关注。

②导航。导航是导流模式中基于地理位置服务的一种引流方式，代表平台有：高德地图、百度地图等。高德地图在O2O和LBS（Location Based Services，基于位置的服务）方面具有优势，涉足生活服务、布局O2O电子商务便成为其发展方向。在加盟阿里之后，高德地图在用户、流量和渠道等方面的优势不断提升。高德地图聚合了景点预订、机票预订等功能，消费者通过高德地图即可一站式解决出行问题，其设计了典型的"附近"和"发现"两大功能，用户可以通过"附近"实现便利的生活消费需求，从"发现"模块里获取更多的生活信息。

（2）体验类O2O电子商务。体验类O2O电子商务的核心是消费者能享受到良好的服务，强调先在网上寻找消费品，再到线下实体店中体验和消费。

从周大福智慧零售，看珠宝零售新生态

周大福集团发布的《2021—2022年中期报告》显示，截至2021年9月30日，公司营业收入同比上涨79.1%，至441.86亿港元，主要是受惠强劲的黄金首饰及产品需求和公司在中国内地的批发业务的上涨。周大福智慧零售业务的零售值飙升159.8%，主要来自零售科技应用业务的销售贡献。

新冠肺炎疫情彻底改变了消费者的购买习惯，全渠道策略显得更加重要。新冠肺炎疫情暴发后，周大福推出私域营销工具——微信小程序"云商365"，让员工可随时随地与消费者沟通及提供协助，提供快捷的购物体验。与此同时，"D-ONE线上珠宝定制平台"上线，并融入"云商365"提高曝光度，一方面为消费者提供24小时即可准备发货的珠宝定制服务，打造个性化产品；另一方面也实现了"零库存"销售模式，灵活而高效。

2021年，周大福进一步实施推进"双动力"策略，"实动力"和"云动力"双力共构，既推进"实动力"持续拓展中国内地业务版图以贴近消费者，又推进"云动力"突破时间、空间的限制，让珠宝能深入消费者多方面的场景。周大福在2021年加紧渗透至各线上渠道，加入抖音及拼多多等第三方平台，积极探索各类直播模式，与不同的网红合作，寻找新的增长点。同时，不断打造爆款，推出电商专属的差异化产品款式，以满足多样化的顾客需求及制造热点话题。

"云动力"不仅是"云上"展示，而且实现了线上线下的真正联动，"云柜台"能将实体店的订单连接至电商平台，为顾客缩短交易时间并为其提供更多选择；在实体店里，5 000多家周大福门店里设置了射频识别（RFID）技术的智能奉客盘，通过大数据的分析处理，能够更精准地连接多样化客群，提升交易效率。

科技赋能对行业的未来至关重要。不论是不断提升O2O零售能力，开拓C2M的个性化生产业务模式，还是不断改进云柜台、O2O销售渠道，以及推出各式新销售概念，数字化转型仍待完善。新一代消费者不再只忠于线上或线下渠道，而是穿梭于两者之间。

（3）整合类O2O电子商务。整合类O2O电子商务模式的核心是线上、线下全渠道的业务整合。商务部数据显示，2021年我国约有600万家线下小店，这些以个体户为主的商家，贡献了快速消费品行业40%的出货量，每天服务2亿名消费者。2020年7月商务部等7部门联合印发了《关于开展小店经济推进行动的通知》，支持电商平台为小店

提供批发、广告营销、移动支付、数据分析、软件系统等数字化服务。借助O2O平台，越来越多的社区小店得到了升级改造，小店生意实现了数字化，做到了智能补货、智能选品等，提供个性化的本土生活服务，实现人、货、场的精准匹配。此外，传统实体商超（如苏宁、家乐福等）利用O2O也展现出新"智慧"：基于数字管理系统和人工智能技术，通过对生产、物流、门店销售、消费者购买进行全链路数字化采集，实现基于大数据的销量预测，指导门店采购下单，通过统一的调度算法进行智能配载，并根据不同地域用户的消费偏好进行不同规格的分拣、定级和打包，实现供应链管理和消费场景数字化，推动消费服务便利化和智慧化。

3. O2O电子商务的发展现状

O2O电子商务是继B2B、B2C、C2C电子商务之后兴起的一种新型电子商务模式。基于智能手机的快速普及和移动互联网的技术支撑，LBS、二维条形码和移动支付三项核心技术引领了O2O电子商务商业新浪潮。

（1）O2O电子商务发展的三个阶段。

①O2O电子商务的1.0阶段：团购时代，用户群体构建。"团购"早已被消费者所熟知。这种通过线上的促销活动为线下消费引流的方式开启了O2O电子商务时代的到来。

借助团购，很多商家通过互联网和移动互联网实现了品牌的免费宣传与积累，在商家门店空闲时期也引入了更多的客流量。但是团购模式本身存在的一些弊端，如消费体验被大打折扣、低价吸引用户而不是依靠真正的用户体验等，决定了团购无法成为O2O电子商务的终极方向。

②O2O电子商务的2.0阶段：补贴时代，用户习惯培养。在这个阶段，"补贴""返券""礼品"慢慢走入了人们的生活。出门打车使用App就会有"补贴"，使用App订餐就会"返券"；扫码关注订阅号就会送"礼品"。随着移动互联网的火热，O2O电子商务开始全面爆发，各种上门服务也开始如雨后春笋般地涌现出来。不管是传统行业的从业者，还是互联网的创业者，都纷纷涌进O2O电子商务领域；而在O2O电子商务的风潮下，全民创业开始掀起新高潮。

随着竞争的日渐加剧，O2O电子商务也正式进入了2.0时代——补贴时代。有很多O2O电子商务平台的补贴不仅让消费者尝到了好处，同时为商家创造更多的效益。但是，补贴模式的O2O电子商务不可持续已成为一种共识，同时它也加快了行业的洗牌速度，越来越多的O2O平台纷纷倒下，以至于很多投资人都开始不看好O2O电子商务。无论从哪个角度看，补贴模式的O2O电子商务都不可能成为永久模式。

③O2O电子商务的3.0阶段：大数据与智能时代，用户体验为先。经过团购时期的

粗放式发展，以及补贴时代的爆发性增长，O2O电子商务如何健康稳定发展引来了众多行业人士的深深反思。伴随着一些企业的不断探索，O2O电子商务也正在从2.0时代大步迈向大数据与智能主导的3.0时代，并成为未来O2O电子商务行业的领导者。

从提升用户体验来看，大数据分析与智能推送也能够节约用户的时间成本，同时提升用户的消费体验。比如拼车、打车等各类出行O2O平台，如何有效地将最近的司机匹配给消费者，节省消费者的等车时间，需要通过大数据分析，消费者能够在最短的时间里等到司机，服务体验必然会提升。仅有大数据分析不足以满足消费者的需求，O2O电子商务行业各类应用的用户体验更重要。

（2）O2O电子商务的主要应用领域。经过多年发展，O2O电子商务模式被运用到生活服务场景的方方面面，从进入公众视野，到在各行各业遍地开花，其主要应用领域如图2-3所示。

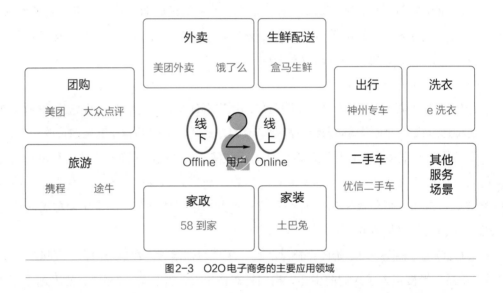

图2-3　O2O电子商务的主要应用领域

①汽车。汽车存在单品价格高、车型配置多样、车源多等特点，是典型的线下交易市场。随着互联网的不断普及，出现了不少汽车电商，而汽车电商是典型的O2O电子商务模式：线上提供车辆展示、预定和信息发布服务，车辆的交易和提车均在线下完成。

微课：
频繁触碰
"红线"的瓜
子二手车

❉ 法治护航

频繁触碰"红线"的瓜子二手车

★瓜子二手车1 250万元罚单的启示

"创办一年，成交量就已遥遥领先"。这是瓜子二手车的一条广告语，但其被罚款1 250万元，引发广泛讨论。为何开罚单？2018年12月，北京市工商行政管理局海淀分局根据调取的数据，认定其违反《中华人民共和国广告法》的相关规定。

市场经济是诚信经济。对任何商业主体而言，要想减少经营过程中的争议、非议，甚至立于不败之地，应以诚信为本。毕竟，广告是否违规、数据是否造假、宣传是否得当，其基础就在于经营行为是否可取、可信、可靠。

市场经济更是法治经济。用法治护航市场经济，不只是针对虚假广告、不实代言等问题，更要用法律来保障公平的营商环境、健康的市场秩序、有序的市场竞争。

★央视点名批评瓜子二手车造假

2019年8月，有多名消费者反映，他们在瓜子二手车平台上购买的车辆，出现了不同程度的"货不对板"的情况，但平台提供的检测报告却对此没有任何显示。对此，央视调查报道称，有"泡水车"被评"车况正常"，瓜子二手车259项检测形同虚设。

《中华人民共和国消费者权益保护法》第二十条规定："经营者向消费者提供有关商品或者服务的质量、性能、用途、有效期限等信息，应当真实、全面，不得作虚假或者引人误解的宣传。经营者对消费者就其提供的商品或者服务的质量和使用方法等问题提出的询问，应当作出真实、明确的答复。经营者提供商品或者服务应当明码标价。"隐瞒实际车况不仅直接侵犯了消费者的知情权，还会带来巨大的安全隐患。

二手车市场属于信息高度不对称的行业，普通消费者缺乏车况鉴定需要的专业技术与设备，使得调表车、事故车能够暗中流通销售。因此，要保证交易信息更加透明，满足消费者的知情权，就得建立健全二手车信息登记制度，让车源信息、车辆质检、事故记录、交易过户全环节的信息透明可追溯，通过大数据联网，减少平台造假的空间。

②餐饮。餐饮业是目前服务行业当中最早接触互联网渠道的传统行业。餐饮业互联网化的方式是依托互联网平台线上交易、线下消费的模式进行的，是O2O电子商务最为典型的场景之一。目前，餐饮业的O2O电子商务以团购形式为主体，逐渐衍生出线上点菜、订座等更多元化的服务。

在团购模式中，美团网作为目前团购市场的领头羊，在引流能力、商铺的聚合能力方面都有突出表现。美团依托强大的商铺后台管理能力，帮助以餐饮为代表的传统服务业提升信息化水平。同时，利用O2O电子商务模式，在拓展其他诸如电影、酒店、娱乐等服务业细分市场的过程当中，能够把握市场趋势，顺应消费者需求开拓市场。

2022年2月18日，国家发展改革委等多部门印发《关于促进服务业领域困难行业恢复发展的若干意见》，要求引导外卖等互联网平台企业进一步下调餐饮业商户服务费标准，降低相关餐饮企业经营成本。

③旅游。旅游行业对O2O电子商务模式的运用早于其他行业，原因在于其销售的产品及衍生品都是具有服务类性质的，消费者只能去线下享受，这在某种程度上决定了旅游行业对O2O电子商务模式的适用性极佳。加之互联网与大数据开始更加深入地应用于各行各业，旅游行业向O2O电子商务模式的转型可谓大势所趋。

旅游App是旅游行业颠覆传统模式走向O2O电子商务的利器。借助互联网技术，从旅游资讯、行程管理、酒店、公共交通、综合预定、航空、铁路等角度，不断完善周边服务；与用户真实需求对接，提升旅游O2O电子商务的融合效果，提高线上线下资源的融合效率。

◆ 协作探究

其他领域的O2O电子商务案例分析

在"互联网+"的浪潮下，我国O2O电子商务市场发展较为迅速，市场规模呈现逐年增长的趋势。从市场应用领域来看，O2O电子商务模式也逐渐被运用到生活服务场景的方方面面。如汽车、餐饮、旅游等都是人们熟知的主要应用领域。除此之外，很多其他领域也能看到O2O电子商务模式的身影。

请以小组为单位，收集O2O电子商务在其他领域的典型应用案例，并从现状、特点和趋势等方面进行分析和讨论。

2.2.2　C2M电子商务模式

1. C2M电子商务模式的内涵

C2M（Customer to Manufacturer）电子商务即用户直连制造商、消费者直达工厂的电子商务模式，是一种新型的工业互联网电子商务模式，使用大数据、云计算、人工智能等现代技术，通过生产过程的智能化、个性化、柔性化及节能化，缩短从产品制造到流通的过程，也称作"短路经济"模式。在C2M电子商务模式下，消费者直接通过平台下单，工厂接受消费者的个性化需求订单，根据需求设计、采购、生产、发货。

C2M电子商务消除了制造商和消费者之间的信息边界，借助智能设备、互联网等实现信息的实时交互，最大限度地满足消费者需求，其本质为一种个性化的反向定制服务模式。C2M电子商务模式的显著特点是：按需生产，用户先下单，工厂再生产，消除多余库存。这一模式实现了用户到工厂的直连，去除所有中间流通加价环节，连接设计师、制造商，为用户提供"大牌品质，工厂价格"的商品，让中国制造业直面用户需求。对消费者而言，C2M电子商务强调以用户为中心，根据用户的个性化需求组织生产，并吸引消费者加入产品设计环节，有效激发市场活力和社会创造力；对制造商而言，C2M电子商务削减了包括库存在内的中间成本，提高了传统生产要素的生产率，推动企业生产线、供应链、内部管理制度乃至整个商业模式的变革。C2M电子商务模式带来的变革如表2-1所示。

表2-1　C2M电子商务模式带来的变革

项目	传统模式	C2M电子商务模式
需求	先生产后销售	先销售后生产
设计	同质化	个性化
库存	高库存	低库存
渠道	层层加价	客户直接对接工厂
成本	综合成本高，利润空间小	综合成本低，利润空间大
客户	用户黏性低，维护成本高	用户黏性高，维护成本低

⬢ 中国方案

中国产业扶贫模式走向海外，"电商助农"经验获点赞

2021年10月，中国农业科学院农业信息研究所和海外农业研究中心举办的"亚信产业扶贫模式交流与培训研讨会"在京召开。来自世界银行、联合国开发计划署（UNDP）、国际农业发展基金（IFAD）、中国国际扶贫中心、国家开发银行、北京工商大学、拼多多等机构的国内外专家共同分享了中国产业扶贫的新模式和新做法。

在过去几年中，中国实现了脱贫攻坚的全面胜利，战胜了困扰人类数千年的绝对贫困，诸多经验得到了国际社会的认可与肯定。我国在"电商助农"领域开通了线上线下电商课程培训通道，同时在全国积极探索"市县长当主播、农民多卖货"的消费助农新模式，超过400位市、县、区等各级主要负责人进入助农直播间推介本地农（副）产品。

我国在"电商助农"领域的主要平台拼多多也参与了此次研讨会，并分享了在产业扶贫领域的相关经验。拼多多结合中国农业的发展状况，首创了"农地云拼"体系，通过"拼购+产地直发"的模式，推动贫困地区的农产品突破传统流通模式的限制，直连全国大市场。在"农地云拼"体系的基础上，深入推进"人才本地化、产业本地化、利益本地化"策略，因地制宜、因时施策，通过"培育致富带头人+探索科技扶贫应用+创新产业扶贫产品"的完整体系，让脱贫模式规模化、可持续。

会上，中国电商扶贫助农的经验和模式也引发了巴基斯坦、孟加拉国、阿富汗等国代表的关注和点赞，来自阿富汗的农业专家萨米尔还就农户电商技能培训问题与各方进行了深入讨论。我国未来还将在农产品物流、农业科技等领域持续投入，以科技普惠助力中国乡村巩固脱贫攻坚成果，助力乡村振兴。

2. C2M电子商务的驱动因素

（1）消费升级带动高品质性价比需求，C2M电子商务定制模式成为趋势。数据显示，随着中国经济的持续发展，国民收入不断提高，居民可支配收入持续增加，高品质商品成为其首要需求。收入提高不仅驱动居民消费需求的增加，也对商品的品质提出了更高要求。在消费升级的趋势下，消费者需求逐渐从追求量向追求质提升转变，生产及销售满足消费者品质需求的商品成为制造商与零售商共同探索的方向，C2M电子商务定制模式有望快速发展。

随着一二线城市居民经济压力增加，城市居民的消费趋于理性，追求高性价比的商品成为主流消费趋势。C2M电子商务的低成本生产与裸价销售方式迎合了消费者对商品性价比的追求，行业有望得到进一步发展。

（2）低毛利、高库存等痛点驱动制造商向C2M电子商务模式转型升级。传统生产方式低毛利、高库存、灵活性小，国内制造商亟须转型升级。国内制造商与客户合作的模式以OEM和ODM代工为主，这种传统的生产模式存在以下三方面痛点：

①制造商的大批优质产能长期进行低附加值生产，利润空间小，为了提高毛利，一些优质的制造商具有较强的自主品牌打造需求。

②部分消费行业产品生产周期长，由于市场动态变化较快，容易出现存货积压的情况，增加制造商的库存压力，挤压利润空间。

③传统生产方式为大批量、规模化生产，但随着终端消费人群和需求的变化，订单呈现小规模、多样化的特点，同时压缩了生产周期，制造商需要改造生产线，降低生产

成本，提高小订单处理能力。传统生产方式的不足使转型升级成为制造商的迫切需求。

3. C2M电子商务的行业格局

C2M电子商务行业的参与者分为大型综合电商平台、制造商和小型C2M平台三类。

（1）大型综合电商平台。阿里巴巴、拼多多、京东等大型综合电商平台正加快布局C2M电子商务的步伐，这些平台拥有渠道和供应链优势，积累了大量用户资源，在C2M电子商务行业发展中起主导作用。

企业创新

C2M电子商务发展加速，拼多多、阿里巴巴、京东争相发力

2020年12月18日，隶属阿里巴巴C2M事业部的淘工厂直营店正式亮相，C2M电子商务进入产业发展加速期。据了解，淘工厂直营店为了面向数字化、面向线上消费者，对运营做了极大简化，不仅向工厂提供消费者和市场需求洞察，而且将负责工厂整体线上消费者运营和店铺运营工作。未来三年，淘工厂直营店将在20个省份100个产业带建立产地仓，打造1 000家产值过亿元的超级工厂，服务3亿名消费者。

早在2018年12月，拼多多就推出"新品牌计划"，拟扶持1 000家工厂品牌升级，采用C2M电子商务模式共同打造优质产品，在消费者与工厂之间建立较短链路，降低渠道和库存成本。

2019年5月，京东联手新华社发布了"厂直优品"计划，在全国10万家制造型企业和消费者之间搭建高效的零售体系，当时京喜的前身京东拼购，正是京东"厂直优品"的重要承载平台。

（2）制造商。制造商负责产品生产，正积极参与行业C2M电子商务模式，在C2M电子商务模式下，制造商直达消费者，使价值回归制造环节。

（3）小型C2M平台。小型C2M平台在行业起步较早，必要商城2014年率先在国内践行C2M电子商务模式。

在C2M电子商务模式下，制造商从产业链价值分配的变革中获益。在传统链路中，品牌商掌握着渠道和用户，通过订单议价能力压低制造商的利润来弥补自身的流通和营销成本。而在C2M电子商务模式带来的新型产业分工下，制造商负责产品，平台负责品牌和供应链，最大限度地简化了流通和营销环节，使价值回归制造。随着产业链价值分配方式的改变，传统制造商利润提高，风险降低，有望迎来新的发展机遇。

一、单选题

1. B2C 电商模式中的"买方企业—卖方个人"模式主要应用于（　　）。

    A. 网上商店　　　　　　　　B. 网上招聘

    C. 网上拍卖　　　　　　　　D. 网上订阅

2. 下列选项中，（　　）不是 B2G 电子商务典型应用。

    A. 电子采购　　　　　　　　B. 电子纳税

    C. 电子通关　　　　　　　　D. 电子签证

3. 下列选项中，（　　）不属于 O2O 电子商务中的线上平台为消费者提供的服务。

    A. 地图导航　　　　　　　　B. 在线预订

    C. 在线支付　　　　　　　　D. 产品体验

4. 下列选项中，（　　）不属于导流类 O2O 电子商务。

    A. 商场小程序　　　　　　　B. 美团

    C. 高德地图　　　　　　　　D. 百度地图

5. 以下选项中，（　　）不属于 C2M 电子商务带来的变革。

    A. 个性化　　　　　　　　　B. 去库存

    C. 用户维护成本高　　　　　D. 先销售再生产

二、多选题

1. 根据服务的行业不同，B2B 电子商务可以分为（　　　　）。

    A. 垂直类 B2B 电子商务　　　B. 内贸型 B2B 电子商务

    C. 综合类 B2B 电子商务　　　D. 外贸型 B2B 电子商务

2. 下列选项中，关于 B2B 电子商务带来的商业价值的说法，描述准确的有（　　　　）。

    A. 缩短产销周期，提高商务效率

    B. 强化供应链管理，降低经营成本

    C. 优化生产计划，增加商务机会

    D. 产生数字决策、数字执行与数字协同

3. 下列选项中，（　　　　）属于 B2G 电子商务的典型应用。

    A. 电子采购　　　　　　　　B. 电子招标

    C. 电子纳税　　　　　　　　D. 电子通关

4. O2O电子商务是指将线下的商务机会与互联网结合的电子商务模式，下列选项中，属于典型O2O电子商务模式的有（　　　　　）。

    A. 导流类   B. 体验类

    C. 拍卖类   D. 整合类

5. 下列选项中，属于C2M电子商务模式的显著特点的是（　　　　　）。

    A. 按需生产   B. 用户先下单，工厂再生产

    C. 生产过程柔性化   D. 先生产，再销售

三、判断题

1. 跨境B2B电子商务在语言文化、法律法规、关税、汇率等各方面有着更高的要求，涉及的流程更加复杂，相比内贸型B2B电子商务，所需专业性更强。（　　　）

2. 中国是2020年全球唯一一个线上零售B2C规模超过万亿美元的国家。（　　　）

3. O2O电子商务本质上是线上为线下引流。（　　　）

4. 消费升级是C2M电子商务发展的驱动因素。（　　　）

四、案例分析

    "手中有订单，种养心不慌。"订单农业成为近几年的发展势头，成为诸多大企业、创业者布局的重点。农业领域近年创新发展出新型电子商务模式——C2F（Customer to Factory）电子商务模式，即由个人会员发起集体预订，生产基地按需生产。

    物农网便是C2F电子商务模式的典型代表，这家线上移动购物平台企业通过线上网店出售食品，并不直接参与种植、栽培或生产，而是为生产农产品的农户和消费者提供直接联系的平台。如今物农网还推出餐厅，允许客户租用餐厅设施，使用从餐厅购买的食品进行烹饪，同时还能现场注册会员，在其平台挑选购买所需食材。物农网创新的C2F订单农业模式是"从餐桌到田间"的家庭健康产品定制解决方案，致力于满足居民对营养美味、实惠健康、安全饮食的多重需求，实现"舌尖上的自由"。

    请思考C2F电子商务模式的核心商业逻辑是什么？C2F电子商务模式对于深化"三农"改革起到什么作用？

        知识与技能训练

实训主题：收集并分析新型电子商务模式

实训背景：通过课程学习对典型电子商务模式有了初步认知，通过本实训任务，了解更多的新型电子商务模式。

实训目标：1. 了解本章内容以外的新型电子商务模式。

2. 分析这些新型电子商务模式的应用及特点。

实训操作：1. 收集相关信息，整理分析行业中涌现的其他新型电子商务模式。

2. 小组分享，展示分析结果，教师进行点评。

第 3 章

敢为人先
电子商务新业态

学习目标

知识目标

- 了解跨境电子商务的基本概况
- 掌握跨境电子商务的支付方式与物流模式
- 熟悉直播电商的风险，以及直播电商风险防控的方法
- 了解社交电商的内涵及其发展历程

技能目标

- 能够准确区分跨境电子商务不同的监管方式所适用的范围
- 能够熟练掌握直播电商运营的全过程
- 能够灵活运用主流社交平台进行营销推广活动

素养目标

- 培育学生对数字中国、科技强国、网络强国的大国自信及民族自豪感
- 培养学生求真务实、敢为人先的创新精神
- 引导学生树立"正能量、守底线、有德行、守法纪"的直播电商职业价值观及直播电商风险防范意识
- 引导学生在社交电商行业中树立遵纪守法、规范经营的法治意识

思维导图

```
                              ┌─ 跨境电子商务概述
                              │
                              ├─ 跨境电子商务政策环境
              跨境电子商务 ─────┤
                              ├─ 跨境电子商务监管方式
                              │
                              └─ 跨境支付与跨境电商物流

敢                            ┌─ 直播电商发展阶段
为                            │
人                  直播电商 ──┼─ 直播电商运营实践
先                            │
·                            └─ 直播电商风险防控
电
子
商                            ┌─ 社交电商认知
务                            │
新                            ├─ 社交电商发展阶段
业               社交电商 ─────┤
态                            ├─ 社交电商的合规性
                              │
                              └─ 社交电商主流平台
```

学习计划

✦ **知识学习计划**

_____

_____

✦ **技能训练计划**

_____

_____

✦ **素养提升计划**

直播带货助力湖北"清库存"

  2020年受新冠肺炎疫情影响，大量湖北的农产品滞销。据湖北省农业农村部门的数据显示，截至2020年4月7日，湖北省全省春茶待销库存7 601.7吨，小龙虾成品虾存塘量约7.14万吨，湖北省内随州、荆门、宜昌、十堰、襄阳5个主产地干香菇累计库存约3.49万吨。这些农产品面临产销积压、价格下滑和资金周转等困难。随着全国各地帮助湖北带货成为热潮，"猪压栏、禽压棚、鱼压塘、菜压田"等农产品滞销情况正在得到缓解。

  央媒等媒体联手多家平台为湖北直播带货。2020年4月6日晚，央视新闻"谢谢你为湖北拼单"公益行动首场带货直播开播。首场直播"带货官"通过"连麦"进行的隔空"云直播"，引发了网友为湖北"拼单"的热情。这场公益直播吸引了1 091万人观看，累计观看次数1.22亿次，直播间点赞数1.6亿次，两个小时的直播累计卖出总价值4 014万元的湖北商品！

  湖北省干部化身"带货主播"为湖北直播带货。"走出家门过早，吃上一碗热腾腾、香喷喷的热干面，这是一种实实在在的幸福。"2020年4月8日，面对镜头前约13万名在线网友，武汉市政府党组成员热情推销武汉特色小吃，该场直播共卖出7万多份周黑鸭、2.2万份热干面。"黄茶味道甘甜醇厚、气味舒爽清幽，大家还在等什么？"洪湖市市委书记在洪湖岸边开了一场厨艺直播，现场煲了一锅排骨莲藕汤，吸引了2 000万名网友观看，现场销售45万份藕产品。

案例启示：

  近年来，随着科技的进步，中国电子商务新模式、新业态层出不穷，飞速发展。直播电商、社交电商和跨境电商等电商新业态已经深入人们生活的方方面面，不仅极大地丰富了人们的生活，提高了人民的幸福感，也为我国经济的发展做出了巨大贡献。电子商务的蓬勃发展离不开中国电子商务人敢为人先的首创精神，更离不开国家政策的大力支持和治理的不断优化。

3.1 跨境电子商务

3.1.1 跨境电子商务概述

微课：
认识跨境
电子商务

近年来，跨境电子商务特别是B2C跨境电子商务保持强势增长，成为全球经济增长的新引擎。新冠肺炎疫情的蔓延持续助推了线上消费习惯的转变，电商渗透率进一步提升，互联网数字化进程加速。随着以国内大循环为主体、国内国际双循环相互促进的新发展格局的加快形成，我国跨境电商市场规模将继续保持高速增长态势，增长动力、市场结构、发展模式正在发生积极变化，并呈现出品牌出海、直播营销、社交获客等新特征。随着相关政策的日臻完善，我国跨境电子商务将持续发展。

1. 跨境电子商务的含义

跨境电子商务（Cross-border E-commerce，简称跨境电商），是指分属不同关境的交易主体通过电子商务平台达成交易、进行支付结算，并通过跨境电商物流送达商品、完成交易的一种国际商业活动。

从进出口方向分类，跨境电子商务分为出口跨境电子商务和进口跨境电子商务。本书重点介绍出口跨境电子商务。

从交易模式分类，跨境电子商务分为B2B跨境电子商务和B2C跨境电子商务。

2. 中国跨境电商的发展历程

1999年阿里巴巴实现用互联网连接中国供应商与海外买家后，中国对外出口贸易就实现了互联网化。在此之后，中国跨境电商的发展共经历了四个阶段，实现了从信息服务、在线交易、全产业链服务到全产业链生态融合的跨境电商产业转型，如图3-1所示。

1999—2003 年	2004—2012 年	2013—2018 年	2019 年至今
1.0 平台信息化阶段	2.0 交易服务线上化阶段	3.0 全产业链服务在线化阶段	4.0 全产业链生态融合阶段
阶段特点 线上展示、线下交易的外贸信息服务模式，不涉及交易环节	流程电子化，逐步实现在线交易	大型工厂上线、B 类买家成规模、大型服务商加入、移动用户量爆发	内容营销、直播经济兴起，行业打破单一环节，电商平台、卖家、服务商紧密合作
变化特征 1.0—2.0 ◆ 逐渐体现出电子商务本质 ◆ 从信息服务到交易服务		2.0—3.0 ◆ 阶段服务全面升级 ◆ 平台承载能力更强 ◆ 全产业链服务在线化	3.0—4.0 ◆ 配套服务逐渐专业化 ◆ 企业品牌意识增强 ◆ 构建全产业链生态圈

图3-1 中国跨境电商发展的四个阶段

（1）跨境电商1.0阶段（1999—2003年）：平台信息化。跨境电商1.0阶段的主要商业模式是线上展示、线下交易的外贸信息服务模式。第三方平台的主要功能是为企业信息及产品提供展示的网络平台，并不在网络上涉及任何交易环节。此时的盈利模式主要是通过向进行信息展示的企业收取会员费，逐渐衍生出竞价推广、咨询服务等为供应商提供一条龙的信息增值服务。此阶段以阿里巴巴国际站、环球资源网和中国制造网为典型代表平台。这个阶段虽然通过互联网解决了中国对外贸易信息向世界买家传递的难题，但是仍然无法完成在线交易，外贸电商产业链仅完成信息流整合环节。

（2）跨境电商2.0阶段（2004—2012年）：交易服务线上化。跨境电商2.0阶段属于摸索中发展的阶段，此阶段的标志性事件是敦煌网的成立，敦煌网是国内首个为中小企业提供B2B网上交易的网站。在此阶段跨境电商逐步将线下交易、支付、物流等流程实现电子化，依托互联网金融行业的发展，逐步实现在线交易。此阶段更能体现电子商务的本质，借助于电子商务平台，通过对服务、资源的整合有效打通上下游供应链。此阶段，B2B平台是跨境电商的主流模式，通过企业间的直接对接来实现产业链的进一步缩短，提升企业盈利能力，此阶段的代表性企业有全球速卖通、敦煌网等。

（3）跨境电商3.0阶段（2013—2018年）：全产业链服务业在线化。2013年被称为跨境电商的"元年"，2013年12月27日全国人大常委会正式启动了《中华人民共和国电子商务法》的立法进程，国务院、商务部也出台了多项支持措施；上海自贸区成为外贸跨境电商试点区域，启动了全国首个跨境贸易电子商务试点平台；外贸电商集中转型，打造品牌化出海模式；跨境电商移动化、移动端交易成为主流等均体现了跨境电商业务进入爆发期的趋势。跨境电商3.0阶段具有大型工厂上线、B类买家成规模、中大额订单比例提升、大型服务商加入和移动用户量爆发五个特征。跨境电商服务升级，平台承载能力更强。本阶段的主要卖家群体正处于从传统外贸业务向跨境电商业务转型的时期，生产模式由大生产线向柔性制造转变，对代运营和产业链配套服务需求较高。

（4）跨境电商4.0阶段（2019年至今）：全产业链生态融合。数据显示，2019年中国跨境电商市场规模达10.5万亿元，较2018年的9万亿元同比增长了16.66%。中国跨境电商行业发展迅速，跨境电商对技术与服务的要求越来越高，行业门槛和运营难度相应提高。传统企业、品牌商开始实施从"中国产品"向"国际品牌"的转化。跨境电商开始向精细化、品牌化、本土化及多元化发展。在此阶段，跨境电商实现了全产业链生态融合，从企业意识到产品本地化、合规化及创新性全面提升。因此，此阶段的跨境电商以发展商业生态系统为基本路径，行业打破单一环节，电商平台、卖家、服务商紧密合作，构建出海生态统一体。中国出口跨境电商生态图谱如图3-2所示。

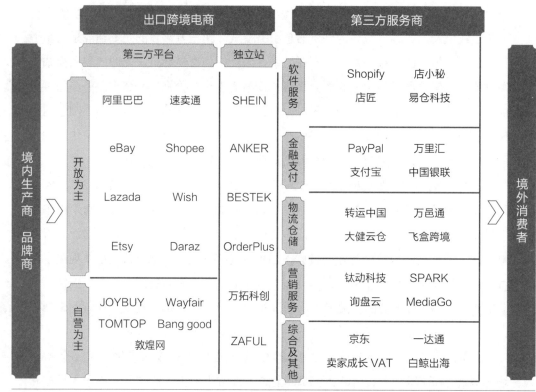

图3-2 中国出口跨境电商生态图谱

3. 中国跨境电商企业类型

中国跨境电商出海历时十余年，各类企业大多已启动或计划启动对于品牌化运营的探索。Google与德勤合作发布的《2021年中国跨境电商发展报告》总结出了六种最具代表性的企业类型，如图3-3所示。

（1）外贸工厂。外贸工厂多年来通过代工模式为全球知名品牌输出了大量优质产品。随着业务规模的增加、工艺的完善，外贸工厂也在不断积累着产品研发与生产设计能力，构建属于自己的核心能力，探索属于自己的品牌发展之路，借助亚马逊等第三方平台实现B2C转型或开发和运营自建品牌独立站。

（2）平台卖家。我国一些厂商最早通过第三方平台实现商品出口，依托于第三方平台完善的配套服务与早期的流量红利，产品快速被卖向全球。为了应对平台严格的管理制度与挑剔的用户需求，厂商不断提高供应链效率，以满足全球买家的消费需求。

（3）流量导向独立站。我国商家最早采用流量模式出海，通过多个独立站拉新铺货，依靠大量广告投入吸引流量，快速扩大规模。然而，对短期利润的追求让很多商家忽视了供应链能力和用户体验等基础能力的构建，流量模式运营难以为继，众多商家开始沉下心来向品牌独立站方向转型。

（4）渠道品牌导向独立站。早期的一批出海商家通过第三方平台进行尝试，发现一些跨境电商平台的消费者对于性价比的诉求太高，这些平台对店铺的展示方式千篇一律，无法凸显产品差异化特征，这批商家开始通过独立站的形式创立自己的品牌，在企业发展过程中不断地提高产品设计能力和供应链能力，更加重视用户体验。

（5）产品品牌导向独立站。一些具有更开放的品牌理念与更强的学习能力的商家立志于打造属于中国的国际化品牌，进入跨境电商领域。他们不只是通过广告推销产品，而且通过独立站官网、社交媒体、电子邮件等多渠道与用户展开深入沟通，与客户探讨并发掘用户对品牌的感受，提供优质产品，并构建品牌内容，引起消费者共鸣。

（6）国内品牌出海。一些在电商市场经历大浪淘沙生存并稳步发展起来的国内电商品牌，在国内市场拥有稳定的核心客户群后，也开始探索全球品牌之路。在品牌出海初期，商家将重点放在独立站运营上。商家不仅可以根据自己的需要灵活调整独立站官网的呈现方式，而且可以通过独立站全面掌握用户数据。

	用户	产品	品牌
外贸工厂 以代工模式或 B2B 模式起步，逐步向品牌独立站和品牌化运营转型	★★☆☆☆	★★★★☆	★☆☆☆☆
平台卖家 通过 eBay、Amazon 等第三方平台销售起步，逐步向品牌独立站模式转型	★★★☆☆	★★★☆☆	★★☆☆☆
流量导向独立站 靠拉新铺货模式快速大规模扩张，运营多个站点，逐步向品牌化运营转型	★★★☆☆	★★☆☆☆	★☆☆☆☆
渠道品牌导向独立站 成立以来主要围绕单个独立站运营，以产品为发展重心，逐步重视品牌打造及跨品类拓展	★★★☆☆	★★★★☆	★★★★☆
产品品牌导向独立站 成立以来围绕单个独立站运营，建立初期重视品牌打造和优势单品的细节打磨，逐步拓展产品品类	★★★★☆	★★★★☆	★★★★☆
国内品牌出海 依托淘宝及国内市场发展起来的互联网原生品牌，逐步考虑通过独立站模式向海外市场拓展	★☆☆☆☆	★★★★☆	★★★★☆
资料来源：谷歌和德勤访谈、研究与分析			

图3-3　中国跨境电商企业类型及核心能力评分

3.1　跨境电子商务

微课:
文化自信让
"新国货"
快意生长

文化视角

李子柒螺蛳粉"漂洋过海",文化自信让"新国货"快速生长

李子柒的"中国式田园生活"系列视频在国外媒体走红,她的个人美食品牌也成为"黑马",其中一款螺蛳粉,一年就通过天猫海外"漂洋过海"卖出近50万份。2020年5月10日第四个"中国品牌日",天猫海外发布"年度国货出海品牌榜","新国货"爆发力惊人。

过去一年,除了在国际市场享有盛誉的小米、华为、美的等品牌,挪客、李子柒、倍思、泡泡玛特、十三余等一批新晋人气国货品牌,正逐渐被海外消费者熟知并喜爱。专注3C数码配件的倍思,以年近5 000万单的成交,成为新国货"出海"的代表之一;深耕潮玩市场的泡泡玛特,年同比增长219%,生产的盲盒、手办在海外也非常畅销;主打原创国风汉服的十三余年增长158%。

目前,中国国货商品已经通过天猫海外平台销往全球200多个国家和地区,商家产品和服务的提升将进一步推动中国品牌在海外的崛起,"国货出海"正在为海外消费者提供丰富的产品选择与便捷的购物体验。

4. 跨境电商主流平台

目前主流的跨境电商平台包括自建跨境电商平台和入驻第三方跨境电商平台,本书主要介绍主流的第三方跨境电商平台。各大跨境电商平台都有自己的特点、优势及客户群体,因此,选择适合自己行业、适合自己产品、适合自己营销计划的跨境电商平台就显得尤为重要。目前,主流跨境电商平台有全球速卖通、亚马逊(Amazon)、eBay、Wish、Lazada等,如表3-1所示。

表3-1 跨境电商主流平台介绍

平台名称	简介	适用性
全球速卖通	全球速卖通是阿里巴巴旗下面向国际市场打造的跨境电商平台,是帮助中小企业接触终端批发零售商,小批量多批次快速销售,拓展利润空间而全力打造的集订单、支付、物流于一体的外贸在线交易平台。速卖通创建于2009年,2010年4月正式上线,以B2C跨境电子商务为主要跨境贸易模式,被广大卖家称为"国际版淘宝"	速卖通适合刚开始做跨境电商的商家,尤其是产品特点符合新兴市场的卖家,以及产品有供应链优势、价格优势明显的卖家,最好是工厂直接销售

平台名称	简介	适用性
亚马逊	亚马逊是美国最大的一家电子商务公司，位于华盛顿州的西雅图，是网络上最早开始经营电子商务的公司之一。亚马逊成立于1995年，目前已经覆盖了全球185个国家和地区，拥有18个站点，每一个站点都具备一定的特色和相对独立运营的政策，是全品类全球市场的平台	选择亚马逊平台需要有较好的外贸基础和资源优势（包括稳定可靠的品牌与货源优势等），适合有一定资金实力，并且有长期投入打算的卖家
eBay	eBay成立于1995年9月4日。eBay是一个可让全球消费者上网买卖物品的线上拍卖及购物网站，人们可以在eBay上出售商品。目前eBay在全球范围内拥有1.2亿名活跃用户，以及4亿多件由个人或商家刊登的商品，其中以全新的"一口价"商品为主	选择eBay的卖家一般具有产品的地区优势。eBay平台操作比较简单，投入不高，适合有一定外贸资源的卖家
Wish	Wish是一款基于移动端App的商业平台。起初，Wish只是向用户推送信息，并不涉及商品交易；2013年，其升级成为购物平台。Wish的系统通过对买家行为等数据的计算，判断买家的喜好，并且选择相应的产品推送给买家	Wish平台入驻门槛低，免收开店费。但Wish平台更偏向于客户，且商品审核期较长，平台佣金较高，物流体系也不够成熟，因此适合具有一定经验的贸易商、B2C企业、品牌经销商
Lazada	Lazada（中文名"来赞达"）成立于2012年，是东南亚地区最大的在线购物网站之一。获得德国创业孵化器RocketInternet桑威尔兄弟（SamwerBrothers）支持。Lazada平台有超过155 000个卖家入驻，其中品牌供应商超过3 000家，用户数覆盖5.6亿人。其主要目标市场是东南亚六国，即马来西亚、印度尼西亚、新加坡、泰国、越南、菲律宾。主营产品为3C电子、家居用品、玩具、时尚服饰、运动器材等	Lazada的优势在于开店成本低、流量扶持力度大、市场前景好，发展潜力较大。Lazada平台更适合中国卖家的习惯，做起来更容易，适合低成本投资的中小卖家

3.1.2 跨境电子商务政策环境

近年来，跨境电商作为对外贸易转型升级的重要模式和发展方向之一，在我国乃至世界范围内均呈现蓬勃发展之势。近年来，我国跨境电商政策密集出台，行业发展势头明显。然而，在复杂严峻的外贸形势下，我国跨境电商的发展也面临着许多新机遇和新挑战。

1. 国际政策环境

在复杂严峻的外贸形势下，出口跨境电商成为我国对外贸易的新引擎、新窗口，对我国经济的快速发展起到了巨大的促进和拉动作用。从国际政策环境来看，跨境电商面临复杂的全球市场环境，各国的对外政策、法律制度、基础设施等因素都存在较大差异，这对我国跨境电商的发展也有着重大影响。

（1）新兴跨境电商市场的发展机遇。近些年，随着东南亚、中东、俄罗斯等新兴市场的崛起，我国跨境电商迎来了一股新的增长动力。东南亚、中东、俄罗斯等新兴市场有着比欧美发达市场更为广阔的电商发展基础，以及利好政策的扶持，既是跨境电商市场的"蓝海"所在，也是中国出口跨境电商发展的重要增长点。东南亚有10个国家是东盟成员国，中国和东盟组建了中国—东盟自由贸易区，货物清关更加便利，税收成本相对较低，贸易壁垒较少，为跨境电商企业创造了更大的利润空间和良好的发展环境。俄罗斯是我国长期以来的友好国家，两国政治关系不断提升，坚定不移地加强新时代全面战略协作伙伴关系。在中俄双方的共同努力下，跨境电商领域内的合作稳步推进。

中国方案

"丝路电商"——电子商务国际合作

商务部按照国家主席习近平提出的建设和平之路、繁荣之路、开放之路、创新之路、文明之路的要求，深入推进"一带一路"经贸合作，发展"丝路电商"，打造国际合作新平台。2016年以来，中国已与多个国家签署电子商务合作备忘录，并建立了双边电子商务合作机制，合作伙伴遍及五大洲，"丝路电商"成为经贸合作的新渠道和新亮点。

目前，与中国建立电子商务合作的国家包括乌兹别克斯坦、瓦努阿图、萨摩亚、哥伦比亚、意大利、巴拿马、阿根廷、冰岛、卢旺达、阿联酋、科威特、俄罗斯、哈萨克斯坦、奥地利、匈牙利、爱沙尼亚、柬埔寨、澳大利亚、巴西、越南、新西兰和智利。

（2）复杂多变的国际经贸环境。随着全球电子商务的快速发展，各国政府纷纷出台了针对电商平台或互联网企业的税收政策，自2016年英国正式出台增值税（Value-added Tax，VAT）法规以来，全球众多国家对于电商的税费政策不断收紧，电商征税的趋势正在变得越来越明显。无论是降低免税额度还是征税，全球税收监管形势正日益收紧，清查偷税漏税的现象已是大势所趋，不合规经营会使卖家面临极大的风险，合规经营成为当下卖家长期要考虑的首要因素。

2. 国内政策环境

跨境电商行业的高速发展离不开政策的支持，从2012年3月商务部颁布了《商务部关于利用电子商务平台开展对外贸易的若干意见》（商电发〔2012〕74号）以来，从国务院到各大相关部委，都纷纷出台了针对跨境电商行业的配套政策措施。从现有政策来看，各相关部门工作的主要目的是：大力支持跨境电商新兴业态的发展，积极引导跨境电商运营的规范化。我国主要的跨境电商相关政策如表3-2所示。

表3-2 我国主要的跨境电商相关政策

制定部门	简介	主要政策
国务院	国务院是跨境电商相关政策指导性意见的制定方，自2013年起，已相继颁布政策文件，批准跨境电商综合试验区，要求各部门落实跨境电商基础设施建设、监管设施，以及要求优化完善支付、税收、收结汇、检验、通关等过程	《关于实施支持跨境电子商务零售出口有关政策的意见》《国务院办公厅关于支持外贸稳定增长的若干意见》《国务院关于大力发展电子商务加快培育经济新动力的意见》《国务院办公厅关于促进跨境电子商务健康快速发展的指导意见》《国务院关于同意在天津等12个城市设立跨境电子商务综合试验区的批复》《国务院关于促进外贸回稳向好的若干意见》《国务院关税税则委员会关于调整部分消费品进口关税的通知》等
海关总署	海关总署是跨境电商的流程层面，特别是通关流程相关政策的重要制定方。具体措施包括提高通关效率、规范通关流程、打击非法进出口等。海关作为跨境电商监管链条的关键环节，在跨境电商政策制定上有着较高的权利。近年来，海关已经通过出台多项举措，保障跨境电商快速发展	《关于跨境贸易电子商务进出境货物、物品有关监管事宜公告》《关于增列海关监管方式代码的公告》《关于加强跨境电子商务网购保税进口监管工作的函》《关于跨境电子商务零售进出口商品有关监管事宜的公告》《关于跨境电子商务进口统一版信息化系统企业接入事宜公告》等
国家其他部门	跨境电商行业因涉及国家多个部门的业务范畴，除国务院和海关总署外，商务部、国家市场监督管理总局、国家外汇管理局等政府主管部门也纷纷出台或参与出台了相关跨境电商政策，涉及的国家相关部门包括国家发改委、财政部、工信部、农业农村部、商务部、国家税务总局、国家市场监督管理总局等部门	《国家外汇管理局综合司关于开展支付机构跨境电子商务外汇支付业务试点的通知》《质检总局关于进一步发挥检验检疫职能作用促进跨境电子商务发展的意见》《关于口岸进境免税店政策的公告》《财政部 海关总署 税务总局关于跨境电子商务零售进口税收政策的通知》《十一部门关于公布跨境电子商务零售进口商品清单的公告》《商务部等14部门关于复制推广跨境电子商务综合试验区探索形成的成熟经验做法的函》等

3.1.3　跨境电子商务监管方式

监管方式是以国际贸易中进出口货物的交易方式为基础，结合海关对进出口货物的征税、统计及监管条件综合设定的海关对进出口货物的管理方式。其代码由4位数字构成，前两位是按照海关监管要求和计算机管理需要划分的分类代码，后两位是参照国际标准编制的贸易方式代码。跨境电商进出口通关监管模式如图3-4所示。

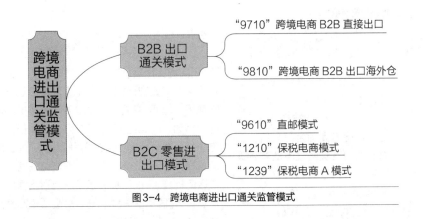

图3-4　跨境电商进出口通关监管模式

根据实际对外贸易情况，按海关总署规定的《监管方式代码表》选择填报相应的监管方式简称及代码。一份报关单只允许填报一种监管方式。跨境电商常用的监管方式如表3-3所示。

表3-3　跨境电商常用的监管方式

监管方式 代码	贸易方式 简称	贸易方式全称	适用范围
1210	保税电商	保税跨境贸易 电子商务	适用于境内个人或电商企业在经海关认可的电商平台实现跨境交易，并通过海关特殊监管区域或保税监管场所进出的电商零售进出境商品
1239	保税电商A	保税跨境贸易 电子商务A	适用于境内电子商务企业通过海关特殊监管区域或保税物流中心（B型）一线进境的跨境电子商务零售进口商品
9610	电子商务	跨境贸易电子商务	适用于境内跨境电商企业与境外消费者通过跨境电商销售平台达成交易

监管方式代码	贸易方式简称	贸易方式全称	适用范围
9710	跨境电商B2B直接出口	跨境电子商务企业对企业直接出口	适用于跨境电商B2B直接出口的货物
9810	跨境电商出口海外仓	跨境电子商务出口海外仓	适用于跨境电商出口海外仓的货物

1. "1210"保税电商

海关监管方式代码"1210"，全称"保税跨境贸易电子商务"，简称"保税电商"，俗称"备货模式"。"1210"要求开展区域必须是跨境贸易电子商务进口试点城市的特殊监管区域，我国从2012年开始在开展跨境电商试点的城市进行，第一批试点城市有上海、杭州、宁波、郑州、重庆，在国家政策支持下，2021年3月18日，商务部、发展改革委、财政部、海关总署、国家税务总局、国家市场监督管理总局发布了《关于扩大跨境电商零售进口试点、严格落实监管要求的通知》，将跨境电商零售试点扩大至所有自贸试验区、跨境电商综试区、综合保税区、进口贸易促进创新示范区、保税物流中心（B型）所在城市（及区域）。

简单来说，商家将商品批量备货至海关监管下的保税仓库，消费者下单后，跨境电商企业根据订单为每件商品办理海关通关手续，在保税仓库完成贴面单和打包，经海关查验放行后，由跨境电商企业委托物流公司配送至消费者手中。"1210"保税电商模式业务流程如图3-5所示。

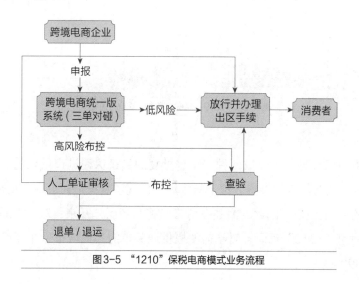

图3-5 "1210"保税电商模式业务流程

2. "1239" 保税电商 A

海关监管方式代码"1239",全称"保税跨境贸易电子商务 A",简称"保税电商 A"。与"1210"监管方式相比,"1239"监管方式适用于境内电子商务企业通过海关特殊监管区域或保税物流中心(B 型)一线进境的跨境电子商务零售进口商品。同时,区别于"1210"监管方式的是,上海、杭州、宁波、郑州、重庆、广州、深圳、福州、平潭、天津 10 个试点城市暂不适用"1239"监管方式开展跨境电子商务零售进口业务。"1239"保税电商 A 业务流程如图 3-6 所示。

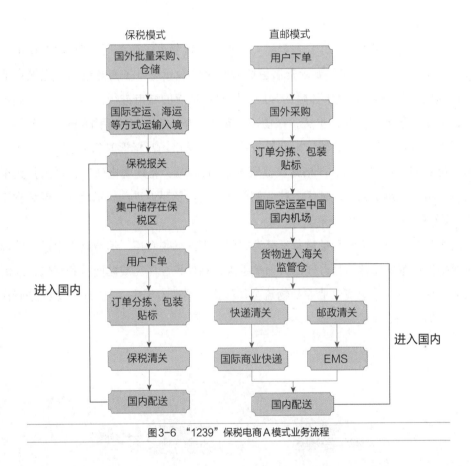

图 3-6 "1239" 保税电商 A 模式业务流程

至此,国内保税进口分化成两种:一是批复的具备保税进口试点的 10 个城市,二是开放保税进口业务的其他城市。由于新政后续出现了暂缓延期措施,且暂缓延期措施仅针对此前的 10 个城市,因此,海关在监管时将二者区分开来:对于免通关单的 10 个城市,继续使用"1210"代码;对于需要提供通关单的其他城市(非试点城市),采用新代码"1239"。

协作探究

探究"1210"和"1239"监管方式用于进口时的区别

2018年12月,海关总署发布了《海关总署关于跨境电子商务零售进出口商品有关监管事宜的公告》(2018年第194号),其中对"网购保税进口"(监管方式代码1210)和"网购保税进口A"(监管方式代码1239)两种监管方式的适用范围进行了说明。

请以小组为单位,查看海关总署公告2018年第194号文件,探究"1210"和"1239"两种监管方式用于进口监管时的区别。

3. "9610" 电子商务

海关监管方式代码"9610",全称"跨境贸易电子商务",简称"电子商务",俗称"集货模式"。适用于境内个人或电子商务企业通过电子商务交易平台实现交易,并采用"清单核放、汇总申报"模式办理通关手续的电子商务零售进出口商品。因为跨境电商有着小额多单的特点,传统B2C出口企业在物流上主要采用邮政、快递、专线等方式,报关主体是邮政或快递公司,所以该模块贸易都没有被纳入海关统计,海关新增的"9610"代码将跨境电商的监管独立出来,有利于规范和监管。跨境"9610"电子商务模式如图3-7所示。

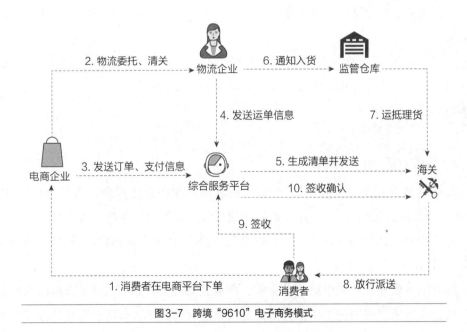

图3-7 跨境"9610"电子商务模式

简而言之，商家将多个已售出的商品统一打包，通过国际物流运送至国内的保税仓库，跨境电商企业为每件商品办理海关通关手续，经海关查验放行后，由电商企业委托国内快递派送至消费者手中，每个订单都附有海关单据。

🔶 中国方案

跨境电商"9610"业务开通

2021年1月28日，马鞍山海关首票跨境电子商务零售一般出口清单成功放行，标志着安徽首个综保区口岸作业区跨境电子商务零售一般出口业务（海关监管方式代码"9610"）的顺利开展。

跨境电子商务零售一般出口业务适用于境内个人或电子商务企业通过电子商务交易平台实现交易，并采用"清单核放、汇总申报"模式办理通关手续的电子商务零售进出口商品。以"9610"海关监管方式开展电子商务零售进出口业务的电子商务企业、监管场所经营企业、支付企业和物流企业应当按照规定向海关备案，并通过电子商务通关服务平台实时向电子商务通关管理平台传送交易、支付、仓储和物流等数据。

一直以来，国内从事跨境电商的企业大多选择通过行邮物品渠道将电商产品寄到境外。由于缺乏正规的出口报关单，国内跨境电商企业的出口产品既不能获得合法结汇，也不能享受退税优惠。如果将跨境电商B2C业务按照一般贸易方式报关，则存在订单量大、流程复杂等问题，申报时效和成本都无法满足企业的业务需求。

"9610"报关出口模式利用全电子化预归类、提前申报的方式，在报关时效、流程、通关成本等方面既满足企业的实际需求，又完全符合海关等监管部门的监管要求。

4. "9710"和"9810"

海关监管方式代码"9710"，全称"跨境电子商务企业对企业直接出口"，简称"跨境电商B2B直接出口"，适用于跨境电商B2B直接出口的货物；海关监管方式代码"9810"，全称"跨境电子商务出口海外仓"，简称"跨境电商出口海外仓"，适用于跨境电商出口海外仓的货物。

跨境电商企业、跨境电商平台企业、物流企业等参与跨境电商B2B出口业务的境内企业，应当依据海关报关单位注册登记管理的有关规定，向所在地海关办理注册登记。开展出口海外仓业务的跨境电商企业，应当在海关开展出口海外仓业务模式备案。"9710"和"9810"业务模式流程如图3-8所示。

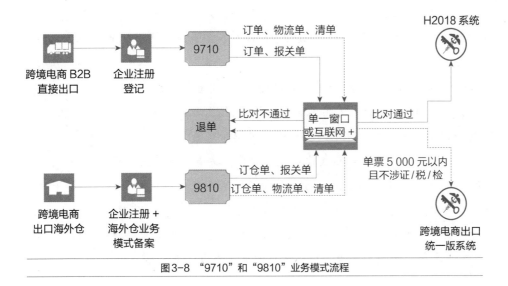

图3-8 "9710"和"9810"业务模式流程

3.1.4 跨境支付与跨境电商物流

1. 跨境支付

跨境支付（Cross-border Payment）是指两个或者两个以上国家或者地区之间因国际贸易、国际投资及其他方面所发生的国际债权债务，借助一定的结算工具和支付系统，实现资金跨国和跨地区转移的行为。

> **🌐 中国方案**
>
> ### 人民币跨境支付系统
>
> 人民币跨境支付系统（Cross-border Interbank Payment System, CIPS），是专司人民币跨境支付清算业务的批发类支付系统。CIPS旨在进一步整合现有人民币跨境支付结算渠道和资源，提高跨境清算效率，满足各主要时区的人民币业务发展需要，提高跨境交易的安全性，构建公平的市场竞争环境。
>
> 我国的CIPS和环球银行金融电信协会（SWIFT）支付系统都是一种跨境支付系统。CIPS和SWIFT的作用是在银行间发送、接受交易指令，不进行资金划转，

不触及资金。资金支付划转主要是在清算支付系统中实现，是当今跨境资金流动最重要的基础设施。

早在2012年4月，我国央行就高瞻远瞩，开始组织独立开发CIPS，并且在2015年10月已上线运营。截至2020年年底，我国共有境内外1 092家机构通过直接或间接方式接入CIPS，其中直接参与的有42家，较2015年10月上线初期增加23家；间接参与有1 050家，较2015年上线初期增加了约5倍。CIPS实际业务可触达全球171个国家和地区的3 300多家法人银行机构，其中1 000多家机构来自"一带一路"沿线国家（不含中国大陆及港澳台地区）。

随着跨境人民币业务各项政策相继出台，跨境人民币业务规模不断扩大，为满足人民币跨境使用的需求，进一步整合现有人民币跨境支付结算渠道和资源，提高人民币跨境支付结算效率，建设独立的人民币跨境支付系统、完善人民币全球清算服务体系成为必然要求。CIPS的建立在顺应市场需求的同时，进一步推动了人民币在全球的使用，为其成为真正的全球货币铺平道路。

我国跨境转账汇款渠道主要有第三方支付平台、商业银行和专业汇款公司。数据显示，我国使用第三方支付平台和商业银行的用户比例较高，由于第三方支付平台能同时满足用户对跨境汇款便捷性和低费率的需求，所以第三方支付平台使用率更高。部分常用的跨境支付方式如表3-4所示。

表3-4 部分常用的跨境支付方式

项目	费用	优点	缺点	适用范围
国际电汇 T/T（Telegraphic Transfer）	付款人和收款人各自承担所在地的银行手续费	1. 收款迅速，几分钟就能到账；2. 汇款安全便捷	1. 前T/T：先付款，后发货，对买方来说风险较大；2. 后T/T：先发货，后付款，对卖方来说风险较大；3. 手续费较高	适合金额较大或时间紧急情况下的交易付款；低于1万美元高于1 000美元的交易也可以选择电汇方式
西联汇款（Western Union）	手续费由付款人承担	1. 对于收款人来说最划算，可先提款再发货；2. 安全性好，到账快	1. 由于对付款人来说风险较高，付款人不易接受；2. 付款人和收款人需要去西联线下柜台操作，手续费较高	适合1万美元以下的小额支付

项目	费用	优点	缺点	适用范围
Paypal（贝宝）	无注册费用及年费；每笔收取0.3美元的银行系统占用费；提现每笔收取35美元；跨境每笔收取0.5%的跨境费	1. 全球用户广，品牌效益强；2. 资金周转快，安全保障高；3. 使用成本低	1. 付款人利益大于收款人，双方权利不均衡；2. 每笔交易除手续费外，还需要支付交易处理费；3. 账户容易被冻结，商家利益易受损失	小额支付的首选
信用卡	一般有开户费、年费和手续费，具体收费情况不同，银行有不同的标准	1. 欧美最流行的支付方式；2. 用户群体庞大	1. 接入方式麻烦，需预存保证金；2. 收费高；3. 存在拒付风险	适用于日常购物消费及小额信贷

2015年1月，国家外汇管理局正式发布了《国家外汇管理局关于开展支付机构跨境外汇支付业务试点的通知》和《支付机构跨境外汇支付业务试点指导意见》，开始在全国范围内开展部分支付机构跨境外汇支付业务试点，允许支付机构为跨境电子商务交易双方提供外汇资金收付及结售汇服务。此举对跨境支付的发展意义重大，不仅大大提高了跨境电子商务及跨境购物用户操作上的便利性，还在一定程度上提升了跨境支付的安全性，既保证了国家税收，又便于监管。

🏢 企业创新

数字人民币在海南跨境进口电商平台完成首次支付

2021年5月，海南跨境进口电商企业国免（海南）科技有限公司首次使用数字人民币完成支付，这是数字人民币在海南跨境进口电商平台完成的首次支付。

相较于一般电商平台而言，跨境进口电商平台在实名认证基础上进一步做到了订购人和支付人一致性校验，符合海关监管要求。对消费者而言，在下单最后支付阶段选择"数字人民币支付"即可，形成了从消费者到平台间的结算闭环。平台能悉数收到消费金额，使整个支付过程的经济性和安全性更强。

数字人民币支付在跨境进口电商场景的应用，是数字人民币在海南试点的创新性突破，也是减少小微企业支付手续费的具体案例和生动实践，在提升支付效率的同时，增强了对消费者的隐私保护，将更好地促进海南自贸港的贸易自由便利和跨境资金流动自由便利。

2. 跨境电商物流

跨境电商物流是跨境电子商务的重要组成部分，是实施跨境电子商务的关键。跨境电商物流采用现代物流技术，利用国际化的物流网络，选择最佳的方式与路径，以最低的费用和最小的风险，实现货物在国际的流动与交换。

目前，行业中比较常用的跨境电商物流模式主要有：邮政包裹模式、国际快递模式、跨境专线物流模式及海外仓储模式等。

（1）邮政包裹模式。邮政物流包括各国邮政局的邮政航空大包、小包，以及中国邮政速递物流分公司的EMS、国际e邮宝等。邮政网络基本覆盖全球，比其他任何物流渠道都要广泛。这主要得益于万国邮政联盟（UPU）和卡哈拉邮政组织（KPG）。

万国邮政联盟是联合国下设的一个主要处理国际邮政事务的专门机构，通过一些公约或法规来改善国际邮政业务，发展邮政方面的国际合作。万国邮政联盟会员众多，而且会员之间的邮政系统发展很不均衡，因此很难促成会员之间的深度邮政合作。于是在2002年，邮政系统相对发达的6个国家和地区（中国、日本、韩国、美国、澳大利亚、中国香港地区）的邮政部门在美国召开了邮政CEO峰会，成立了卡哈拉邮政组织。后来，西班牙和英国也加入了该组织。

（2）国际快递模式。国际快递模式是指由实力雄厚的国际物流运营商提供的配送模式。这些快递公司成立较早，物流运输网络遍布全球各地，而且其完善的物流配送系统让门到门配送服务真正成为现实，使顾客拥有较好的购物体验。因此，具有服务质量高、送货快捷的优点，但优质的服务也意味着高昂的运输费用。

（3）跨境专线物流模式。跨境专线物流一般通过航空包舱方式将货物运输到国外，再通过合作公司进行目的国的派送。专线物流的优势在于它能够集中大批量到某一特定国家或者地区的货物，通过规模效应降低成本。因此，其价格一般比商业快递低。在时效上，专线物流稍慢于商业快递，但比邮政包裹快很多。主要专线物流优势对比如表3-5所示。

表3-5 主要专线物流优势对比

专线物流	简介		优势
Special Line—YW	Special Line—YW即航空专线"燕文"，俗称燕文专线，是北京燕文物流公司旗下的一项国际物流业务。线上燕文专线目前已开通南美专线和俄罗斯专线	南美专线	运送时效快：一程直飞欧洲，快速中转，避免旺季爆仓，大大缩短投递时间
		俄罗斯专线	1. 全程可追踪：与俄罗斯合作伙伴实现系统内部互联，一单到底，全程无缝可视化跟踪； 2. 运送时效快：国内快速预分拣，快速通关，快速分拨派送

专线物流	简介		优势
Russian Air	Russian Air 即中俄航空专线，是通过国内快速集货、航空干线直飞、在俄罗斯通过俄罗斯邮政或当地落地配送公司进行快速配送的物流专线的合称。现在中俄航空专线下已有 Ruston 专线	Ruston 专线	1. 经济实惠：以克为单位进行精准计费，无起重费，为卖家将运费定到最低； 2. 可邮寄范围广：递送范围覆盖俄罗斯全境； 3. 运送时效快：中俄跨境电商物流平均时间为13天，80%以上的包裹25天内可到达； 4. 全程可追踪：货物信息48小时内上网，货物全程可视化追踪
Aramex	Aramex快递即中外运安迈世，创建于1982年，在国内也称"中东专线"，是发往中东地区的国际快递的重要途径，其强大的联盟网络覆盖全球		1. 运费价格优势：寄往中东、北非、南亚等地区，价格优势显著，仅是DHL的60%； 2. 运送时效快：时效有保障，包裹寄出后大部分在3~5天可以投递； 3. 无偏远费用：抵达全球各国和地区都无须附加偏远费用
速优宝—芬兰邮政	速优宝—芬兰邮政是由速卖通和芬兰邮政（Post Finland）针对2kg以下的小件物品推出的香港口岸出口的特快物流服务，分为挂号小包和经济小包，运送范围为俄罗斯及白俄罗斯全境邮局可到达区域		1. 运费价格优势：寄往俄罗斯和白俄罗斯的价格较其他专线具有显著优势； 2. 运送时效快：时效有保障，包裹寄出后大部分在35天内可以投递，挂号包裹因物流商原因在承诺时间内未妥投而引起的速卖通平台限时达纠纷赔款，由物流商承担
中俄快递—SPSR	中俄快递—SPSR服务商SPSP Express是俄罗斯优秀的商业物流公司，也是俄罗斯跨境电子商务行业的领先企业。中俄快递—SPSR面向速卖通卖家提供经北京、香港、上海等地出境的多条快递线路，运送范围为俄罗斯全境		1. 运送时效快：俄罗斯境内75个主要城市11~14日到达，其他偏远地区31日内到达； 2. 交寄方便：深圳、广州、义乌、金华、杭州、上海、苏州、北京由揽收服务商"燕文"提供免费上门揽收服务，非揽收区域卖家可自行寄送至集运仓库； 3. 取件便利：SPSR在俄罗斯境内260多个城市设置了900多个方便的自提点。 4. 赔付标准高：邮件丢失或损毁提供赔偿，可在线发起投诉，投诉成立后最快5个工作日内完成赔付，赔付上限为1 500元人民币

■ 企业创新

中国物流企业开通中非包裹专线

　　2021年6月，阿里巴巴集团旗下物流公司菜鸟网络正式开通中国—非洲跨境包裹专线，将中国到非洲的跨境包裹物流时效由60天缩短至20天左右。

　　菜鸟首条中非跨境包裹专线承运航班每周6班以上。飞机从中国香港起飞到达尼日利亚经济中心拉各斯，然后由菜鸟在当地的物流团队负责完成"最后1公里"配送。菜鸟网络中非跨境包裹专线目前已可覆盖尼日利亚全境，将来可覆盖摩洛哥、埃及、肯尼亚等其他国家。

　　中非跨境电商及跨境贸易增长迅速，物流市场潜力巨大。2021年非洲大陆自由贸易区正式启动、《中华人民共和国政府和毛里求斯共和国政府自由贸易协定》生效等，都显示中非贸易迎来了新机遇。

　　（4）海外仓储模式。海外仓储就是商家在经营出口贸易时需要在境外设置仓库，将商品通过各种运输方式运输到境外仓库中，接到客户的订单后，商家可以直接把境外仓的商品发送给客户，也可以通过国际物流中介公司完成海外仓库的管理运输等工作。表3-6介绍了我国海外仓的三种主要模式。

表3-6　我国海外仓的三种主要模式

模式		定义	特点
自建模式	卖家自建	由大卖家自己在海外市场建设仓库	便于物流管理，提高库存周转率，控制长期成本，利于树立品牌形象
	电商转型	由规模比较大的、有自营海外仓的电商企业转型而来	
与第三方合作模式	租用	是指跨境电商企业与第三方公司合作，由外部公司提供海外仓储服务的建设模式	可降低跨境电商企业的运营风险和资产投入，第三方物流更具专业性，解决了跨境电商企业的后顾之忧
	合作建设		
"一站式"配套服务模式		以海外仓为基础，为电商企业提供跨境物流整体解决方案服务的模式	有更好的服务体验，提供完善的跨境电商供应链，对跨境物流具有引领作用

3.2 直播电商

随着科技的发展，人们可以足不出户地在线上购物。商家的线上商品详情描述不再满足于图片和文字的展示，而是希望以更直观的方式将商品呈现出来，直播电商应运而生。在新冠肺炎疫情暴发期间，直播电商激活了市场，带动了我国经济的复苏。艾瑞咨询发布的《2021年中国直播电商行业研究报告》显示，2020年中国直播电商市场规模超过1.2万亿元，年增长率为197%，预计2023年直播电商规模超过4.9万亿元。不仅有大量明星与网红参与直播带货，政府机构、电视台也纷纷加入直播带货大军。

3.2.1 直播电商发展阶段

直播电商是指卖家通过网络直播平台或直播软件来推销自己的产品，客户在了解产品的各项性能后产生购买行为的一种电子商务新模式。

真正的直播电商起源于2016年，直播电商从2016年发展至今，经历了三个阶段，依次是2016—2017年的萌芽期，2017—2019年的成长期，以及2019年至今的爆发期，如图3-9所示。

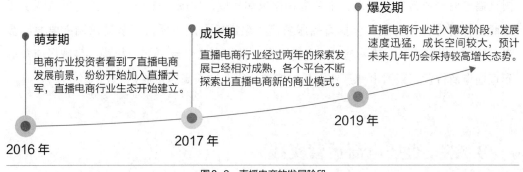

图3-9 直播电商的发展阶段

1. 萌芽期（2016—2017年）

2016年，4G网络正处于高速发展的状态，依靠网络的工具型产品推动行业发展，逐渐形成内容产业百家齐放的局面。电商行业投资者看到了直播电商的发展前景，纷纷开始加入直播大军，直播电商行业生态开始建立。2016年1月，快手上线直播功能；3

月，作为直播电商首创者的蘑菇街上线视频直播功能；5月，淘宝推出淘宝直播；9月，京东上线直播功能。随后各综合电商、跨境电商、母婴电商纷纷加入直播大潮，直播电商模式基本成型。在萌芽期中，直播行业以娱乐为主，吸引了大批用户，为以后的发展积累了粉丝基础。

2. 成长期（2017—2019年）

直播电商行业经过两年的探索发展已经相对成熟，各个平台不断探索出直播电商新的商业模式。2017年7月，苏宁App正式上线直播功能，蘑菇街直播功能加入女装小程序；12月淘宝推出"超级IP入淘计划"推动淘宝直播发展。2018年，淘宝"双11"正式引爆直播带货概念，推出直播电商发展战略。2018年3月，抖音推出购物车功能，开启直播带货；5月，抖音上线店铺入口；6月，快手推出"短视频导购"，增加"快手小店"。在成长期，直播电商产业链更加完善，主播类型和带货商品种类也更加多元化。

3. 爆发期（2019年至今）

2019年，直播电商行业进入爆发期，发展速度迅猛。2019年1月淘宝推出淘宝直播独立App；6月网易考拉推出"考拉ONE物"全网招募计划。中国互联网络信息中心（CNNIC）发布的第49次《中国互联网络发展状况统计报告》显示，截至2021年12月，我国网络直播用户规模达7.03亿人，同比增长8 652万人，占网民整体的68.2%。其中，电商直播用户规模为4.64亿人，同比增长7 579万人，占网民整体的44.9%。我国直播电商产业链由供应端、平台端和需求端构成，如图3-10所示。上游供应端主要为商品供应方，中游主要包括直播服务商、渠道平台及主播，下游需求端主要为消费者。经过5年的发展，越来越多的电商平台、视频直播平台、MCN机构、品牌厂商参与到直播电商行业，直播电商产业链基本成型，行业进入高速发展期。

3.2.2 直播电商运营实践

1. 平台选择

目前，直播电商平台主要有淘宝直播、快手直播、抖音直播、微信直播等，每个平台有各自的特点及优缺点，主播和商家应该根据自身的能力和特点，以及产品特性选择最适合的直播电商平台，如表3-7所示。

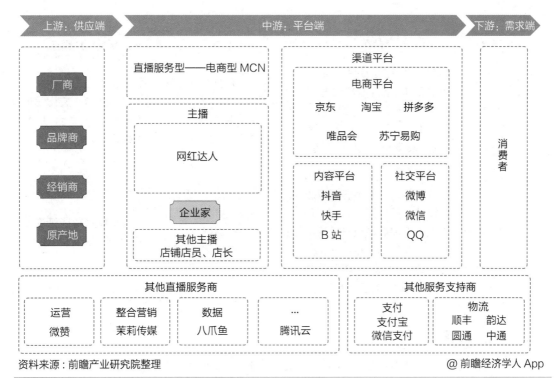

资料来源：前瞻产业研究院整理　　　　　　　　　　　　　　　　　　@ 前瞻经济学人 App

图3-10　我国直播电商行业产业链生态图谱

表3-7　主要的直播电商平台对比

平台	简介	优势	平台用户画像
淘宝直播	淘宝直播是阿里巴巴推出的直播平台，定位于"消费类直播"，用户可边看边买，涵盖的范畴包括母婴、美妆等	1. 电商产业链完善，规模较大； 2. 公域流量极大； 3. 有一定商家扶持，平台机制较为完善； 4. 直播品类较多，受众广泛	以25~35岁的青年女性为主，用户群体在平台停留时间长、复购率高、客单价高，主要消费的商品为服饰、美妆、食品生鲜、家居百货等
快手直播	依靠短视频发展起来的快手，在拥有大量用户群体后，将互联网电商和互联网直播两个行业聚合到一起，并不断优化	1. 下沉市场广阔； 2. 粉丝黏性高； 3. 较大的日活用户数量	80%的用户是三四线以下的城市、高中学历以下的用户，所在地以乡镇为主

平台	简介	优势	平台用户画像
抖音直播	抖音的带货能力较强。而伴随着2018年抖音购物车功能的正式开通和抖音购物联盟的推出，用户在抖音平台购物也变得更加简单、便捷	1. 抖音用户规模和直播潜力巨大； 2. 投入成本低； 3. 发展空间较大	用户群体主要集中在一二线城市，文化程度在大专学历以上，以女性偏多
微信直播	2019年4月，腾讯直播开始进行小范围公测，用户可以通过微信小程序观看直播，并进入小程序商城点击链接购买商品。2019年5月，腾讯开通电商功能，此后所有微信公众号都可以进行直播带货了	1. 平台流量大，优势明显； 2. 用户体验感好； 3. 完美的商业闭环	微信的直播功能开通不久，用户画像还不清晰

2. 开播筹备

想要真正做好直播带货，商家首先要找准自己的定位，确定合适的运营模式，做好充足的开播准备。

（1）熟悉直播电商平台规则。无论在哪个平台进行直播带货，第一步都是熟悉所选平台的规则。主播可以去论坛或微信公众号浏览官方发布的文章，从而了解平台规则。

（2）找对标竞品，调研同类型账号。一般来说，对标竞品分为核心竞品、重要竞品和一般竞品三种。优于自家店铺且非常有竞争力的竞品为核心竞品；优于自家店铺但是竞争力一般的竞品为重要竞品；不如自家店铺的竞品为一般竞品。对于核心竞品，如果难以与其竞争，可以学习其长处来优化自己，实施避强策略；对于重要竞品，需要分析其优势，从而对自身产品进行优化；对于一般竞品，需要研究其劣势，避免出现同样的问题。

（3）做好试播和时间规划。开播筹备的最后一步就是做好试播和时间规划。所谓试播，就是指测试网络，调整灯光、环境等，测试主播的语态和与观众的互动等；而时间规划指的是直播运营人员选择自己直播的时间段和每次的直播时长。

3. 脚本策划

所谓直播脚本，就是指保证某一特定直播有序且高效地进行，达到与其计划的直播方案。在通常情况下，直播脚本能够有效避免直播中意外情况的发生，是一场直播顺利进行的前提。直播脚本通用模板如表3-8所示。

表3-8　直播脚本通用模板

×××直播脚本	
直播主题	×××产品发布（从需求出发）
主播	×××
主播介绍	品牌主理人/时尚博主/模特
直播流程	
1	直播准备（宣传方案、人员分工、产品梳理、直播设备检查）
2	预热环节（自我介绍、适度互动）
3	品牌介绍（品牌故事、店铺介绍）
4	直播活动介绍（活动福利、流程、引导方式）
5	产品讲解（全方位展示与讲解）
6	产品测评（试用分享，切忌夸夸其谈）
7	观众互动（答疑解惑、故事分享）
8	抽取奖品（穿插用户问答）
9	活动总结（强调品牌与活动）
10	结束语（引导关注、预告下次内容）
11	复盘（分析问题、优化脚本内容）

4. 在线直播

在线直播通常包括开场、过程、收尾三个环节，直播运营团队需要将营销目的有机地植入各个环节，以达到此次直播营销的目的。

（1）直播活动的开场形式。常见的直播活动开场形式包括直白介绍、开场提问、抛出数据、故事开场、道具开场和借助热点六种形式，如表3-9所示。

表3-9　直播活动的六种开场形式

开场形式	简介
直白介绍	直白介绍就是直接告诉观众此次直播的相关信息，包括主播自我介绍、主办公司简介、直播话题介绍、直播时长、直播流程等。一些吸引人的环节（如抽奖、彩蛋、发红包等）也可以在开场中提前介绍，促进观众留存

开场形式	简介
开场提问	开场提问是在一开始就调动观众参与感的好方法。一方面，开场提问可以引导观众思考与直播相关的问题；另一方面，开场提问也可以让主播更快地了解本次观众的基本情况，如观众所处地区、爱好、对于本次直播的期待等
抛出数据	数据是最有说服力的。主播可以将本次直播要素中的关键数据提前提炼出来，在开场时直接展示给观众，用数据说话。特别是专业性较强的直播活动，可以充分利用数据开场，第一时间令观众信服
故事开场	相对于比较枯燥的介绍和分析，通过讲故事的形式开场可以提高直播活动开场的趣味性，让不同年龄段、不同教育层次的观众产生兴趣。通过一个开场故事，带着观众进入直播场景，能更好地开展接下来的环节
道具开场	主播可以借助道具来辅助开场。开场道具包括企业产品、团队吉祥物、热门卡通人物、旗帜和标语、场景工具等。其中，场景工具根据直播内容而定，如趣味拍卖直播，可以用拍卖锤作为场景工具；知识分享直播，可以借助书籍作为场景工具
借助热点	经常上网的人，尤其是参与直播的观众，普遍对于互联网上的热门事件和热门词汇有所了解。直播开场时，主播可以借助热点拉近与观众之间的距离

协作探究

设计富有创意的直播开场

"烟笼寒水月笼沙，不只东湖与樱花，门前风景雨来佳，还有莲藕鱼糕玉露茶，凤爪藕带热干面，米酒香菇小龙虾，守住金莲不自夸，赶紧下单买回家，买它买它就买它，热干面和小龙虾。"2020年4月6日，淘宝发起的"我为湖北胖三斤"迎来首场直播。央视新闻主播开场第一句便引用了杜牧的《泊秦淮》，网友们直呼这个开场太长知识了！

请以小组为单位，为此次直播带货活动再设计一个富有创意的开场方案。

（2）直播过程中互动的五种方式。直播活动中的互动，由发起和奖励两个要素组成。发起方决定了互动的参与形式与玩法，奖励则直接影响活动的效果。常见的直播互动包括弹幕互动、剧情参与、直播红包、发起任务和礼物赠送，如表3-10所示。

表3-10　直播过程中互动的五种方式

直播互动方式	简介
弹幕互动	弹幕,即大量以字幕弹出形式显示的评论,参与直播的观众都可以看到。目前直播弹幕主要包括两类:一是网友相互之间的评论,主播对于这类弹幕通常无须处理;二是网友与主播之间的互动,这类弹幕需要主播与其及时互动,回应网友提出的质疑,或详细解答网友提出的相关问题
剧情参与	这类互动多见于户外直播。主播可以邀请网友一起参与策划直播下一步的进行方式,增强观众的参与感。邀请观众参与剧情发展,一方面可以使观众充分发挥创意,使直播更有趣;另一方面可以使建议被采纳者获得足够的尊荣感
直播红包	观众可以为主播或主办方赠送虚拟礼物,表示对其的认可与喜爱;但此类赠送只是单向互动,其余观众无法参与。为了聚集人气,主播可以利用直播平台,通过发红包或礼品发放与观众进行互动
发起任务	直播中发起的任务,类似于"快闪"活动,即一群人在一个指定的板块,同时做一系列行为,然后迅速离开。一群人做一件事可以迅速形成规模,引起他人注意。在直播中,可以发起的任务包括建群快闪、占领留言区、晒出同步动作等
礼物赠送	在直播过程中,出于对主播的喜爱,观众会进行礼物赠送或打赏。在通常情况下,收到礼物的主播要对礼物赠送或打赏表示感谢,对打赏无动于衷的主播会被观众贴上"没礼貌"的标签

（3）直播收尾的核心思路。电商直播通常以结果为导向,通过直播达成营销目的,实现品牌宣传或销售转化。直播现场的营销效果主要取决于直播开场的吸引程度及直播进行中的互动程度,直播结束后的营销效果取决于直播收尾的引导程度。直播结束后,需要解决的核心问题就是流量问题,将消费者引流到销售平台、自媒体平台和粉丝平台三个方向就是直播收尾的核心思路。直播收尾的核心思路如图3-11所示。

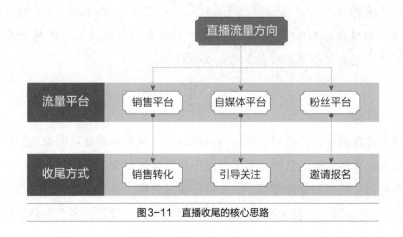

图3-11　直播收尾的核心思路

①销售转化是指将流量引导至销售平台，促进成交转化。这部分观众通常是留在直播间直到结束的观众，对直播都比较感兴趣。对于这部分观众，主播可以充当售前顾问的角色，在结尾时引导观众购买产品。

②引导关注是将流量引导至自媒体平台，引导观众关注自媒体账号。在直播结束时，主播可以将商家的自媒体账号及关注方式告诉观众，以便直播后继续向参与本次直播的观众传达商家信息。

③邀请报名是将流量引导至粉丝平台。在直播中积极与主播进行互动的观众，通常更容易与主播或主办方互动，也更容易参与后续的直播。对于这类观众，可以在直播收尾时邀请其入群，通过运营该群，将这部分观众转化为忠实粉丝。

非 文化视角

京城老字号"试水"网络直播，探索非遗"活态"传承

始建于1862年、曾被誉为京城"八大祥"之一的"中华老字号"瑞蚨祥开始试水网络直播。主播在讲述绣花、盘扣等中式服装手工制作技艺的同时，通过服装试穿、丝巾佩戴等环节"圈粉"年轻观众，3小时直播获得12.7万次点赞。

内联升、龙顺成、同仁堂、荣宝斋、瑞蚨祥先后在"京东直播"亮相，让老字号的历史故事、文化属性、经典技艺得到更多年轻人的关注。据了解，其中首个"尝鲜"的老字号内联升在直播的两小时内，详细展现了内联升千层底布鞋的制作技艺之妙，并利用此次直播发布其与综艺节目《国家宝藏》联名推出的婚鞋，收获1.66万次点赞，不少网民在直播界面留言"涨姿势"（长知识）。

在消费选择愈发丰富的今天，面对消费者不断升级的需求，如何积极求变、通过转型擦亮"金字招牌"，成为老字号必须面对的一个问题。百年老字号在文化传承方面有其独特的优势，但在发展过程中也存在文化内涵挖掘不够、后继无人等困难。积极拥抱互联网，抓住数字时代的新机遇，既是老字号转型升级的一次创新探索，也是非遗传承保护工作的必然选择。

5. 数据分析

互联网平台直播营销的用户数据是可以获取的，这意味着商家能通过分析数据来衡量直播的效果。直播数据运营的日常工作流程通常分为四个步骤：明确进行数据分析的目的、获取数据、整理和处理数据，以及进行数据分析。进行数据分析的目的通常有三种，即分析现状、找出原因和预测未来。在目的明确后，可以在各个平台的后台查看并收集数据，对数据处理后再进行分析。常用的数据分析方法有三种，分别是对比分析法、特殊事件法和曲线分析法，见表3-11。

表3-11 直播电商常用的数据分析方法

分析方法	简介
对比分析法	对比分析法是通过将以前和现在的直播数据进行对比，找出与平均线相比偏差较大的数值，分析出现偏差的原因
特殊事件法	大部分数据出现偏差都会与某个特殊事件相关联，这就要求直播电商运营人员在做日常数据记录时也要同步记录这些特殊事件，并对其进行分析
曲线分析法	曲线通常能够代表数据的走势，将几个相关性较高的数据进行对比，分析其走势，这样做往往可以帮助商家预测未来趋势

3.2.3 直播电商风险防控

直播电商的迅速发展为经济发展注入了活力，创造了新的传播模式，但技术的发展具有双面性，传播变革所衍生的风险也随之而来。当前直播电商中存在内容粗制滥造、商品质量不过关、主播文化素养较低、虚假宣传等问题，这些问题不仅使直播电商失去了公信力，也影响了整个行业的健康、有序发展。

1. 直播电商风险

（1）流量数据造假。直播带货中的流量造假主要体现为利用各种手段制造虚假的观看人数和销售数据。主播通过专门的刷单团队购买粉丝数量、播放量等外显数据，营造高人气的主播形象。直播带货的流量造假事件频发，投诉举报事件数量大幅增长，进一步增加了社会治理的成本，同时为监管部门的工作带来了更大的挑战。据国家市场监督管理总局的数据显示，2021年，全国12315平台共接收与"直播带货"相关的投诉举报10.3万件，占比为83.7%。

（2）商品虚假宣传。近年来，直播电商行业发展势头强劲，但当前直播电商购物及消费维权领域中的问题也很多。中国消费者协会发布的《直播电商购物消费者满意度在线调查报告》显示，一些主播在带货时存在夸大、虚假宣传等现象，部分消费者遭遇假冒伪劣商品、售后服务难保障情况。国家知识产权局知识产权发展研究中心发布的《中国电子商务知识产权发展研究报告（2020）》指出，直播电商这种新业态下的知识产权保护，面临着包括虚假宣传等问题在内的挑战，亟须厘清各主体的责任边界。

（3）直播内容违规。直播电商平台可以看作是一个融合文本、图片、音频、视频流等多种形式在内的内容平台。在直播带货场景中，内容风险无处不在。商家展示的商品描述、图片等都存在潜在的内容违规风险。除此之外，观众实时发出的弹幕、评论质量良莠不齐，甚至可能包含色情、暴恐、垃圾广告等不良内容，如不能及时识别和过滤，不仅会面临违规的风险，而且会影响正常用户的观看体验。由于直播场景视频流的实时性和内容形式的多样性，其审核体系比其他平台更复杂，审核难度更大。

（4）商品质量问题。与传统电商一样，直播电商也存在着商品质量问题。中国消费者协会发布的《直播电商购物消费者满意度在线调查报告》显示，商品质量问题是消费者在直播购物时最担心的问题，有64.91%的受访者担心商品质量问题，见图3-12。近年来，随着直播带货的兴起，大批网红团队纷纷入驻直播平台，有些主播卖货只顾自身业绩，不注重产品品质，直播带货"事故"屡次发生。产品质量问题不仅损害了消费者权益和平台声誉，也给直播带货的口碑带来了负面影响。

（5）售后没有保障。根据中国消费者协会发布的《直播电商购物消费者满意度在线调查报告》，售后没有保障是消费者在直播购物过程中担心的第二大问题（见图3-12）。在电商直播中购物，维权时找不到客服，或者找不到经营者的情况屡见不鲜。通过直播销售出去的商品理应有七天无理由退换货的售后服务，然而，一些直播电商无视这项规定，拒绝提供售后服务或拒绝退换货现象不断发生，从而引起了一系列消费纠纷，不仅损害了消费者的正当权益，而且使消费者对直播电商失去信心。

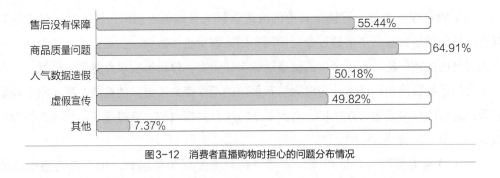

图3-12　消费者直播购物时担心的问题分布情况

2. 直播电商风险防范化解

（1）政府：多部门合作实现协同治理。相关政府部门应携手合作，及时建立完善的社会法治监管体系，消除直播带货法治盲区。国家市场监管部门、国家网络监管部门等加强协作，出台了有关政策，颁布相应的法律法规，对直播带货行业进行刚性管理和约束，将直播带货纳入法治化监管轨道。如2021年4月，国家互联网信息办公室、公安部、商务部等七部门联合发布了《网络直播营销管理办法（试行）》，对直播电商活动中各参与主体的行为进行了规范。

❀ 法治护航

七部门联合发布网络直播营销管理办法（试行）

2021年4月，国家互联网信息办公室、公安部、商务部、文化和旅游部、国家税务总局、国家市场监督管理总局、国家广播电视总局七部门联合发布了《网络直播营销管理办法（试行）》（以下简称《办法》），自2021年5月25日起施行。国家互联网信息办公室有关负责人表示，《办法》旨在规范网络市场秩序，维护人民群众的合法权益，促进新业态健康有序发展，营造清朗的网络空间。

《办法》要求，直播营销平台应当建立健全账号及直播营销功能注册注销、信息安全管理、营销行为规范、未成年人保护、消费者权益保护、个人信息保护、网络和数据安全管理等机制和措施。《办法》提出，七部门建立健全线索移交、信息共享、会商研判、教育培训等工作机制，依据各自的职责做好网络直播营销相关监督管理工作。各地、各部门要加强监督检查，加强对行业协会商会的指导，查处违法违规行为，对严重违反法律法规的直播营销市场主体依法开展联合惩戒。

（2）行业：各方参与建构行业规则。规范与约束是每个行业健康发展的前提和保障。要化解直播电商风险，不仅需要政府部门加强监管，更需要行业内多方参与，共同建构行业规则，建立相互监督的行业自律体系。首先，应明确各主体责任，建立行业黑名单制度，将严重违法违规的直播营销人员及因违法犯罪或破坏公序良俗造成恶劣社会影响的人员列入黑名单；其次，还要发挥中国广告协会、各级消费者协会等组织的作用，通过行业自律的方式解决常见问题。

（3）平台：对平台多主体严格监管。直播平台是直播电商的基础。平台作为在电商直播带货中提供技术服务的营销渠道，应积极参与行业标准化、行业培训、行业发展质量评估等行业自律公共服务的建设。各个电商平台之间应彼此通力合作，强化自身监管体系，对平台中的商家、主播及消费者行为进行有效监管，建立人机结合的重点监管审核机制，为维护健康有序的市场环境发挥积极作用。

（4）商家：严把产品与服务质量关。商家作为直播电商营销活动中销售商品或者提供服务的商业主体，不仅应严把其销售的商品与服务的质量关，还需要保证商品、服务信息的真实、准确，不得进行虚假宣传，欺骗、误导消费者。同时，商家还应当注意防范外部主播在直播中的不当宣传所带来的法律风险。商家在筛选直播电商营销活动合作机构时，应当严格审查主播服务机构及主播的资质；在合作过程中，商家应当对主播的直播方案，尤其是涉及商品、服务信息、功能介绍等方面的文案内容进行严格把控。

（5）主播：严守法律与道德双重底线。主播作为电商直播带货中与用户直接互动交流的人员，应掌握所需的专业技能，树立法律意识。同时，主播应当提升自己的商品选择能力，对推荐的商品进行审核，将其推销给那些适合的消费者，真正让利于消费者。在直播活动前，主播应充分了解商家的背景信息，以及所介绍和推荐商品或服务的具体信息，并在此基础上，依法订立正式合同，以明确各方的权利和义务。主播对于直播文案内容应做到真实、科学、准确地宣传商品或服务信息，避免从事任何虚假宣传行为。

◈ 职业伦理

新华社：直播带货不能跨越诚信"红线"

处于风口浪尖的直播带货又现信任危机，某知名主播推广销售的即食燕窝被质疑实为糖水。该主播提出了6 000多万元的先行赔付方案，并设立专项基金完善选品标准。人们也希望这种亡羊补牢的行为能带来直播领域的改善。

作为一种互联网经济新业态，直播带货迅速发展成为重要的营销及引流手段。粉丝们购买商品并非全都出于对商品的需要，还有对主播的喜爱；粉丝们信任一个并不了解的新商品的重要原因之一是主播的推荐。然而，一些浑水摸鱼的主播群体为获得人气和收益，不惜虚假宣传，夸大产品功效，导致直播带货变直播"带祸"的情况时有发生，各类侵害消费者权益的问题也日益凸显。

在直播场景下，虽然买卖形式在发生变化，但公平的商业逻辑本质不会变，诚信的"红线"也不容跨越，欺骗、误导消费者的行为会损害互联网经济的长远健康发展。对于大批拿出真金白银的粉丝来说，也要擦亮双眼，注重维权。

（6）消费者：提高防范意识理性消费。直播电商行业需要政府、行业、平台等多方协作监管，但最重要的还是消费者能够理性消费。据中国消费者协会的调查数据显示，有37.3%的受访消费者在直播购物中遇到过消费问题，但仅有13.6%的消费者遇到问题后进行投诉，许多消费者遇到问题并没有投诉的原因是对于维护自身合法权益缺乏足够的耐心和信心。因此，消费者应树立法律意识，在自身合法权益受到侵犯时，能够耐心且合理地使用相关法律工具维权。同时，直播电商消费者也应理智购物，避免冲动消费。

3.3 社交电商

近年来，社交电商成为各方关注的焦点。除了拼多多、抖音等社交电商百花齐放外，阿里巴巴、京东和腾讯等互联网企业也都纷纷入局。社交电商的蓬勃发展在吸纳就业、加速实体经济数字化转型、助力消费升级及农村脱贫等方面都有着积极的作用。

3.3.1 社交电商认知

1. 社交电商的概念

社交电子商务（Social Commerce），简称社交电商，是一种新的电子商务衍生模式。它是基于人际关系网络，借助社交网站、SNS、微博、社交媒介、网络媒介的传播途径，通过社交互动、用户自生内容等手段来辅助商品购买和销售的行为。简单来说，社交电商是基于人际关系网络，利用互联网社交工具，从事商品或服务营销的经营行为。

2. 社交电商与传统电商的区别

传统电商是指依靠平台发展的电商，交易主要依靠流量的转化获得利润，各个平台比拼的也是获取流量的能力。区别于传统电商以"货"为纽带，以中心化平台为渠道，社交电商是以"人"为纽带，通过互联网社交关系网络在朋友圈、微信群、内容平台、社区平台等各类去中心化渠道进行信息传递和商品交易的网络零售模式。传统电商和社交电商的区别如表3–12所示。

表3-12　传统电商和社交电商的区别

区别	传统电商	社交电商
发展模式	以产品为中心，属于产品导向，是基于流量红利的经济发展模式	以人为中心，属于用户导向，是基于分享经济的流量发展模式
流量获取方式	流量的获取依赖搜索，消费者会根据搜索页的关键词排名，通过对比价格、销量和评价等进行选择	流量的获取依赖人与人之间的分享，更容易刺激消费者产生冲动消费，消费决策受平台和其他用户的影响
获客成本	买卖双方难以建立信任，消费者购物后的分享以评价为主，主动传播意愿不强；平台电商的流量获取基于搜索，用户比较分散，很难沉淀下来，因此购买转化率较低，获客成本较高	借助社交网络的强互动性和高黏性，可以提升买卖双方的信任感，使用户的认可度与忠诚度提高，从而使社交电商获得较高的商品转化率与复购率，获客成本较低
盈利模式	把传统的交易用互联网工具去销售，依靠产品盈利	依靠渠道和用户盈利，产品是入口，粉丝是资产，社群是盈利模式

3. 社交电商的分类

社交电商的分类有很多种，但目前没有一个统一的、全面的分类标准。按照主流社交电商市场定位的差异，社交电商可以分为拼团型社交电商、内容型社交电商、分销型社交电商和社区团购型社交电商。

（1）拼团型社交电商。拼团型社交电商是指通过特色、低价的商品吸引社交流量参与拼团、砍价等活动。用户可以自发组织社交群体，通过社交媒体进行分享传播，享受低价折扣优惠，通常分享次数越多，优惠力度越大。该模式主要依靠客户基于社会关系的自发分享，其核心吸引力仍是低廉的价格。为了以优惠的价格达成交易，客户在购物过程中可以在自己的社交关系链中持续分享和传播商品信息以换取更大的优惠力度。典型代表有拼多多、京喜和苏宁拼购等。

（2）内容型社交电商。内容型社交电商是指通过交互式视频内容等方式实现输出内容与商品销售的产业链协调，如广告、直播、短视频等多种数字媒体形式引导用户进行购物，从而提高营销效果的电子商务模式。当今电子商务平台的快速发展急需流量进入，而社交内容则需要通过平台渠道展现，内容型社交电商在用户社交内容和平台商品之间建立了深度链接，有效提高用户黏度和流量转化率，证明了社交内容与电子商务是一种有效互补的结合。其典型代表有快手商城、抖音橱窗、得物等。

他把织布机搬上了抖音，使古老纱罗再现年轻

"古人总说绫罗绸缎，但现代鲜少有人能分得清它们之间的区别。"做了半辈子罗织品的朱立群谈到手艺的传承，神色略显黯然，"现在的年轻人愿意投身罗织品行业的，越来越少了。"

纱罗织造这件事，朱立群已经默默做了40年。他在业内有着不可动摇的地位，故宫及各大博物馆科研机构都曾找他寻求合作，《国家宝藏》节目也有介绍。就是这样一位工艺大师，也曾陷入产品销路受阻和工厂难以经营的困境。为了传承，研究了半辈子"古人"的朱立群开始"网上冲浪"，力图通过互联网拥抱这个时代的年轻人。借国内掀起的"汉服热"，他开始在抖音@朱伯伯的苏罗上为大家科普古代服饰文化，并通过电商直播销售自家的罗织品（见图3-13）。仅半年时间，该账号就吸引了近10万名粉丝，收获160多万次点赞，大量订单也纷纷涌入他的企业。来自网友们的鼓励让朱立群更加坚定了信心，要将织罗这门小众的传统技艺发扬光大。

图3-13　朱伯伯的苏罗抖音账号

（3）分销型社交电商。分销型社交电商是基于社交场景构建的S2b2C在线零售平台模型。S是指供应商或厂家直销平台；b是指直接服务于消费者的商户或企业，小写b表示与传统的分销商不同，是社区级别的小商户；C是指消费者，也可能是采购商。在这个过程中，b负责平台获客与用户运营的职责，S通过分配b部分的利润来持续激发其获客的动力。然而，由于分销型社交电商发展过程中的野蛮生长、层级不清，导致各个平台良莠不齐，分销型社交电商也频频遭到涉嫌传销的争议与质疑。

（4）社区团购型社交电商。社区团购型社交电商结合了拼团模式和分销模式的优势，融合了线下即得性、体验性等新零售要素。平台以社区客户为单位，在社群中借助社交分享获客拉新，通过社区微信小程序或其他软件下单预购，次日，团购平台将产品由分销者提货并完成社区部分的配送服务。在模式上，它与一般社交电商并无明显差异，但社区属性使其具有一定的独特性和优势。社区团购型社交电商的出现使得人们的日常生活更加便利。

3.3.2　社交电商发展阶段

2014年，李克强总理首次提出"大众创业、万众创新"的理念。在2015年两会期间，李克强总理在政府工作报告中，更是将"双创"提升到中国经济转型和保增长的"双引擎"之一的高度，这对于社交电商的发展来说，无疑是一个助推器。

我国社交电商的发展大致可以分为三个阶段：生长期（2011—2014年）、探索期（2014—2016年）和发展期（2016年至今）。

1. 生长期（2011—2014年）

社交电商起始于2011年，严格意义上讲，微博是中国社交电商的发源地。微博适合用户生产内容与社交互动，部分关键意见领袖（Key Opinion Leader，KOL）、品牌积累了一定的影响力和粉丝群后，开始尝试商业变现，这便是最早的社交内容电商——先借助社交平台生产内容，再设法实现商业变现。但因为支付、客户关系管理等功能的不足，微博社交电商平台始终没有形成足够大的影响力。

2. 探索期（2014—2016年）

在我国"大众创业、万众创新"的时代背景下，更多人加入社交电商的创业大军中，不断探索社交电商商业模式。在此阶段，以拼多多为代表的社交电商平台逐渐兴起，它们主要利用用户通过自身的社交关系进行信息传播，聚集具有共同兴趣爱好的群体。此外，因其营销成本低，大量中小型品牌商纷纷入驻这些社交电商平台，拥有了更广的营销渠道。然而，因行业缺乏规范，售假、乱价等行业乱象相继出现，有待于进一步对其加强监管。

3. 发展期（2016年至今）

随着电子技术、物流水平的日益提升，我国社交电商行业不断发展。在社交电商发展期，社交电商平台资源已经具有一定规模，在营销策略上，各大社交电商平台更加注重团队发展及口碑营销，并且能够利用大数据技术实现精准营销，社交电商平台的运营管理也更加规范化。2018—2019年，各类垂直型内容平台崛起，行业发展火热。在这一时期，国家政策逐步完善，行业监管日趋严格，部分头部平台也在逐步开展合规化进程，探索新的运营模式。

❀ 法治护航

人民日报：推动社交电商规范有序的发展

社交电商拥有体验式购买、用户主动分享、销售场景丰富等独特优势，受到不少消费者的欢迎，近年来进入发展的快车道。然而，在蓬勃发展的背后，社交电商也出现了一些问题，消费者合法权益受到侵害的现象时有发生，这对行业形象和市场生态都造成了一定的影响。这些问题主要有两大类，其一是商品质量和售后服务未能尽如人意，其二是一些不成熟的社交电商容易陷入传销歧途。

没有规矩，不成方圆。2021年5月1日，由国家市场监督管理总局颁布的《网络交易监督管理办法》正式施行，其一大亮点在于将社交电商、直播带货等新业态明确纳入网络交易监管范围。相关规定将有利于为广大社交电商消费者营造更为舒心放心的网络消费环境。

完善立法立规，加强监管执法。社交电商企业要不折不扣地遵守已颁布的《中华人民共和国电子商务法》《网络交易监督管理办法》等法律法规；政府部门要继续推动其他相关法律法规的进一步健全完善，加大监管执法力度，为社交电商规范经营和创新发展保驾护航。

3.3.3　社交电商的合规性

近年来，不少社交电商平台深陷"涉传"困局，其发展之路也是略显"迷茫"。不同地区的监管部门对于社交电商是否"涉传"的理解仍存在认识上的差异，因此，一个更加明确、统一的监管标准亟待明确。然而，除"涉传"风险外，产品质量风险、用户隐私信息泄露风险、广告合规风险等也伴随着社交电商的发展不断出现。因此，如何合法合规发展成为社交电商行业需要积极探索的问题。

1. 社交电商的合规性风险

（1）"涉传"风险。为了激励b端用户，分销型社交电商平台常设置多层级奖励机制，而一旦层级达到三级即可能构成传销行为。分销型社交电商"拉人头""团队计酬""入门费"等特征与传销行为中"间推有佣"模式较为类似，存在"涉传"风险。

（2）产品质量风险。产品质量是当前社交电商较为严重的问题之一。多品种、多类别的商家参与注册平台意味着平台需要降低入驻门槛，这造成了商家平台的标准不一，致使所售商品的质量缺乏保障。在平台产品质量控制机制不完善的情况下，商家大量入驻，但监管力度不够，会导致部分制假售假分子转移阵地，进入社交电商领域，借机铤而走险。

（3）用户隐私信息泄露风险。在新用户注册时，社交电商通常要求用户提交多项个人信息，而外部窃取和技术漏洞会造成用户信息泄露，给消费者带来隐私泄露的风险。同时，一些商户采用"砍价""拼团"等活动形式，鼓励用户分享商品链接。分享过程中往往需要用户授权该社交平台使用个人信息才能顺利参与活动，这也会埋下用户信息泄露的隐患。

（4）广告不合规的风险。社交电商的运营无法回避广告不合规问题。在部分商家的广告投放中，存在不切实际、宣传与实际不符、夸大效果、虚构或伪造商品信息等误导性宣传，甚至过度分享滋扰消费者。相对于传统商业宣传，在社交媒体上投放广告成本较低，虽容易推送但不便监管。虚假广告会误导消费者做出错误的消费选择。

2. 社交电商合规性风险防范

（1）完善法律法规体系。我国现已出台《中华人民共和国电子商务法》《禁止传销条例》《中华人民共和国消费者权益保护法》《中华人民共和国个人信息保护法》等一系列法律法规。然而，在对消费者权益保护、产品质量保证、用户信息安全保护等方面，还应出台适应新形势下社交电商监管执法需要的相关法律法规。明确违法违规行为认定标准，明确责任划分，规范平台经营者的登记范围，加强审核经营者注册信息。

（2）提高行业准入门槛。社交电商应创建其对应的准入体制，按照商品种类及经营范围进一步明确对应的准入条件。针对小规模商家，可以采取商事登记模式，对登记流程进行不断简化，借助信息备案登记实施有效管制。针对具有一定规模的商家，应对其营业执照与经营许可证等证件进行认真审查。针对需进行严格审批的商品（如药品及食品等）充分践行市场准入制度，平台服务商必须对这类商品进行充分监督。

（3）提升平台管理能力。作为第三方交易平台，社交电商平台具有对入驻平台内的经营者的资质资格审核义务和对消费者的安全保障义务。为了全面提升社交平台针对商家交易活动的管理能力，帮助消费者依法维权，可以根据实际情况制定较为合理的信息核查系统，定期核查商家身份、商铺经营状况、用户投诉情况等方面的信息，对商家的信用情况进行整理与分析，并制定配套的惩罚措施与限制性政策。

3.3.4 社交电商主流平台

随着近年来社交电商的快速发展，各种模式的社交电商平台不断涌现。以下分别对各类型社交电商平台的典型代表进行介绍，分别为：拼购型社交电商平台——拼多多、内容型社交电商平台——抖音内容电商、会员制社交电商平台——洋葱OMALL，以及社区团购型社交电商平台——邻邻壹。

1. 拼多多

拼多多是上海寻梦信息技术有限公司旗下的一家社交电商平台，成立于2015年9月。目前，拼多多平台已汇聚5.852亿名年度活跃买家和510多万家活跃商户，平台年交易额突破万亿元，达人民币10 066亿元，迅速发展成为中国第二大电商平台。

拼多多专注于拼团模式，用户可以和家人、朋友、邻居及其他用户拼团，用更低的价格购买商品。其致力于为广大用户提供物有所值的商品和有趣互动的购物体验，让"多实惠，多乐趣"成为消费主流。拼多多初期将目标用户定位于三四线城市的消费群体，这些地区的消费者对价格比较敏感，更易于被拼多多的拼团低价模式吸引。而相关数据显示，目前，拼多多一二线城市用户占比已接近一半，成功地在一二线城市占有一席之地。

2. 抖音内容电商

抖音内容电商致力于成为用户发现并获得优价好物的平台。众多抖音创作者通过短视频、直播等丰富的内容形式，给用户提供更加个性化、更加生动、更加高效的消费体验。同时，抖音内容电商积极引入优质合作伙伴，为商家变现提供多元的选择。

与传统电商相比，抖音内容电商的经营模式有着不同的思路，要充分挖掘抖音平台的价值，就需要匹配抖音内容电商业务逻辑的经营模式。这种新经营模式的核心基础是：好内容+好商品+好服务。所谓"好内容"即经营好抖音号，通过"短视频+直播"，积累粉丝，建立粉丝认知，沉淀粉丝价值；"好商品"即经营好抖店，让品质、价格俱优的商品通过好内容和目标用户进行连接、使用户购买；"好服务"即做好履约和售后服务，用户下单并不是结束，平台和商家一起为消费者提供良好的整体购物体验，并持续沉淀用户对商家的认知积累和复购。

◈ 协作探究

抖音内容电商推出五项举措，助力河南商家抗击灾情和恢复经营

2021年7月，河南省遭遇了极端强降雨，造成重大人员伤亡和财产损失。2021年7月22日，抖音宣布面向河南商家推出减免技术服务费、延长商家发货和售后服务时间、开通24小时专线服务、加强用户售后保障、助力灾后复工复产五项扶持措施，在保障消费者权益的同时，助力河南商家抗击灾情，尽快恢复正常的生产运营。

请以小组为单位，查阅资料，了解抖音内容电商推出的五项扶持措施的具体内容，并基于抖音内容电商在河南抗灾期间的举措，探讨企业的社会责任应包括哪些内容。

3. 洋葱OMALL

洋葱OMALL原名洋葱海外仓，是我国领先的社交电商平台。洋葱OMALL近年来发展迅速，有众多商家参与，涉及化妆品、电子产品、母婴产品和生鲜等，目前已在日本、韩国、澳大利亚、德国、英国、美国六国设立海外分公司，在德国、法国、荷兰、加拿大等16个国家及地区选品，合作品牌达3 211个。

洋葱OMALL采用社交零售模式，将仓配、内容、营销、客户、清关合成一体。旗下拥有洋葱海外仓、洋葱贩外、洋葱生活家等板块，覆盖消费者日常生活的基本需要。洋葱OMALL制定了合理的渠道机制、高端的开店素材、精细化的推广方式，短短几年，积累了80多万名店主、数千万名用户。

4. 邻邻壹

邻邻壹是苏州邻邻团电子商务有限公司旗下的品牌，于2018年3月正式上线。邻邻壹采用社区生鲜2.0形态、"仓店＋团长"模式，开展城市线下门店布局，通过合伙人门店区长形式全职负责门店运营，以门店为中心，更用心、细心、耐心、贴心地服务邻居，其宗旨为"让天下没有陌生的邻居"。

邻邻壹产品覆盖新鲜水果、三餐食材、日用百货、休闲饮品四大板块，依托其建立的商品供应链中心、大数据分析系统、城市端仓库，坚持产地直发、厂家直发，保证所售商品的新鲜、优质与优价，致力于打造一个高性价比的社区团购平台。通过小程序和线下仓店模式，围绕社区家庭用户生活场景，专注社区团购、专注家庭消费。

一、单选题

1. 跨境电商的英文名是（　　　）。

   A. Cross-border Commerce

   B. Cross-border Trade

   C. Cross-border Electronic Commerce

   D. Cross-border Communication

2. 以下平台属于跨境电商 B2B 平台的是（　　　）。

   A. 全球速卖通　　　　　　　B. Wish

   C. Lazada　　　　　　　　　D. 敦煌网

3. （　　　）的开场形式可以在直播一开始就调动观众的参与感。

   A. 直白介绍　　　　　　　　B. 提出问题

   C. 抛出数据　　　　　　　　D. 故事开场

4. 以下不是社交电商的特点的是（　　　）。

   A. 以人为中心　　　　　　　B. 获客成本较高

   C. 社群盈利模式　　　　　　D. 用户黏性较高

5. 以下属于社区团购型社交电商平台的是（　　　）。

   A. 邻邻壹　　　　　　　　　B. 拼多多

   C. 小红书　　　　　　　　　D. 京喜

二、多选题

1. 适用于 B2B 出口通关监管的海关监管代码有（　　　）。

   A. 1210　　　　　　　　　　B. 9610

   C. 9710　　　　　　　　　　D. 9810

2. 直播电商风险包括（　　　）。

   A. 流量数据造假　　　　　　B. 商品虚假宣传

   C. 直播内容违规　　　　　　D. 商品质量问题

   E. 售后没有保障

3. 以下属于抖音直播平台优势的是（　　　）。

   A. 产业链完善　　　　　　　B. 用户规模大

   C. 投入成本低　　　　　　　D. 发展空间大

4. 电商直播的收尾环节通常会将观众引流到（　　　　）。

    A. 销售平台　　　　　　　　　B. 自媒体平台

    C. 粉丝平台　　　　　　　　　D. 其他直播平台

5. 按照市场定位的不同，社交电商可以分为（　　　　）。

    A. 内容型社交电商　　　　　　B. 分销型社交电商

    C. 拼团型社交电商　　　　　　D. 社区团购型社交电商

三、判断题

1. Lazada 的主要目标市场是欧洲国家。（　　　）

2. UPS 适合寄送 5.5kg 以上，或者介于 21kg 和 100kg 之间的货物。（　　　）

3. 快手直播用户群体主要集中在一二线城市，文化程度在大专学历以上。（　　　）

4. 李克强总理提出的"大众创业、万众创新"理念为我国社交电商的发展注入活力。（　　　）

5. 社交电商平台洋葱 OMALL 属于拼团型社交电商平台。（　　　）

四、案例分析

    近年来，手机和自拍杆成为农民脱贫致富的"新农具"，全国上万间的蔬菜大棚变成"直播间"，市长、县长、乡镇干部纷纷为当地农产品直播带货。淘宝直播"村播计划"自 2019 年启动以来，孵化农民主播 10 万余人，累计举办公益直播超 160 多万场，覆盖全国 31 个省区市的 2 000 多个县域，超过 500 名县长走进直播间带货，带动农产品上行突破 60 亿元，帮助县域农民实现增收。快手《2020 年快手"三农"生态报告》显示，2020 年"三农"创作者电商成交单数超过 5 000 万单，农资电商上线三个月销售破亿元。抖音针对"三农"领域，推出"新农人计划"，从运营、流量、变现三方面扶持"三农"领域创作者。

    请结合以上案例，分析直播电商在助力我国乡村振兴中的重要举措及优势。

实训主题：所在城市发展跨境电商的优势总结

实训背景：通过课程学习对我国发展跨境电商的环境有了初步认识，通过本实训任务，了解所在城市发展跨境电商的优势。

实训目标：1. 了解所在城市发展跨境电商的宏观环境。
2. 总结所在城市发展跨境电商的优势。

实训操作：1. 浏览政府网站，了解所在城市发展跨境电商的政策优势。
2. 走访从事跨境电商业务的企业，了解所在城市发展跨境电商的其他优势（如产品供应、仓储及物流等）。
3. 小组分享，教师点评，查漏补缺。

城市	宏观环境及优势

第 4 章

生态支撑

电子商务服务体系

学习目标

❖ 知识目标

- 了解我国电子支付的发展历程及系统架构
- 熟悉不同类型的电子支付工具
- 了解大数据、云计算、区块链等现代信息技术
- 掌握电子商务物流服务模式及电子商务物流中的信息技术

❖ 技能目标

- 能够精准阐述多种电商物流服务模式
- 能够举例说明大数据、云计算、区块链信息技术服务在电子商务中的应用
- 能够举例说明电子商务衍生服务的种类及其内涵
- 能够准确阐述供应链管理的概念及不同电子商务模式下的供应链管理服务

❖ 素养目标

- 引导学生关心我国电子商务服务体系的发展，树立电商强国的自信，激发爱国主义情怀
- 培养学生的创新意识，激发学生的探索精神

思维导图

```
                                                    ┌─ 我国电子支付的发展历程
                                                    ├─ 电子支付的系统架构
                                     电子支付服务 ───┼─ 电子支付工具
                                                    ├─ 第三方支付
                                                    └─ 移动支付

                                                    ┌─ 电商物流服务模式
生  ：                           电子商务物流服务 ──┼─ 电商物流信息技术
态  电                                              └─ 电商供应链管理
支  子
撑  商                                              ┌─ 电子商务大数据服务
    务          电子商务信息 ──────────────────────┼─ 电子商务云计算服务
    服          技术服务                            └─ 电子商务区块链服务
    务
    体                                              ┌─ 电子商务代运营服务
    系                             电子商务衍生服务 ┼─ 电子商务营销服务
                                                    ├─ 电子商务咨询服务
                                                    └─ 电子商务教育培训服务
```

学习计划

✦ 知识学习计划

_____

_____

✦ 技能训练计划

_____

_____

✦ 素养提升计划

_____

_____

从京东物流看中国电商物流升级

当中国的电商快速发展的时候，原有的物流体系却无法与其相适应，丢件、破损、延迟似乎成为经常发生的现象。京东等电商企业深受困扰。

较明显的改善发生在2010年。这一年3月，京东物流首次在6个城市试点推出"半日达"（也称"211限时达"）服务，并逐步推广至全国。这个变化在整个物流行业中产生了重要影响，全国快递行业开始以"快"为目标发展，越来越多的快递企业陆续推出当日达、次日达服务。不仅如此，京东物流还在用其强大的配送能力证明"快"远远不是尽头，配送时效还可以更精准。2016年，京东物流又推出了"京准达"服务，2小时区间内可实现精准配送服务。2017年，7个城市在30分钟内可实现精准送达，让京东的时间掌控能力处于整个行业的领先地位。

2019年，京东物流首次提出"千县万镇24小时达"的时效提速计划，开始重点针对低线城市城区、县城及周边乡镇，通过仓储投入将商品部署在距离乡镇客户更近的地方，运用消费大数据精准备货，提升商品满足率，提升低线城市服务体验。2021年"双11"期间，全国超过93%的区县和84%的乡镇已实现当日达和次日达。

作为整个行业的领跑者与创新者，京东物流正是由于在每一次电商大促中对体验、效率的不懈追求，才造就了不断刷新物流配送效率的实力。未来，物流企业将在产业带动、消费拉动及物流普惠上发挥更大作用，成为中国经济高质量发展的重要力量。

案例启示：

回顾中国电商的物流变迁历程，很多良好体验已在不知不觉中被消费者熟知，并已成为生活日常，从配送时效到网络覆盖，一次次的快递服务升级，让消费者的网购体验有了质的飞跃，也让中国快递物流服务的水平成为全球样本，更成为中国电商高速发展的动力。

4.1 电子支付服务

2005年10月，中国人民银行公布《电子支付指引（第一号）》，其第二条规定："电子支付是指单位、个人（以下简称客户）直接或授权他人通过电子终端发出支付指令，实现货币支付与资金转移的行为。"简单来说，电子支付是指电子交易的当事人，包括消费者、厂商和金融机构，使用安全电子支付手段，通过网络进行的货币支付或资金流转。电子支付是电子商务系统的重要组成部分。

4.1.1 我国电子支付的发展历程

支付方式的改变历史悠久，从交子出现开始，支付方式的改善将为人们的生活带来巨大的便利。如今的中国，支付方式在不经意间已经发生了天翻地覆的变化。总体来说，我国的电子支付主要经历了以下三个阶段：

1. 第一阶段：网银时代

2003年以前，我国的电子支付主要参与方为各大银行机构，支付方式以网上银行为主，发展速度较为缓慢。

2. 第二阶段：第三方支付崛起

第三方支付平台是随着电子商务的快速发展而出现的。早在1999年成立的北京首信和上海环迅是中国最早的第三方支付企业，由于电子商务在中国发展缓慢，其影响力一直不大。直到2003年10月在淘宝购物平台的强大影响下，阿里巴巴公司支付宝的推出，使电子支付业务取得了突飞猛进的发展，第三方支付的交易规模也呈现快速增长趋势。

继阿里巴巴公司的支付宝推出后，国内相继出现了一系列类似的支付平台，安付通、买卖通、微信支付、e拍通、网银在线等产品均以较高的服务便捷性被广大用户使用。在这一阶段，以拉卡拉为代表的线下便民金融服务提供商的出现，以及银联电子支付推出的银联商务等多项金融服务的衍生品，使得最近十余年中国的第三方支付平台呈现迅猛的发展态势，第三方支付企业进入了持续稳定的"黄金"增长期。

3. 第三阶段：全面移动支付时代

2010年，随着移动智能终端的普及，各大银行开始推出手机银行App；以阿里巴巴、腾讯为代表的互联网企业纷纷发力移动支付市场，依靠其强大的线上生态场景优势抢占市场份额。2020年，第三方移动支付与第三方互联网支付的总规模达到271万亿元支付交易规模。

4.1.2 电子支付的系统架构

支付系统伴随着电子商务的发展而出现，为各类电子商务经营活动实现在线收付款交易及管理交易资金等功能，获得支付牌照的第三方支付公司可以参与资金的核算及存管，简单说就是可以在合法期限、合法范围内调用资金。

电子支付的系统架构分为三个层次：交易层、结算层和清算层，如图4-1所示。

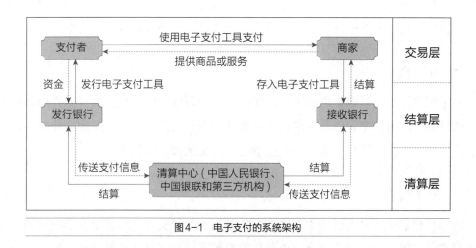

图4-1 电子支付的系统架构

（1）交易层主要包括支付者和商家，是交易的实际发生层面，会产生商品和资金的流动。

（2）结算层主要是指商业银行，包括发行银行和接收银行，负责电子支付工具的收付与结算。

（3）清算层主要是指清算中心，负责结清核算银行等金融机构之间相互业务往来所产生的资金，包括中国人民银行、中国银联及第三方机构。

在电子支付的系统架构中，具体的电子支付操作流程如下：

（1）支付者支付资金给发行银行，发行银行为支付者发行电子支付工具，如电子现金、电子支票等。

（2）商家为支付者提供商品或服务，支付者使用电子支付工具向商家支付相应费用。

（3）商家接收电子支付工具后将其存入接收银行，接收银行与商家之间进行结算。

（4）接收银行接收商家通过电子支付工具发送的支付信息，验证其有效性后提交给清算中心。

（5）发行银行和接收银行将支付信息传送给清算中心，清算中心定期进行清算，并及时将清算结果返给两家银行完成结算。

4.1.3 电子支付工具

电子支付工具可以分为三大类：电子货币类，如电子现金、电子钱包等；电子信用卡类，包括智能卡、借记卡、电话卡等；电子支票类，如电子支票、电子汇款（EFT）、电子划款等。目前的电子支付工具主要为电子现金、电子钱包、电子支票和智能卡。

1. 电子现金

电子现金是一种以数据形式流通的货币，它将现金数值转换成为一系列的加密序列数，通过这些序列数来表示现实中各种金额的币值，用户在开展电子现金业务的银行开设账户并在账户内存钱后，就可以在接受电子现金的商店购物了。

2. 电子钱包

电子钱包是电子商务活动中顾客在网上常用的一种支付工具，是在小额购物时常用的支付方式。电子钱包是实现全球电子化交易和互联网交易的一种重要工具，全球已有很多国家正在建立电子钱包系统，以便取代现金交易的模式。

3. 电子支票

电子支票是一种借鉴纸张支票转移支付的优点，利用数字传递将资金从一个账户转移到另一个账户的电子付款形式。这种电子支票的支付是在与商户及银行相连的网络上以密码方式传递的，多数使用公用关键词加密签名或个人身份证号码（PIN）代替手写签名。

4. 智能卡

20世纪70年代中期，法国Roland Moreno公司采取在一张信用卡大小的塑料卡片上安装嵌入式存储器芯片的方法，率先开发成功IC存储卡。经过多年的发展，真正意义上的智能卡，即在塑料卡上安装嵌入式微型控制器芯片的IC卡已经投入使用。

⬡ 协作探究

央行数字货币有何亮点？

作为世界第二大经济体，中国在金融领域的一举一动都会引起全球关注。2014年，央行设立数字货币研究所，研究发行法定数字货币的可行性；2017年年末，央行组织工商银行、中国银行、浦发银行等商业银行和中钞实业有限公司、上海票据交易所等有关机构共同开展数字人民币体系的研发。2018年2月，上海票据交易所数字票据平台实验性生产系统正式上线试运营。2020年8月，央行数字货币先行在深圳、苏州、雄安新区、成都及北京冬奥会场景进行内部封闭试点测试，再次引起社会普遍关注。

请以小组为单位，思考并讨论我国央行数字货币目前具备哪些功能？与移动支付使用的电子货币有何不同？

4.1.4　第三方支付

1. 第三方支付概述

第三方支付（Third-Party Payment）是指具备一定实力和信誉保障的独立机构，采用与各大银行签约的方式，通过与银行支付结算系统接口对接而促成交易双方进行交易的网络支付模式。简单来说，它就是在买家和卖家之间建立的一个中立的支付平台，为买卖双方提供资金代收代付，促进交易的完成。

之所以被称为"第三方"，是因为这些平台并不涉及资金的所有权，而只是起到中转作用。它原本是用来解决不同银行卡的网上银行对接及异常交易带来的信用缺失问题，通过提供线上和线下支付渠道，完成从消费者到商户及金融机构间的货币支付、资金清算、查询统计等系列过程。

在我国，第三方支付是受到中国人民银行监管的。中国人民银行所颁布的《非银行支付机构网络支付业务管理办法》第二条对非银行支付机构的定义为：依法取得《支付业务许可证》，获准办理互联网支付、移动电话支付、固定电话支付、数字电视支付等网络支付业务的非银行机构。自2010年6月开始，中国人民银行开始对这些非银行金融机构开始监管，要求它们必须获得央行颁发的《支付业务许可证》（简称"支付牌照"或"第三方支付牌照"）。

第三方支付主要具有以下特点：

（1）便利。第三方支付平台提供一系列应用接口程序，将多种银行卡支付方式整合到一个界面上，负责交易结算中与银行的对接，使消费者的网上购物更加快捷、便利，也方便了商户接入。

（2）安全。一方面，第三方支付平台经过央行的审批和监管，具有很好的信用；另一方面，通过第三方支付平台实现的交易货款将暂存于第三方支付平台，保证了资金的安全，从理论上讲，第三方支付平台的出现减少了电子支付中的欺诈行为。

（3）开放。第三方支付平台是一个开放系统。几乎所有的第三方支付平台都支持全国大多数银行的各类银行卡和全球范围内国际信用卡的在线支付，为用户提供了广泛的支付服务。

2. 第三方支付的分类

一般来说，第三方支付行业分为互联网支付、商户收单和预付卡三个类型：

（1）互联网支付，即人们常说的线上/网络支付。网络支付又分为两种：一是面向个人的支付平台，比如人们熟知的支付宝、微信支付、银联在线等；另一种是面向企业提供的支付解决方案，这类支付平台有快钱、汇付天下等。

（2）商户收单，基本对应的是线下支付，包括银联商务、拉卡拉等。消费者在商场购物或在便利店购买食品时，刷卡使用的POS机可能就来自以上这些平台。

（3）预付卡，是指由发行机构发行的，可在商业服务业领域使用的债权凭证，具体表现为购物券或消费卡。划分为单用途预付卡和多用途预付卡。单用途预付卡只能在本企业或同一品牌连锁商业使用，多用途预付卡是由第三方发卡机构发行，跨法人使用的预付卡种类。

3. 第三方支付的监管

目前，我国第三方支付的监管机构是中国人民银行及其分支机构，按照"属地原则"进行监管。对第三方支付的监管，以《非金融机构支付服务管理办法》为依据，以中国人民银行为主，以行业自律管理、商业银行监督为辅。由于第三方支付的迅猛发展，从2014年开始，央行对第三方支付出台了相关政策进行规范，如2015年12月出台的《非银行支付机构网络支付业务管理办法》明确了第三方支付行业只能是中国支付体系的补充，作为非银行支付机构，小额、便捷是其本质，需要做好客户信息安全、资金安全，以及风险防范。2016年开始的互联网金融整治，覆盖了第三方支付领域，央行出台了《非银行支付机构分类评级管理办法》。

（1）备付金管理。我国相关监管制度规定，第三方支付机构只能在一家银行开立备付金专用存款账户，且其分支机构不得另外开设备付金账户。禁止第三方支付机构以任何形式挪用客户备付金，并要求其按照备付金专用账户的利息总额计提风险准备金。

央行建立第三方支付机构备付金存管制度的主要目的是保障资金的安全性和流动性，一方面保障客户资金安全，防止备付金被支付机构违规使用，比如第三方支付机构擅自挪用、占用、借用客户备付金等；另一方面是保证资金流动性的需求，防止第三方支付机构因第三方支付所产生的沉淀资金的流动性风险。

（2）统一清算。此前，第三方支付机构为绕开银联，与多个银行建立了合作关系，逐步具备了跨行清算的功能，这加大了央行掌握资金流动性的难度。自2017开始，监管文件频发。2017年8月，央行支付结算司印发《中国人民银行支付结算司关于将非银行支付机构网络支付业务由直连模式迁移至网联平台处理的通知》。该通知表示，自2018年6月30日起，支付机构受理的涉及银行账户的网络支付业务全部通过网联平台处理。由此，"断直连"已成为事实。

❄ 法治护航

"断直连"监管新政

什么是"断直连"？

"断直连"简单来说，在条码支付收单的场景下，以前微信支付、支付宝等第三方支付机构实施的是银行直连模式，资金流通的过程走的是"支付宝/微信→银行服务商—收单机构→商户"的模式，如图4-2所示。

在"断直连"落地后，也就是银行关闭第三方支付机构直接代扣通道后，在原先的交易路径环节中，加入了"银联/网联"，交易路径成为"支付宝/微信→银联/网联—收单机构→商户"，由银联/网联担任清算服务方。

为什么要实行"断直连"？

央行推动网联成立的意图是利于监管。近几年，第三方支付行业虽然发展较快，但也给支付和金融市场造成了困扰。而网联的成立，通过可信服务和风险侦测，可以防范和处理诈骗、洗钱、钓鱼及违规等风险。

微课：
"断直连"
监管新政

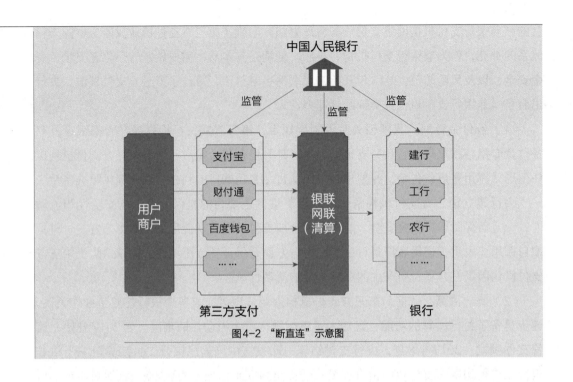

图4-2 "断直连"示意图

（3）创新业务。随着移动支付的快速发展，二维码支付、聚合支付等新型支付方式不断出现，在改变人们生活的同时，也隐藏着风险。2017年密集出台的有关聚合支付、二维码支付的法律法规，能够引导行业的合理发展，防范创新业务带来的风险。

在所有互联网金融领域中，第三方支付是监管最早落地、牌照和监管体系最健全的一个分支。2018年，业内监管趋于严格，其监管目的更加明确，即让更多的创新发生在走正道、合规且能承担社会责任的企业中，进而形成一种良币驱逐劣币的态势。

4.1.5　移动支付

移动支付也称手机支付，是指移动端客户利用手机等电子产品对所消费的产品或服务进行的电子货币支付。移动支付是第三方支付的衍生品，一般是指第三方移动支付，不包括银行卡支付。移动支付将互联网、终端设备、金融机构有效地连接起来，形成了一个新型的支付体系。移动支付不仅能够进行货币支付，而且可以缴纳话费、燃气、水电等生活费用。

1. 移动支付的分类

移动支付是互联网时代的一种新型支付方式，其以移动端为中心，通过移动端对所购买的产品进行结算支付，移动支付的主要表现形式为手机支付。一般来说，移动支付有以下三种分类方式：

（1）根据支付金额的大小，可以将移动支付分为小额支付和大额支付。小额支付是指运营商与银行合作，建立预存费用的账户，用户通过移动通信的平台发出划账指令代缴费用。大额支付是指把用户银行账户和手机号码绑定，用户通过多种方式对与手机捆绑的银行卡进行交易操作。

（2）根据支付时支付方与受付方是否在同一现场，可以将移动电子支付分为远程支付和现场支付。例如，通过手机在电子商务平台购物时产生的支付行为就是远程支付，而通过手机在自动售货机上购买饮料时产生的支付行为则是现场支付。

（3）根据实现的方式不同，可以将移动支付分为两种：一种是通过短信、WAP等远程控制完成支付；另一种是通过近距离非接触技术完成支付，主要的近距离通信技术有RFID、NFC、蓝牙等。

⬡ 协作探究

移动支付世界第一位，中国为什么能?

在中国，截至2021年7月，86%的人口使用移动支付，位居全球第一位。普华永道会计师事务所的报告显示，中国的移动支付普及率遥遥领先，移动支付市场高速发展，保持世界第一位的位置。移动支付给中国带来了许多改变，在中国的许多城市，即使是小商贩，也可以使用手机进行交易。越来越多的中国人出门不带现金和信用卡。

请以小组为单位，思考并讨论发达国家发明了移动支付但普及率落后于我国的原因。

---

2. 移动支付的方式

移动支付的方式主要包括：二维码支付、面部识别支付、指纹支付、NFC支付、无感支付等多种方式。

（1）二维码支付。二维码支付是一种基于账户体系搭建起来的新一代无线支付方式。在该支付方式下，商家可把账号、商品价格等交易信息汇编成一个二维码，并印刷在报纸、杂志、广告、图书等载体上发布。用户通过手机等移动支付终端扫描二维码，便可实现与商家支付账户的支付结算。另外，用户打开手机中的"收付款"后，向商家展示二维码，商家使用扫描枪或摄像头，快速扫描用户的二维码即可完成交易。

⬡ 协作探究

二维码支付风险与防范

移动网络和二维码应用的快速发展给消费者带来了便利，但同时也带来了二维码行业缺乏统一标准和规范、安全状况堪忧等问题。看似简单的二维码，普通公众却很难辨认出它潜在的信息安全威胁。

请以小组为单位，思考并讨论二维码支付存在的风险及如何防范。

（2）面部识别支付。面部识别支付是基于人工智能、生物识别、3D传感、大数据等技术实现的新型支付方式。面部识别支付不需要钱包、信用卡或手机，支付时只需要面对POS机屏幕上的摄像头，系统会自动将消费者的面部信息与个人账户相关联，整个交易过程十分便捷。

（3）NFC支付。NFC（Near Field Communication，近场通信技术）支付是指消费者在购买商品或服务时，即时采用近场通信技术，通过手机等手持设备完成支付，是一种新兴的支付方式。它使用的不是移动网络，而是使用NFC射频通道实现与POS机、自动售货机等设备的本地通信。NFC支付也称"近场支付"。

（4）无感支付。无感支付是利用生物识别和图像处理等技术，建立支付媒介特征和账户信息数据库，在支付时用户仅需上传支付媒介特征，系统即可自动识别用户身份、匹配账户和验证交易的新型支付方式。无感支付将支付媒介从银行卡、二维码和手机等特定介质，扩展至生物特征等多样化载体，将支付流程从刷卡、扫码、输入密码等固定动作简化为静止、注视、眨眼等自然行为，甚至可在用户毫无觉察的情况下完成支付。因此，无感支付亦被称为"终极版"的移动支付，并以其"更随心、更便捷、更新奇"的特点，引领着支付业务的发展方向。

目前，以"车牌识别"为基础的无感支付在高速通行和商业停车等领域已取得突破性进展，以"无人超市""刷脸乘车"为代表的小额无感支付场景也引起了社会公众的广泛关注。大多数银行和支付机构已在网上银行、手机银行、App和自助终端等渠道，广泛开展基于人脸识别、指纹识别和声纹识别技术的无感支付业务。

4.2 电子商务物流服务

电子商务物流（以下简称"电商物流"）主要服务于电子商务的各类物流活动，是物流业在电子商务新时期演变成长的全新物流业态。近年来，伴随着电子商务的快速发展，我国电商物流行业发展迅速，企业不断发展壮大，经营模式不断创新，服务能力不断提升，充分发挥供应链条长、突破时空限制、联系生产生活等特点优势，广泛深入地渗透到生产、流通、消费等各个领域。作为现代物流业的重要组成部分，电商物流有力地支撑了民生发展和物流需求的增长，成为推动我国国民经济发展的新动力和新引擎。

4.2.1 电商物流服务模式

按照电商物流服务的系统资源这条主线综合分类，电商物流服务模式主要有以下四类：

1. 平台整合物流资源模式

平台整合物流资源模式利用智慧物流平台，搭建智慧物流骨干网，全面整合社会资源，建设服务于电子商务网购平台的智慧物流体系。这一模式是以轻资产模式为基础，以整合资源为手段，以数据驱动赋能为纽带，以智能仓储为网络节点，打造社会化电子商务物流服务大系统。

2. 平台自建物流体系模式

平台自建物流体系模式在全国各地以投资自建为主，搭建智慧物流服务体系。这是典型的重资产物流服务模式，虽然也有一些地区的物流仓储设施采用了租赁模式，但物流服务网络基本上以投资自建为主。

3. 电商物流服务外包模式

电商物流服务外包模式是电子商务商家把物流配送服务外包给物流配送企业（主要是快递物流企业）的服务模式。目前，很多专业的电商网购平台、中小规模的电商网购平台一般都采用这一服务外包模式；另外，品牌商或生产制造企业的电子商务，在干线运输和仓库网点货物分拨的前端一般外包给第三方物流公司或自营，末端配送基本上都外包给快递企业。例如，近几年发展较快的拼多多电子商务平台主要采用快递外包的模式。

4. 即时配送物流服务模式

即时配送物流服务模式是近几年外卖配送、新零售、电子商务物流等在配送末端推出的一种新型物流资源组织服务模式。即时配送模式主要是指不经过仓储网点周转，直接点对点配送的物流服务模式，其智能化的配送调度与管理平台是关键。目前，同城邻近区域的本地生活服务类电商一般都在用这一服务模式。

即时配送最早由本地餐饮电商服务兴起，随着新零售的快速发展，门店面向区域配送需求高速增长而快速发展，推动了物流配送末端服务的大变革。例如，即时配送与平台物流服务网络对接，推动了传统物流配送模式变革；即时配送与门店与门店之间的货物调拨对接，推动了末端供应链整合等。

▨ 企业创新

中国物流集团成立

经国务院批准，中国物流集团有限公司于2021年12月6日正式成立。

新组建的中国物流集团有限公司以原中国铁路物资集团有限公司，与中国诚通控股集团有限公司物流板块的中国物资储运集团有限公司、华贸国际物流股份有限公司、中国物流股份有限公司、中国包装有限责任公司四家企业为基础整合而成。同步引入中国东方航空集团有限公司、中国远洋海运集团有限公司、招商局集团有限公司作为战略投资者，形成紧密的战略协同。

目前，新组建的中国物流集团经营网点遍布国内30个省（自治区、直辖市）及海外五大洲，拥有土地面积2 426万 m^2、库房495万 m^2、料场356万 m^2；拥有铁路专用线120条、期货交割仓库42座；整合社会公路货运车辆近300万辆；国际班列纵横亚欧大陆，在国际物流市场中具有较强的竞争优势。

中国物流集团在"十四五"乃至今后较长的时期内，将定位于"综合物流服务方案提供者、全球供应链组织者"，以"促进现代流通、保障国计民生"为己任，着力发展供应链物流、民生物流、特种物流、危险品物流、工业物流、应急物流、冷链物流、跨境物流等，涵盖仓储、运输、配送、包装、多式联运、国际货代、期货交割、跨境电商、国际贸易、物流设计、供应链管理、加工制造、科技研发、电子商务等综合物流服务各种业态，致力于打造具有全球竞争力的世界一流综合性现代物流企业集团。

4.2.2　电商物流信息技术

物流信息技术是物流现代化的重要标志，也是物流技术中发展最快的领域，从数据采集的条形码系统，到各种终端设备等硬件，以及计算机软件，都在日新月异地发展。同时，随着物流信息技术的不断发展，一系列新的物流理念和经营方式不断产生，推进了物流行业的变革。在电商物流中应用的信息技术主要有以下几种：

1. 条形码技术

条形码（也称"条码"）技术是在计算机的应用中产生和发展起来的一种自动识别技术。根据《物流术语》（GB/T 18354—2021），条码（Bar Code）指由一组规则排列的条、空组成的符号，可供机器识读，用以表示一定的信息，包括一维条码和二维条码。这些信息包括静态的品名、规格、数量、生产厂商等静态信息；也包括批号、流水线、生产日期、保质期、发运地点、到达地点、收货单位、运单号等动态信息。条形码技术是为实现对信息的自动扫描而设计的，是快速、准确而可靠的采集数据的有效手段。条形码技术的应用解决了数据输入和数据采集的"瓶颈"问题，为供应链管理提供了有利的技术支持。它也是较为经济、实用的一种自动识别技术。

（1）条形码技术的特点。

①优点：输入速度快、可靠性高、采集信息量大、灵活实用，条码设备易于操作，条码标签易于制作、效率高、成本低。

②缺点：容易被刮伤，需要外层加工保护，印刷平面容易不均匀，易于灰尘污染，原纸印标后易卷曲，扫描器规格不同等。

（2）条形码技术的应用。条形码是利用光学电扫描阅读设备来实现数据输入计算机的一种代码。条形码识别将条形码表示的数据转变为计算机可以自动采集的数据。识读装置由扫描器和译码器组成，扫描器将条形码符号转换成数字脉冲信息，译码器则将数字脉冲信息转换成条形码所表示的信息。

在供应链物流的领域，条形码技术就像一条纽带，把产品生命周期的各个阶段产生的信息连接在一起，可以跟踪产品从生产到销售的全过程。

2. 射频识别技术

近年来，随着大规模集成电路、网络通信、信息安全等技术的发展，射频识别技术以其能够自动识别物品并获取相关数据而被广泛应用于人们生活和社会发展的各个领域，显示出巨大的发展潜力与应用空间，被认为是21世纪最有发展前途的信息技术之一。根据《物流术语》（GB/T 18354—2021），射频识别（Radio Frequency Identification，RFID）指在频谱的射频部分，利用电磁耦合或感应耦合，通过各种调式和编码方案，与射频标签交互通信唯一读取射频标签身份的技术。

射频识别技术是一种非接触式的自动识别技术，它通过射频信号自动识别目标对象并获取相关数据，识别过程无须人工干预。射频识别技术的工作原理如图4-3所示。

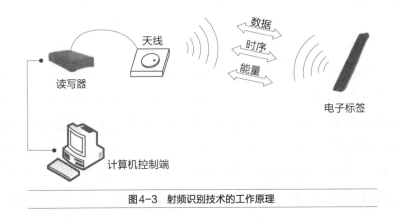

图4-3　射频识别技术的工作原理

在供应链与物流领域，企业必须实时、精确地掌握物流的流向和变化，而射频识别技术可以提供业务运作中的数据输入/输出、控制与跟踪。在采购、存储、装卸、运输、配送等各个环节都具有较高的应用价值。据统计，RFID技术应用在物流管理方面，准确率能达到甚至超过99%，以射频识别技术为代表的新技术正在深刻地影响着物流领域，孕育着一场"物流革命"。

企业创新

菜鸟突破第三代识别技术

在2021年全球物流技术大会上，菜鸟主导的"精准射频识别技术"曝光，获得中国物流与采购联合会颁发的物流技术创新奖。这是继条形码、二维码之后的第三代识别技术，已经具备大规模商用条件，有望大幅度推动供应链和物流领域的数字化升级。

射频识别技术一般被用于供应链商品流通中的货物盘点、出入库交接，以及全链路追踪，但此前因为技术突破有限，识别准确率不高，一直未能大规模投入实际应用。菜鸟经过两年多的研发，通过优化芯片、读写器及其背后的一整套识别算法，将识别准确率大幅提升到99.8%，实现全球领先。此前业界的识别准确率普遍还在80%左右。

3. 全球卫星导航系统

全球卫星导航系统（Global Navigation Satellite System，GNSS），是一个能在地球表面或近地空间的任何地点为适当装备的用户提供全天候24小时、三维坐标和速度以及时间信息的空基无线电定位系统，包括一个或多个卫星星座及其支持特定工作所需的增强系统。

GNSS作为目前现代化大国军事能力及综合国力的重要体现，其应用领域也从传统的国防军工向位置服务、交通运输、测绘制图、精准农业、精确授时、工程建设等商业市场拓展。

全球卫星导航系统国际委员会公布的全球四大卫星导航系统供应商分别是：美国的全球定位系统（GPS）、俄罗斯的格洛纳斯卫星导航系统（GLONASS）、欧盟的伽利略卫星导航系统（GALILEO）和中国北斗卫星导航系统（BDS）。以下主要介绍GPS与BDS。卫星导航技术发展几十年来，BDS与GPS定位技术已广泛应用于现代物流业，通过位置服务不断为物流企业带来更加高效的管理和运营，推动着智慧物流的发展。由于GPS的渗透率较高，早已融入人们生活的方方面面，用户长期以来都习惯性将定位称之为GPS。实际上，BDS和GPS的民用射频频段几乎一样，且民用级别的双模在精度上优于单模，所以目前物流行业的定位设备大多都是以"GPS+BDS"双模芯片为主，双星定位共同赋能普运、快运、专线、整车、零担等物流车辆、货物的管理。

精准定位一直是物流行业最基础的数据源之一，利用BDS和GPS定位技术，能够为物流企业提供准确、实时、有效的车辆在途数据，包括轨迹、速度、停留、路线偏离等数据，并能自动触发预警，提醒管理人员注意车辆状况，提升物流车辆运行效率。

BDS和GPS定位设备在物流行业中的应用主要包括对车辆、货物的监管。一方面，通过给物流车辆安装BDS和GPS车载定位器，采集车辆实时位置、行驶轨迹、速度、停留时间等信息；另一方面，通过放置货物追踪器，采集货物位置、运输路线、温湿度等信息，确保货物安全准时送达，并对关键装卸、出入库等物流节点进行电子围栏设置，结合物流管理平台或App，实现对货运车辆的远程监管，为客户提供实时位置查看的增值服务，使货物运输更加安全有保障。

此外，通过数据报表，还可对车辆状况、物流路线、货物状况进行分析，提高物流管理效率，管控成本，让信息更加透明。

4. 地理信息系统

根据《物流术语》（GB/T 18354—2021），地理信息系统（Geographical Information System，GIS）指在计算机技术支持下，对整个或部分地球表层（包括大气层）空间中的有关地理分布数据进行采集、储存、管理、运算、分析、显示和描述的系统。它是一种特定的十分重要的空间信息系统。地理信息系统处理、管理的对象是多种地理空间实体数据及其关系，包括空间定位数据、图形数据、遥感图像数据、属性数据等，用于分析和处理在一定地理区域内分布的各种现象和过程，解决复杂的规划、决策和管理问题。

GIS在物流行业的主要应用包括物流中心选址、最佳配送路线、车辆跟踪和导航、配送区域划分。

5. 物联网技术

根据中华人民共和国国家标准《物联网术语》（GB/T 33745—2017），物联网（Internet of Things, IoT）指通过感知设备，按照约定协议，连接物、人、系统和信息资源，实现对物理和虚拟世界的信息进行处理并作出反应的智能服务系统。

物流是物联网技术最重要的应用领域之一，物联网技术是实现智慧物流的基础。物流业作为国民经济发展的重要产业，要实现进一步增长，满足越来越高的物流需求，实现智慧物流，必须依赖物联网技术的全面应用。

伴随着物联网技术、信息传感、射频识别等技术和产业的发展，再加上5G技术的部署，物联网将会推动电子商务的快速发展。未来电子商务将朝着多元化的模式发展，行业之间的竞争也会愈加激烈。电子商务体系中包含着库存、物流及支付等重要环节，物联网技术在电子商务各环节中的应用将大大提高电子商务体系的运行效率，降低运营成本，提升客户体验，使电子商务进入一个新的发展阶段。

⬡ 协作探究

电商物流的智能装备技术

每年"双11""双12"电商大促期间，一段段关于自动化输送分拣设备在电商物流中心高效应用的视频总会引起人们的关注。随着电子商务、新零售等新经济模式的崛起和发展，客户对快递服务的要求越来越高，对物流装备和技术的智能化升级也提出了更强烈的需求。

请以小组为单位，思考并讨论电商物流中的智能装备应用有哪些。

4.2.3 电商供应链管理

供应链是围绕核心企业，通过对信息流、物流、资金流的控制，从采购原材料开始，制成中间产品及最终产品，最后由销售网络把产品送到消费者手中的，将供应商、制造商、分销商、零售商直到最终用户连成一个整体的功能网链结构。在互联网时代，电子商务的兴起给企业的营销、管理、生产和物流带来了深刻变革，也给供应链管理带来了创新。如何在电子商务的大环境下有效提高供应链管理能力，建立更合适的企业供应链管理平台，提高竞争力，获得更大效益，是目前各大企业面临的和急需解决的问题。

1. 供应链概述

供应链中有供应商、生产商、分销商、零售商和消费者，他们的活动由采购、运输、加工、制造、分销等环节构成，他们之间的关系由物流、资金流和信息流体现。供应链中的物流是指从供应商到顾客手中的物质产品流；信息流中的主要因素包括产品需求、订单的传递、交货状态及库存信息等；资金流中的主要因素包括信用条件、支付方式、委托及所有权契约等。供应链系统结构如图4-4所示。

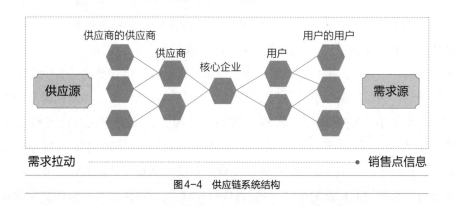

图4-4 供应链系统结构

供应链至少可分为最终供应链、段落供应链和基本供应链三个层次。以汽车生产为例，最终供应链即整辆汽车的所有零部件供应商和生产商、贸易商、分销商和零售商。而段落供应链是指诸如发动机、轮胎、底盘等能再细化的零部件供应链。基本供应链一般对应着单个企业，比如生产发动机上某个螺丝的企业。不同层次的众多企业连接起的一个网状结构，才是供应链的真实面貌。

供应链是一个使产品从无到有的增值过程，每个企业都在创造价值，最终的价值在消费者手中体现。反过来看，产品的生产是为了满足最终消费者的某种需求，因此，供应链也是一个需求实现过程。在当前的市场背景下，供应链正从产品推动型向需求拉动型转变，满足消费者需求在整个供应链中的权重越来越大。

2. 电子商务时代的供应链管理

（1）电子商务与企业战略衔接。电子商务背景下供应链（以下简称电子供应链）管理下的企业战略是一种受消费最终需求拉动的战略，企业必须满足消费者的个性化要求，提供个性化的服务，才能赢得消费者的信赖，争取更多的客户，这就要求从企业价值链的核心组织开始，使电子商务在每个组织成员的企业战略中发挥更大的作用。因此，企业只有将电子商务与企业的战略衔接起来，才能满足电子供应链管理的要求。

微课：
供应链管理
之大变革

企业要转变传统的思维观念，逐步采用先进的技术手段，充分利用电子商务的功能特性，实现企业经营方式的变革。

（2）企业采购方式的变革。电子供应链管理要求企业将电子采购技巧运用于采购实践，使采购流程由内部自动化发展为外部供应链协同作业。要想实现电子采购，企业必须首先关注电子网络的形成及对先进供应链管理技巧的运用，统一规划、管理企业各部门的采购行为，由采购部门集中采购，可以从供应商那里获得更多的价格优惠，从而在一定程度上降低采购成本。其次，采购部门应该将采购行为逐步推进到一个新的、技术要求更高的环境当中，它所处的价值链中的其他企业也应当应用更多基于网络的技术，从而使企业可以通过电子方式实现更多的传统采购活动，比如，确定产品和服务、做出采购决策、下订单、接受订单及向供应商支付货款等。但在此之前，企业需要对供应商进行评估，然后逐渐缩小潜在供应商数目，直到实现通过电子界面相联系的效果。

（3）工程设计、生产规划、日程安排和生产加工系统的优化。在工程设计、生产规划、日程安排和生产加工领域，企业电子供应链管理的实施主要是通过ERP（Enterprise Resource Planning，企业资源计划）系统来实现。实施ERP，可以帮助客户通过网络方式直接访问最新的生产规划、日程安排和制造模块信息，这样企业就可以及时为客户解决疑难问题，并为供应链上的供应商和消费者提供他们所需要的解决方案，从而能够更好地控制、改进生产处理流程，并为客户带来更高的满意度。此外，ERP还有助于企业提高工程设计和生产规划能力，以及对成本的进一步控制能力，从而改善企业的会计核算和财务管理能力。

（4）改善企业的销售和客户服务的能力。电子供应链管理要求对销售和服务进行变革，以改善消费者的购物体验。同时，企业还必须考虑新技术的应用，建立起以客户为中心的企业文化。

通过整合电子商务与供应链管理，将一些必要的信息与处理过程转移到网上，这样能够有效地响应客户需求。在这个过程中，企业除了进行必要的网络硬件配置外，更重要的是实现其销售人员的自动化管理。只有实现销售人员的自动化管理，才能使企业有效地实施电子供应链管理，对客户数据、客户所要求的产品和服务细则，以及多个企业同时发出的联合采购数据进行有效地分析利用和不间断管理。

实现销售人员的自动化管理，主要通过CRM（客户关系管理）系统来实现。利用CRM，可以帮助企业争取、培养和保留客户。

3. 电子商务不同模式下的供应链管理

（1）B2B模式下的供应链管理。B2B模式通常要从供需链两端来看，上游是供应商，下游是客户，但因为所处的位置不同，B2B模式下供应链管理的内容、方式不完全相同。作为中间环节的企业来讲，如何进行供应链管理，完全取决于双方在供应链上的规模和实力。B2B模式下的供应链如图4-5所示。

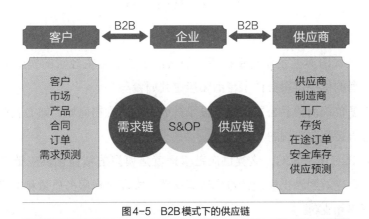

图4-5　B2B模式下的供应链

①主动接入。通常规模较大的企业会掌握更多主动权，它们有实力提供完善的互联网统一接入平台，要求对方接入。

②被动接入。企业接入对方的平台，使用对方的平台交换供应链信息。

从企业与上游供应商的B2B模式来看，存在三种管理思想的转变：从为库存而采购到为订单而采购的转变；从内部采购管理向外部资源管理的转变；从一般买卖关系向战略协作伙伴关系的转变。

（2）B2C模式下的供应链管理。B2C模式即从企业到消费者的商业模式，随着商业模式的发展，B2C模式的供应链也可以存在经过中间分销商环节再到C端的模式，且称之为B2B2C模式。B2C模式的供应链如图4-6所示。

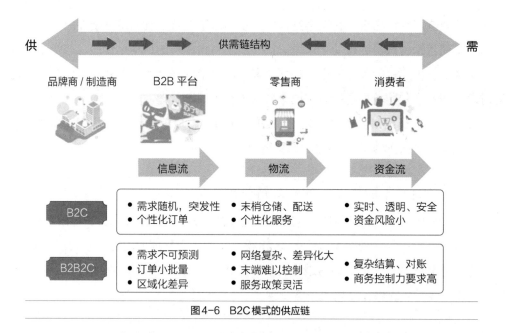

图 4-6　B2C 模式的供应链

采用B2C模式的典型企业有京东等，而由线上加盟店主经营的模式则为B2B2C模式，面向消费者的供应链服务由平台商和店主共同参与。

当然，许多传统消费品公司自身建设了开放式电子购物商城，如必胜客、小米等企业都是由企业直接面向C端的。

无论是B2B2C还是B2C，这类供应链管理就是典型的精益化供应链管理：以最终客户为中心，建立端到端供应链精益化管理体系，提高客户服务质量和客户满意度，促进客户成功下单和支付。

4.3　电子商务信息技术服务

近年来，电子商务领域信息技术和行业解决方案的应用创新不断涌现，其与细分行业的融合不断加深，云平台提供商、AI解决方案提供商、服务外包提供商等信息技术服务商支撑起高速增长的电商IT需求，保障了电商各平台和基础设施的正常运转，也为行业的高速发展提供了保障。

2016年以来，新一代信息技术与传统商务领域的融合发展，催生了直播电商、社交电商、内容电商、C2M电商等新模式，为适应新型电商模式的发展，电商服务业不断提升自身的专业服务能力，广泛采用大数据、云计算、人工智能等新技术赋能，为新兴电商模式提供全方位的支撑，提供从数据分析、流量导入、内容制作、虚拟场景体验、云服务等业务在内的服务，带动电子商务全产业链的快速发展。自2020年新冠肺炎疫情暴发以来，电商服务企业运用5G、云计算和新一代视频技术，为客户提供云逛街、云购物、云展览、云直播、云体验、云办公及智能物流等在线数字服务，为无人超市、无人仓、无人配送、在线医疗、在线教育和社区团购等领域提供技术支撑，助力中国数字经济快速发展。

4.3.1　电子商务大数据服务

1. 大数据时代的电子商务

所谓大数据，是指无法在一定时间范围内用常规软件工具进行捕捉、管理和处理的数据集合，是需要新的处理模式才能具有更强的决策力、洞察发现力和流程优化能力的海量、高增长率和多样化的信息资产。

在大数据背景下，电子商务的发展借助大数据高效的数据采集处理分析能力，将电子商务的价值创造推向新的高度。作为伴随企业经济发展这一需求而产生的一系列新型消费形式，无论是在PC端、移动端还是在各类社交软件、其他任何第三方平台上，电子商务都产生了大量的数据。如何利用好这些数据信息为电子商务提供更多有效的信息，是大数据时代背景下电子商务企业需要重视并解决的问题。

2. 大数据在电子商务中的应用

随着商业信息和数据的激增，电子商务企业必须依赖大数据技术帮助企业管理者做出科学合理的战略决策，从而提高自身的竞争优势。电子商务行业的大数据应用体现在以下三个方面：

（1）精准营销。电子商务企业使用大数据技术采集有关客户的各类数据，并通过大数据分析、建立"用户画像"来形象地描述一个用户的信息全貌，从而可以对用户进行个性化推荐、精准营销和广告投放等。

当用户登录电子商务网站时，系统就能预测出该用户今天为何而来，然后从商品库中把合适的商品找出来并进行推荐。大数据支持下营销的核心在于让企业的业务在合适的时间通过合适的载体，以合适的方式，推送给最需要此业务的用户。

（2）个性化服务。电子商务具有提供个性化服务的先天优势，可以通过技术支持实时获得用户的在线记录，并及时为他们提供定制化服务。

许多品牌都已经尝试了依靠数据分析，在首页为用户提供全面且个性化的商品推荐。海尔和天猫提供了让用户在网上定制电视的功能，顾客可以在电视机生产以前选择尺寸、边框、清晰度、能耗、颜色、接口等属性，再由厂商组织生产并将货物送到顾客家中，这样的个性化服务受到了广泛欢迎。

（3）个性化推荐。随着电子商务规模的不断扩大，商品数量和品类快速增长，顾客需要花费大量时间才能找到自己想买的商品。个性化推荐系统通过分析用户的行为，包括反馈意见、购买记录和社交数据等，以分析和挖掘顾客与商品之间的相关性，从而发现用户的个性化需求、兴趣等，然后将用户感兴趣的信息、商品推荐给用户。个性化推荐系统针对用户特点及兴趣爱好进行商品推荐，能有效地提高电子商务系统的服务能力，从而保留客户。

❖ 法治护航

破解算法歧视、大数据杀熟、信息茧房的消费者困境

算法是互联网运作的基础，算法规则的隐蔽性使其应用场景成为合法合规的重灾区，消费者被动陷入算法歧视、大数据杀熟、信息茧房的困境中。从法律法规层面破解消费者困境成为电子商务发展中必须克服的难题所在。

2019年1月1日起施行的《中华人民共和国电子商务法》，要求提供不针对个人特征的选项。2021年11月1日起施行的《中华人民共和国个人信息保护法》明确规范自动化决策，算法推荐服务的顶层设计逐渐完成。2022年3月1日起施行的《互联网信息服务算法推荐管理规定》规范了通过算法技术向用户提供信息的行为，为算法推荐服务提供者划定明确的法律界限。

这一系列法律法规的相继出台，在保护用户的知情权、选择权、拒绝权、救济权上提出明确要求，对保障未成年人、老年人、劳动者、消费者在互联网时代的权益具有重要作用，为我国数字经济发展增添了一抹以人为本、科技向善的鲜亮底色。

4.3.2 电子商务云计算服务

1. 云计算对电子商务的推动

云计算（Cloud Computing）是以虚拟化技术为核心，以低成本为目标的，基于互联网服务动态可扩展的网络应用基础设备，用户按照使用需求付费购买相关服务的一种新型模式。

在云计算模式下，云计算提供了用户看不见、摸不着的硬件设施（服务器、内存、硬盘）和各种应用软件等资源。用户只需要接入互联网，付费购买自己所需要的资源，然后通过浏览器给"云"发送指令和接收数据，便可以使用云服务提供商的计算资源、存储空间、各种应用软件等资源来满足自己的需求。

云计算的兴起为各行各业带来很多机遇，目前，云计算已在医药、就业、教育等多个领域得到广泛应用，其中电子商务更是风起"云"涌，成为应用云计算的先行行业。云计算技术对电子商务的推动作用主要体现在以下三方面：

（1）满足高效快捷的交易需求。云计算具有动态可扩展的性能，可以为电子商务企业实现"弹性"的扩展应用部署操作，同时通过 Web 界面可以简单方便地监控到网站的流量，轻松实现负载的自适应。当网站的流量较大时，系统就会自动扩展出服务器为其提供流量支持；当用户访问量较少时，系统会自动将服务器收缩起来以供他用，满足用户高效、快捷地进行商务交易的需求。

（2）提高安全性和可靠性。由于云计算是通过互联网将数据存储在"云"端的，这样就规避了因本地设备简陋、技术落后而产生的安全风险。同时，云计算采用分布式存储的方法，将数据存储在多台存储服务器上，不仅分担了存储负荷，而且保证了数据的可靠性。

（3）降低成本。云计算对于客户端的软硬件设备要求很低，企业只需要将可以上网的终端设备接入互联网就可以开展正常的商务活动。此外，企业无须购买昂贵的软件，因为云计算技术实现了将软件都存储在"云"端，企业只需从云平台调用相应的软件应用程序，即可享受云计算的高性能。同时，因为大部分软硬件都在"云"端，企业无须花费大量人力、物力进行系统的维护升级，大大降低了企业的 IT 维护成本。

2. 云计算在电子商务中的应用

云计算的出现让企业不必花大量人力、物力、财力去建立电子商务系统及后台的维护支持，这些任务都可以交给云计算提供商来处理，从而使中小企业可以集中精力去挖掘潜在顾客，去研究如何提高顾客的忠诚度，提高企业效益。电子商务行业的云计算应用主要有以下两个方面：

（1）基于云计算技术的电子外包。基于云计算技术的电子外包是中小企业应用电子商务服务的新趋势，企业只需要访问云计算提供商建立的电子商务云上的软件库，就可得到其所需的管理程序、商业数据库资料，而不必单独投资建立内部的全套软件和程序，成本相对低廉，只需支付一定的租金。

企业在使用电子外包模式进行商务运作时，通过外向资源配置，可以避免新增硬件投入、软件和程序开发成本。也就是说，当企业现有的IT资源能够满足业务需求时，在使用过程中，为保证业务不间断运转，企业无须投入新设备，不用再付软件和应用程序开发的高额费用，只需要把工作任务分配给"云"端中任何闲置的IT资源协助完成任务。

基于云计算技术的电子外包实际上是一种"随需而变"的电子商务形式，这种模式就是利用云计算，使得中小企业在使用网络构架、应用程序的时候就像使用电力等一般公共服务一样方便，不仅能同时为多个客户提供服务，而且能保证其应用环境的高度安全。

（2）基于SaaS的电子商务模式。SaaS（Software as a Service，软件即服务）是一种软件服务提供的模式，是一种将软件部署为托管服务并通过互联网访问的模式。在此模式下，用户不用再购买软件，而改为通过向提供商租用基于Web的软件来管理企业经营活动，且无须对软件进行维护，服务提供商会全权管理和维护软件。SaaS作为一种新型软件应用形式，旨在实现由企业内部部署软件向软件即服务的转变，它在更深层次上带来了商业模式的转变，主要包括：将软件的"所有权"从客户转移到外部云计算提供商；将技术基础设施和IT管理等方面的责任从客户转移给云计算提供商；通过专业化和规模经济降低提供软件服务的成本；能够覆盖中小企业信息化市场。

对于许多中小型电子商务企业来说，基于SaaS的电子商务模式是充分利用云计算技术的主要途径，它消除了企业购买、构建和维护基础设施和应用程序的需要，使企业能够有效地利用资源，降低成本，从而提高企业的核心竞争力。

4.3.3 电子商务区块链服务

1. 区块链技术赋能电子商务行业

区块链（Blockchain）是指在所有节点均不可信的点对点网络中，通过共识算法建立技术背书的信任机制，实现节点数据存储一致性的网络系统。通俗地讲，区块链技术就是一种全民参与记账的方式。所有的中心化系统都有一个相应的数据库，若是把这个数据库比作一个账本，那么这些账本通常是各自记各自的账。例如，淘宝的账本是由阿里巴巴记账的，而微信账本是由腾讯记账的，但在区块链系统中，每个人都有机会参与记账，系统会选择记账最好、最快的人，把他的内容记到账本上，并且会把账本的内容发送给系统内的所有人备份，使每个人都有相同的账本，保证记账过程透明，区块链系统中不存在"中央总账本"。以往互不信任的双方要进行交易比较难，为了交易的安全，需要一个第三方平台作为中介，而区块链技术可以让人们在没有第三方平台的情况下安全地完成交易。

区块链技术从以下五个方面赋能电子商务：

（1）去中心化。由于区块链使用分布式核算和存储，不存在中心化的硬件或管理机构，任意节点的权利和义务都是均等的，系统中的数据块由整个系统中具有维护功能的节点来共同维护。去中心化的系统自身能够保证其真实性，避免了中心化系统中存在单一个体造假的情况。

（2）开放性。区块链系统是开放的，除了交易各方的私有信息被加密外，区块链数据对所有人公开，任何人都可以通过公开的接口查询区块链数据并开发相关应用，因此整个系统信息的开放性较高。

（3）自治性。区块链采用基于协商一致的规范和协议（比如一套公开透明的算法），使得整个系统中的所有节点能够在去信任的环境中自由、安全地交换数据，使得对人的信任变成对机器的信任，任何人为的干预不起作用。这个特性有效地解决了信任问题，减少了人为造假的可能性。

（4）信息不可篡改。一旦信息经过验证并添加至区块链，就会永久地存储起来，除非能够同时控制系统中超过51%的节点，否则在单个节点上对数据库的修改是无效的，因此，区块链的数据稳定性和可靠性极高。这一特性保证了交易的公开透明和不可篡改，进一步减少了人为造假的可能性。

（5）匿名性。由于节点之间的交换遵循固定的算法，其数据交互是无须信任的（区块链中的程序规则会自行判断活动是否有效），因此，交易对手无须通过公开身份的方式让对方对自己产生信任，这对信用的积累非常有帮助。这就能有效解决消费者个人隐私泄露的问题，让消费者能够更加安心地享受服务。

2. 区块链在电子商务中的应用

基于区块链技术营造的电商环境，各参与方可以减少戒备，增加彼此合作的可能性，实现电子商务系统中每一个用户享受在消费的同时提供消费数据，服务商在提供优质服务的同时根据用户反馈的数据进行商品和服务的优化，从而打造全新的"区块链＋

新零售"商业生态系统。电子商务行业的区块链应用目前有以下三个方面：

（1）供应链物流协作。在供应链物流运输，特别是跨境物流中，相关的监管环节和单据往来非常多，需要不同国家和地区的海关、商检、出口商、运输商、运输场站、仓储方、金融企业等多方紧密协作，这也带来了大量的管理和沟通成本。此外，由于商业秘密、系统的信任度不够等问题，系统间很难顺畅对接，造成了商业活动效率的降低。因此，构建各方都认同的基于区块链技术的供应链物流协作超级信息系统，从而协调各方需要共享的信息，区块链技术在电商供应链物流协作中发挥了重要作用。

（2）防伪溯源。由于区块链技术具有去中心化的记账方式、数据可追溯且不可篡改这两大特性，非常适合将其应用于防伪溯源体系。通过区块链技术将商品相关信息打包上链，在产品从生产到流通的全过程中，区块链会记录每一件产品的真实生命轨迹，为监管部门提供产品的全面数据信息，使其更高效地完成产品质量检验及数据互联互享。消费者可以通过相关智能终端实现对每一件产品的溯源，这对于商家与消费者之间构建良好的消费关系，形成良好的消费生态作用巨大。在此过程中，区块链技术实现了业务流程的公开透明、信息不可篡改、信息共享、成本节约，极大地提高了效率和安全性。

（3）会员体系上链。在传统零售商会员体系中，只有10%～30%的消费者真正兑换到了积分，会员体系中的大量积分被浪费，这实际上浪费了零售商和消费者更多接触的机会。运用区块链技术，可实现零售商会员体系上链，将这些会员数据、积分通过区块链整合起来会产生巨大的作用。一方面，会员积分完全数字化，降低了丢失、损毁的可能；另一方面，所有的数据都可以在区块链"账本"中随时查看，不同商家之间无须进行积分收付、验证等，消费者不必在积累大量分数后才能在指定商家换取奖品，而是可以在区块链上任何商家中消费这些积分。基于区块链技术的会员体系可以有效提升电子商务中消费者与商家的互动，提升顾客体验和满意度。

4.4　电子商务衍生服务

电子商务衍生服务是指伴随着电子商务应用的深入发展而催生的各类专业服务，有着较高的服务水平及技术含量，如电子商务代运营服务、电子商务营销服务、电子商务咨询服务、电子商务教育培训服务等，其特点是能够为电子商务领域的服务对象提供个性化服务。

4.4.1　电子商务代运营服务

电子商务代运营服务是企业提供的全托式电子商务服务的一种模式，即指传统企业以合同的方式委托专业电子商务服务商提供部分或全部的电子商务运营服务，主要包括电商平台运营、网站推广、视觉服务、仓储配送、客户服务等电子商务托管服务。

随着我国电子商务行业的快速发展，线下企业纷纷转战线上，大量代运营企业伴随线下企业的转型实现了高速发展，我国电商代运营市场的营业收入不断扩大。同时，随着企业对电商服务的要求越来越细致，国内电商代运营服务内容也变得更加多元化，从最初的基础服务（如运营服务、客户服务等）逐步拓展到电商核心业务（如IT服务、营销服务和仓储物流服务）及增值服务（如数据分析服务）。

电商代运营企业正在通过新兴平台来拓宽业务边界，代运营企业品牌孵化能力已崭露头角，一些代运营商助力国际品牌开拓中国市场，向上游拓展，孵化自有品牌也将成为代运营企业的新赛道，代运营企业逐步走向专业化、集中化和智慧化，代运营商从传统的劳动密集型"服务外包商"，逐渐融合ISV（Independent Software Vendors，独立软件开发商）、咨询公司、广告公司等业务能力，正在向更具价值创造性的"品牌综合服务商"转型。电子商务代运营企业应用前沿智能数据和销售战术工具助力品牌合作伙伴提升消费者参与、互动和留存的优化，代运营业务在推动电子商务高质量发展、推动品牌企业数字化转型方面发挥着越来越重要的作用。

▨ 企业创新

电商四大上市代运营商迎接新机遇

2021年"双11"电商大促落下帷幕，在电商服务商中，宝尊电商、壹网壹创、丽人丽妆、若羽臣纷纷参与，并发布最终业绩。其中，宝尊电商实现全网GMV（Gross Merchandise Volume，商品交易总额）191.8亿元；壹网壹创"双11"GMV增速达30.56%；丽人丽妆合作品牌中后旗舰店超13亿元，雪花秀旗舰店超6亿元；若羽臣服务品牌中31个细分品类销售业绩居前三位。

在"双11"大促中，从各大电商服务商的业绩来看，较以往有了一定幅度的提升。其中，宝尊电商成交额增长16.3%，高于天猫交易额8.45%的增长率，低于京东28.58%的增长率；壹网壹创成交额增速达30.56%，均高于天猫、京东的增长率，明显拉动平台GMV增速。它们服务的品牌在业绩上也有显著增长，随着品牌商的加入逐年增多，"双11"为电商服务商提供了新机遇。

面对电商市场的稳定化和新业态的出现，商家和品牌商对于电商服务商的需求也在不断扩大，从店铺运营、营销推广到仓储物流、线上分销、直播带货等全流程实现一条龙服务，因此"双11"大促对于电商服务商来说也是一次集中大练兵。

网经社企业库的信息显示，除了上述电商服务商外，光云科技、伯俊软件、乐言科技、商策科技、网营科技、万里牛、企迈科技、店宝宝等在各大电商促销中也纷纷赋能品牌商。不过值得注意的是，对于一些品牌来说，电商服务商公司赚取了一部分利润，而当它们占的销售比例越来越大时，品牌商也会考虑把"鸡蛋放到更多的篮子里"。

4.4.2 电子商务营销服务

电子商务营销服务是网络营销的一种，是借助互联网、移动互联网平台完成一系列营销环节，辅助客户实现营销目标，包括营销方案设计、互联网媒体筛选、传播内容策划及效果检测等。

随着人工智能、大数据等新技术的应用，短视频、直播带货、社区团购等模式进一步下沉，电子商务营销技术和模式也不断走向精细化和多元化。越来越多的企业和电商从业者开始以短视频和直播平台作为营销渠道，利用大数据实现精准营销应用的场景也更加广泛，基于大数据的精准营销和数字化营销已逐步下沉到各个应用场景，逐渐成为电子商务的主流方式。同时，电商平台积极尝试整合多元营销渠道，技术提升使得"千人千面"的智能营销得以实现，而社交电商、网红直播、VR体验式营销、AR红包等也提高了用户的互动体验。

据中国服务外包中心统计，服务外包行业互联网营销推广服务合同执行额年均增长率达到31.6%，2020年服务外包行业互联网营销推广服务的合同签约额和执行额分别为46.4亿美元和30.2亿美元，同比增长11.3%和7.8%，如图4-7所示。电子商务营销服务不仅帮助品牌企业和产品实现了以内容营销为主的社交媒体传播，同时也正在通过其技术、创意和内容资源不断赋能品牌和产品在核心生活场景中的传播，从而有效推动线上线下营销模式的创新。

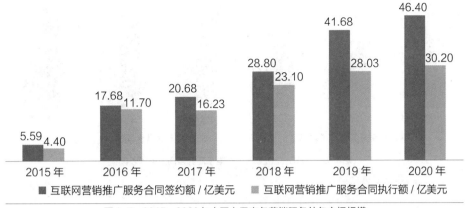

图 4-7　2015—2020 年中国电子商务营销服务外包市场规模

4.4.3　电子商务咨询服务

电子商务咨询服务是指电子商务咨询服务机构，通过对已从事电子商务工作或即将从事电子商务工作的企事业单位或政府的有关电子商务业务进行诊断，提出相应解决方案，并协助执行落实方案，从而提高客户的经济或社会效益，并从中收取一定的服务费。

随着电商行业新业态的不断涌现，传统电商从业者和渠道逐渐向新技术应用领域进行创新，电子商务咨询的范围不断扩大。从市场营销咨询、客户服务咨询到供应链管理、仓储物流咨询；从 IT 大数据应用咨询、VR/AR 及人工智能应用咨询到企业电商整体战略发展咨询；从城市园区电商发展咨询到农村农产品电商精准帮扶咨询，以高技术高知识服务价值为代表的咨询服务全面服务于电子商务以及数字经济，为企业的数字化战略和实体经济转型升级发挥重要作用。

电商战略和整体咨询业务越来越获得品牌商的重视，为电商咨询业务提供了新的市场需求增长点。据中国服务外包中心统计，2020 年，中国电子商务咨询相关的服务外包合同签约额和执行额分别达到 14.9 亿美元和 9.3 亿美元，如图 4-8 所示。中国电子商务咨询服务提供商融合线上线下平台提供数字化咨询策略，传统零售企业通过在线数字化咨询快速落地线上直播带货平台。基于电商的战略咨询、战略规划和基于数字化的整体咨询解决方案及运营，对提升传统企业的数字化和电商化，对满足消费者的服务需求和提高消费者体验都发挥着越来越重要的作用。咨询服务提供商协助平台在深耕产业，形成成熟的行业认知并积累产业数据后，以数据作为基础资料，通过输出数据与技术，为下游客户与上游厂商深度赋能，促进全产业转型升级。

图4-8 2015—2020年中国电子商务咨询服务营收额

4.4.4 电子商务教育培训服务

电子商务教育培训服务是指专业教育培训机构（包括高校等教育机构）为电子商务从业者、电商企业、在校学生等相关人员和机构提供电子商务理论实务、实践操作等教育培训服务。

我国电子商务规模的不断扩大带动了电子商务教育培训服务的快速发展。一是与电子商务专业相关的学历教育受到政府和高校的重视，相关人才为电商市场和企业的快速扩张提供了有力保障，同时为新业态、新模式的创新和落地提供了支撑。二是与电子商务相关的各种培训和继续教育及电子商务知识不断普及和提高，随着电子商务进农村的不断深入，对于广大劳动者的培训带动了农村电商的就业，助力乡村振兴。三是政府提供了多层次的电子商务政府普、政策宣讲和业务培训等相关活动，并将此作为公共服务的一部分，加速了政策的落地，为企业在新模式、新业态的电商创新中提供了有力保障。

随着产业电商的快速发展，电商供给侧的人才培养备受重视，兼顾行业经验和数字化能力的人才成为推进供给侧数字化改革的重要保障，无论是电商企业还是互联网行业，都在开展人才培训和培养工作。各级政府主管部门也加大了对电子商务政策宣传和培训领域的投入，尤其通过云平台、远程在线直播等方式，开展丝路电商、农村电商、跨境电商等领域的交流和培训，组织一系列专题业务培训班、研讨班等，围绕电商政策和法规、跨境电子商务综合试验区发展创新、电子商务与快递物流协同发展、区域电商、大数据技术应用和电商精准扶贫等重点领域开展培训。

"丝路电商"云上大讲堂（卢旺达专场）成功举办

2020年以来，为克服新冠肺炎疫情的影响，深入开展"丝路电商"能力建设合作，商务部电子商务和信息化司发挥专家和讲师的资源优势，创新性地采用在线直播形式，面向伙伴国政府官员、商协会和企业推出"丝路电商"云上大讲堂，在跨国实时互动中共同提升运用电子商务畅通国内国际贸易渠道的水平。截至2020年12月，"丝路电商"云上大讲堂已举办20余场，疫情期间视频课程观看量超过10万人次，内容涉及政策法规、实操技能和创新实践三个方面，受到伙伴国观众的欢迎和好评。

2020年10月至12月，由商务部电子商务和信息化司、卢旺达驻华大使馆、卢旺达发展局主办，电子商务中心承办的"丝路电商"能力建设云上大讲堂（卢旺达专场）系列讲座成功举办，在线直播20场、参训学员2 500余人次，旨在通过中国经验助力非洲电商发展。

本次系列讲座活动是中心贯彻落实中卢双边电子商务合作机制的一项重要举措，也是中心承办的、面向国外学员的首次在线直播活动。结合前期卢旺达企业提出的培训需求，本次活动邀请了复旦大学、南京工业大学、惠农网等中国电商专家、国内知名电商平台和跨境电商企业代表向卢旺达政府和企业分享中国电子商务的先进经验与模式。授课专家围绕数字化营销和推广方式、农村电商解决方案、IT安全解决方案、电子支付平台解决方案、跨境电商现状与趋势、政策法律与知识产权等电商领域的热点话题，从理论和实践两个方面进行了主题分享，为卢旺达产品进入中国市场提供了专业知识和对接平台，受到卢旺达企业的一致好评。卢旺达企业代表针对专家授课的内容，围绕中国消费者的喜好、速卖通平台的使用、农村电商建设、电商营销技术、小微企业品牌打造等方面踊跃提问，并希望新冠肺炎疫情结束后能邀请授课专家赴非洲为学员提供面对面的实操培训。

为保证在线直播活动的顺利开展，中心积极与商务部电子商务和信息化司、卢旺达驻华大使馆、卢旺达发展局、授课专家、参会学员等各方进行深入沟通，克服语言、时差、平台、场地等困难，利用自有场地搭建活动专用直播间，研究制定技术保障方案，确保在线直播的安全稳定；20场系列讲座均采用中英文双语的授课形式，并配备全英文课件和宣传材料，保证国外学员准确理解课程内容；为按时参训学员颁发本次活动专有的电子结业证书；针对卢旺达学员不熟悉国内直播平台的情况，在开课初期，通过zoom会议软件和国内直播平台相结合的方式提高学员参训的积极性，同时为学员们提供国内直播平台使用操作方法的详细在线指导，确保每位学员最终能够熟练使用相关软件参与培训。

　　此外，中心积极向"丝路电商"其他伙伴国、"一带一路"伙伴国等驻华机构进行宣传推介，并利用新媒体平台开展宣传推广，方便感兴趣的国内观众参与活动。由于活动反响良好，中心已陆续收到智利、哥伦比亚、巴西、乌拉圭等国大使馆的合作咨询。

一、单选题

1. 电子支付系统架构的结算层主要是指（   ）。

    A. 支付者　　　　　　　　　B. 商家

    C. 商业银行　　　　　　　　D. 清算中心

2. 按照央行的划分，以下不属于第三方支付类型的是（   ）。

    A. 互联网支付　　　　　　　B. 现金支付

    C. 商户收单　　　　　　　　D. 预付卡

3. （   ）支付也称为"近场支付"。

    A. 二维码　　　　　　　　　B. 面部识别

    C. NFC　　　　　　　　　　D. 无感

4. 以下不属于云计算技术对电子商务的推动作用的是（   ）。

    A. 实现高效快捷　　　　　　B. 提高安全性和可靠性

    C. 降低成本　　　　　　　　D. 优化流程

5. 以下不属于区块链在电子商务中应用的是（   ）。

    A. 精准营销　　　　　　　　B. 供应链物流协作

    C. 防伪溯源　　　　　　　　D. 会员体系上链

二、多选题

1. 我国电子支付主要经历了（   ）。

    A. 网银时代　　　　　　　　B. 信用卡支付时代

    C. 第三方支付崛起　　　　　D. 全面移动支付时代

2. 电子支付系统架构分为（   ）三个层次。

    A. 交易层　　　　　　　　　B. 结算层

    C. 复核层　　　　　　　　　D. 清算层

3. 第三方支付的主要特点是（   ）。

    A. 便利　　　　　　　　　　B. 安全

    C. 开放　　　　　　　　　　D. 共享

4. 电子商务物流服务模式主要有（   ）。

    A. 平台整合物流资源模式　　B. 平台自建物流体系模式

    C. 电商物流服务外包模式　　D. 即时配送物流服务模式

5. 区块链技术从以下（　　　　　）方面赋能电子商务。

   A. 去中心化　　　　　　　　B. 开放性　　　　　　　　C. 自治性

   D. 信息不可篡改　　　　　　E. 匿名性

三、判断题

1. 结算层主要包括支付者和商家，是交易的实际发生层面，会产生商品和资金的流动。（　　）

2. 我国第三方支付的监管以《非金融机构支付服务管理办法》为依据，以中国人民银行为主导，以行业自律管理、商业银行监督为辅。（　　）

3. 条形码技术是在计算机的应用中产生和发展起来的一种手动识别技术。（　　）

4. 地理信息系统是一种特定的十分重要的空间信息系统。（　　）

5. 电子商务代运营服务是企业提供的全托式电子商务服务的一种模式。（　　）

四、案例分析题

   随着中国电子商务的发展，许多与电子商务相关的行业都出现了爆发式增长，如电子商务代运营服务、电子商务营销服务、电子商务咨询服务及电子商务教育培训服务。据中国服务外包中心统计，2020年我国服务外包行业互联网营销推广服务的合同签约额和执行额分别为46.4亿美元和30.2亿美元，执行额年均增长率达31.6%；2020年电子商务咨询相关外包合同的执行额达9.3亿美元，同比增长9.6%，增长势头明显。

   请分析说明电子商务衍生服务在我国电子商务发展中扮演了怎样的角色，发挥了哪些作用？

实训主题：电商服务助力乡村振兴调研

实训背景：通过课程学习，对电子商务服务体系有了初步认知，通过本实训任务，
系统了解电子商务服务对于乡村振兴的推动作用，从而对电子商务服务
及其重要性有更加清晰的认识。

实训目标：1. 了解电子商务服务在我国乡村振兴中的重要举措。
2. 明晰电子商务服务对于我国乡村振兴的推动作用。

实训操作：1. 通过浏览新闻、政府网站，归纳整理电子商务服务在我国乡村的重
要举措。
2. 分析电子商务服务在乡村的重要举措对我国乡村振兴的推动作用。
3. 小组分享，展示分析结果，教师进行点评。

优化治理

电子商务信用体系

第 5 章

学习目标

知识目标

- 熟悉我国电子商务信用体系的各类政策法规
- 了解电子商务信用标准及公共信用服务的内容
- 掌握电子商务平台及电子商务经营者的行为规范，关注行业发展新业态和新要求

技能目标

- 能够辨别电子商务活动中出现的信用问题
- 能够分析电子商务信用问题产生的原因，并给出应对策略
- 能够严格遵守电子商务行业规范，自觉接受网络交易过程的监管

素养目标

- 培育和引导学生践行社会主义核心价值观，树立民族自信
- 引导学生增强法治意识，树立正确的道德观念
- 培养学生诚信自律、依法经营意识，营造良好的电子商务信用环境
- 培养学生的创新意识，提高创新能力，应对行业新要求

思维导图

```
                                  ┌─ 电子商务信用的内涵
                   电子商务信用      ├─ 电子商务信用体系
                   体系概述         └─ 我国电子商务信用体系建设

        优
        化
        治
        理    政府层面电子商务       ┌─ 健全电子商务信用政策法规
        ：    信用体系建设         ├─ 健全电子商务信用标准体系
        电                       └─ 建设电子商务信用服务体系
        子
        商
        务
        信    电子商务行业         ┌─ 电子商务平台企业发挥作用
        用    诚信自律           ├─ 电子商务经营者加强自律
        体                       └─ 电子商务行业组织推进诚信建设
        系
```

学习计划

✤ **知识学习计划**

✤ **技能训练计划**

✤ **素养提升计划**

顺联动力商城诚信践行引领电商行业规范

近年来,"社交"和"电商"的融合形成了新的营销模式,我国社交电商水平不断提高,但无序竞争和虚假营销引发了严重的消费者信任危机。顺联动力商城自2015年创建运营初期,就不断夯实合规思维,通过诚信践行,目前已汇集了2 000个知名品牌、5 000多家合作厂商、80万款在线商品、1 000万个SKU,并拥有1 000万名创客和9 000万个用户,成为社交电商行业的翘楚。

提高门槛,保证平台货真价实。顺联动力商城对商家审核入驻与产品上架等方面进行严格把控,对于产品质量、虚假宣传或价格虚高等问题一经发现核实,就及时做出产品下架处理,并对商家做出严格处罚,必须整改达标后才能重新上架销售,严控"劣迹"商家。

推进督察工作,用行动保障消费者权益。为杜绝虚假广告、违规产品对消费者造成的不良影响,公司设立督察中心质检部,并提出了"天天3·15,用诚信+品质决定一切"的口号。每天随机抽取多款商城产品进行在线同期比价,让消费者少花钱;不定期模拟用户下单,进行产品品质进行抽检,让消费者花对钱;每天随机拨打商家客服电话,了解商家服务情况,让消费者乐花钱。

发布诚信倡议书,用诚信引领行业规范。为促进社交电商行业健康和谐发展,顺联动力商城积极推动社交电商诚信体系建设,联合同行发布《移动社交电商领域诚信倡议书》,共同用诚信维护公平有序的电子商务市场环境,引领行业规范发展。2018年以来,其参与制定的《平台线上交易管理规范》《入驻商家管理规范》《商品评价规范》《售后服务管理规范》等部分标准化制度已经得到落实应用。

电商平台企业只有不断创新,坚持规范健康发展,遵守商业道德,以标准化建设严格要求自己,才能为消费者营造良好的消费环境,提高企业效益。

案例启示:

现代社会是诚信社会,市场经济是信用经济。所谓"人无信不立,国无信不强",信用的重要性日益凸显。近年来,我国电子商务信用的整体水平不断提升,平台企业、电子商务经营者的自律意识越来越强,为我国电子商务的发展营造了良好的环境。

5.1 电子商务信用体系概述

信用，即诚信，既是中华民族的传统美德，也是人类在漫长的交往实践中总结出来的为人处事基本准则。与传统商务相比，电子商务的信息沟通方式是无须见面和难以感知的，这在客观上加大了交易各方的风险，特别是信用风险。我国电子商务信用体系建设远落后于电子商务的发展，电子商务信用体系建设不仅可以为电子商务网站的经济行为提出需要遵循的信用原则，而且能为电子商务交易的各方参与者建立一个公平、公正的平台，确保电子商务交易的安全可靠。

5.1.1 电子商务信用的内涵

1. 信用的含义

广义的信用，通常表现为一个伦理学概念，主要是指参与社会和经济活动的当事人之间建立起来的以诚实守信为道德基础的践约行为，即人们通常所说的"讲信用""守信誉""一诺千金"，它是一种普遍的处理人际关系的道德准则。狭义的信用，则主要是一个经济学和法律学的概念。现代市场经济条件下的信用，更多的是指狭义的信用，它表现的是在商品交换或其他经济活动中，交易双方所实行的以契约（合同）为基础的资金借贷、承诺和履约行为。

微课：
诚信让"老字号"百年"不老"

⚜ 文化视角

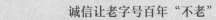

诚信让老字号百年"不老"

"祸莫大于无信"。诚信自古就是中华民族的传统美德，也是企业的经营之道和立命之本。大商精诚，在诚信建设中，不能够忽视"老字号"传递出来的对诚信价值坚守的精神。

在悠久的历史中沉淀的丰富独特的文化，是胡庆余堂百年老店经久不衰的法宝，这其中要数"戒欺"文化最深入人心。

胡庆余堂许多匾额都是朝外挂的，唯独"戒欺"匾额挂在营业厅后（见图5-1），面

图5-1 胡庆余堂"戒欺"匾额

对经理、账房门前，是挂给企业员工看的。它告诫员工："凡百贸易均着不得欺字，药业关系性命，尤为万不可弃。"

从"戒欺"可以看到医者的道德自觉，它秉承了传统文化中最基本的道德，这种道德首先表现在对个体生命的尊重上，这也是胡庆余堂以"江南药王"饮誉130年的立业之本。

2. 电子商务信用的概念

电子商务信用通常指在电子商务活动中，交易主体的一方取得另一方对其履约能力的信任，或指双方互守承诺。由于电子商务交易具有信息不对称、匿名交易、转移成本低等特点，信用成为影响消费者购买行为的关键因素。

电子商务信用既是电子商务市场发展的必要条件，也是各交易主体开展电子商务交易行为的重要需求。电子商务信用受多种因素影响，是交易者信用理念（伦理、文化和道德）、信用意向和信用能力的体现。交易者只有具备较高的信用道德水平及信用能力，才能有效遵守交易约定。

3. 电子商务信用模式

电子商务的快速发展与其各类信用模式发挥的作用是分不开的。电子商务信用模式主要是指电子商务企业通过制定和实施确定的交易规则，为电子商务交易的当事人建立一个公平、公正的平台，以确保电子商务交易的安全可靠，其基础性设施是资格认证和信用认证。目前，我国电子商务主要采取四种较为典型的信用模式，即中介人模式、担保人模式、网站经营模式和委托授权经营模式。

（1）中介人模式。中介人模式是将电子商务网站作为交易中介人，达成交易协议后，购货的一方将货款、销售的一方将货物分别交给电子商务网站设在各地的办事机构，电子商务网站的办事机构核对无误后再将货款及货物交给对方。这种信用模式试图通过电子商务网站的管理机构控制交易的全过程，虽然能在一定程度上减少商业欺诈等商业信用风险，但需要电子商务网站有充足的资金去设立众多的办事机构，这种模式还存在交易速度慢和交易成本高的问题，难以普及。

（2）担保人模式。担保人模式是以网站或网站的经营企业为交易各方提供担保为特征，试图通过这种担保来解决信用风险问题的信用模式。这种将网站或网站的主办单位作为一个担保机构的信用模式的最大好处是使通过网络交易的双方降低了信用风险，但加大了网站和网站经营商的责任。而且担保过程中，有一个核实谈判的过程，相当于无形中增加了交易成本。因此，在实践中，这一信用模式一般只适用于具有特定组织性的行业。

（3）网站经营模式。网站经营模式是通过建立网上商店的方式进行交易活动，在取得商品的交易权后，让购买方将货款支付到网站指定的账户上，网站收到货款后才给购买者发送货物。这种信用模式是单边的，是以网站的信誉为基础的，它需要交易的一方（购买者）绝对信任交易的另一方（网站）。这种信用模式主要适用于从事零售业的网站。但这种单边的信用模式，因为买方一般对销售方的信用情况了解较少，所以商业欺诈行为时有发生，对B2C电子商务的发展有一定影响。

（4）委托授权经营模式。委托授权经营模式是网站通过建立交易规则，要求参与交易的当事人按预设条件在协议银行中建立交易公共账户，网络计算机按预设的程序对交易资金进行管理，以确保交易在安全的状况下进行。在这种信用模式中，电子商务网站并不直接进入交易的过程，交易双方的信用保证是以银行的公平监督为基础的。但要实现这种模式，必须得到银行的参与，而要建立全国性的银行委托机制则不是所有的企业都能够做到的。

我国电子商务目前所采用的这四种信用模式，是电子商务企业为解决商业信用问题所进行的积极探索，但各自存在的不足也是显而易见的。特别是这些信用模式所依据的规则基本上都是企业性规范，缺乏必要的稳定性和权威性。要克服这些问题，政府部门必须加强对发展电子商务的宏观规划，只有银行、工商、公安、税务等部门联动协作，才能使交易双方在政府信用作为背景的基础上建立起对电子商务的信心。

◆ 协作探究

电子商务信用模式分析

通过上述学习，请大家分组讨论我国电子商务目前采用了哪些信用模式，它们的优缺点各是什么，如何克服这些问题？请完成表5-1的填写。

表5-1　电子商务信用模式分析

电子商务信用模式	优点	缺点	优化措施

5.1.2 电子商务信用体系

1. 电子商务信用体系的内涵

电子商务信用体系是指基于电子商务交易平台，由政府、行业、企业、消费者及传媒各方通力合作，以道德为支撑，以法律为保障，采用科学的组织管理和先进的技术手段建立的一个促使电子商务活动顺利进行的庞大而复杂的系统。电子商务信用体系是伴随着电子商务市场的快速发展而逐渐从传统信用体系中演化出来的新体系，它不仅具有传统社会信用体系的基本模式和原则，而且具有自身的特点，具体表现在信息化和全球化两个方面。

（1）信息化。电子商务交易主体必须通过网络实现信息的交换与传输，电子商务信用信息都是以电子数据为媒介，信用信息的采集、查询、使用及认证需要融合数字技术、网络技术及软件技术等信息技术，因此需要电子商务信用服务机构在网络系统中搭建平台，以保障电子商务信用服务的安全性和稳定性。

（2）全球化。互联网本身的开放性决定了电子商务的全球化特点，这也使得电子商务信用体系打破了地域限制，拥有全球化特点。电子商务信用体系需要向所有符合条件的交易方提供信用服务，信用机构在管理模式和业务内容方面也应该尽量保持全国统一，并尽量与国际信用行业的服务内容及规范接轨，更好地推动信用体系为全球化的电子商务市场服务。

2. 电子商务信用体系框架

建立和完善电子商务信用体系的目标有两个：保护消费者权益和规范电子商务市场。由于网络的虚拟性，如果没有完善的信用体系保障，消费者的利益就难以保护。从电子商务的发展情况来看，产品质量、价格欺骗等事件使众多消费者蒙受损失，也打击了消费者的网上购物信心。只有建立完善的信用体系，形成守信受益、失信惩戒的信用机制，才能够使电子商务市场得到健康发展。

电子商务信用体系建设是一个巨大的工程，不是几个政府部门或者一批市场监督机构就能够独立完成的。只有政府部门牵头制定和完善相应的法律法规和标准，市场监督机构按照规范进行评价操作，商家诚信自律经营，形成良好的信用氛围，才能够不断规范电子商务市场秩序，有效促进我国的产业升级和经济结构转型。我国电子商务信用体系框架如图5-2所示，在法律法规体系和信用标准体系的约束下，政府违法监管体系、市场信用服务体系、电子商务法律法规体系和电子商务信用标准体系共同推动电商诚信自律体系的形成。

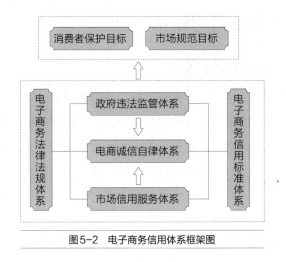

图5-2　电子商务信用体系框架图

（1）政府违法监管体系。电子商务是我国社会主义市场经济的一部分，政府部门有依法对电子商务市场中发生的违法违规案件进行打击的权力和义务，也有责任依法对消费者权益予以保护。此外，政府还有义务对从事电子商务信用服务的市场机构进行监管，防止第三方机构与网站经营者之间的合谋行为。

（2）市场信用服务体系。市场信用服务体系的建立，主要是指通过完善的第三方机构信用服务有效评估电商网站或买家购物存在的总体风险水平，能对通过信用评价的商家起到监督和督促作用，对电子商务市场的规范和健康发展起到重要的推动作用。

（3）电商诚信自律体系。随着电子商务的高速发展，第三方电子商务平台不断完善平台交易规则和对入驻平台商家的信用管理措施，并已初步建立了一套行之有效的信用制度。第三方平台的交易规则制定和信用管理制度的建立，以及自营类电子商务网站从诚信经营理念的确立到交易规则的落实，都是电子商务经营者诚信自律的体现。

（4）电子商务法律法规体系。在法制社会，政府的市场监管行为离不开健全的法律法规体系。在网络经济时代，传统的法律法规对电子商务市场依然适用，但需要结合电子商务的具体应用重新进行诠释，同时要根据网络经济的特点制定适合的电子商务法律，建立完善的电子商务法律法规体系。

（5）电子商务信用标准体系。电子商务信用标准体系是对电子商务法律法规体系的有效补充，同时也是第三方信用服务机构提供规范服务的依据，更是对众多电子商务经营者（特别是大量中小B2C购物网站）诚信经营的规范指导。

中国方案

加强顶层设计，完善社会信用体系建设

社会信用体系是一个国家社会制度建设的重要组成部分，是国家治理体系现代化的重要标志。"十四五"时期，我国社会信用体系建设正迈向高质量发展的新阶段，要积极推进国家信用战略，统筹协调社会信用体系建设总体布局和战略安排，打造立体化、全方位信用体系建设的大格局，以实现我国"十四五"时期社会信用体系建设的高质量发展目标。

我国社会信用体系建设主要包含"七个体系、一个机制"建设，这七个体系与一个机制相互作用和相互促进，其关系链如图5-3所示。

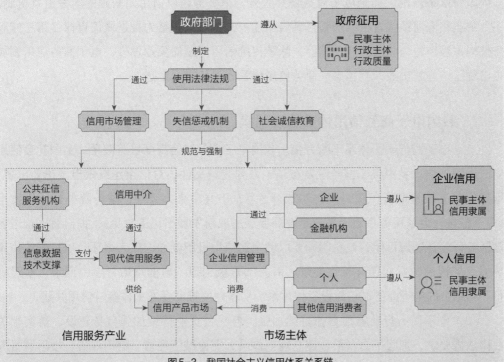

图5-3 我国社会主义信用体系关系链

政府部门通过制定法律法规，完善信用市场管理职能，促进失信惩戒机制建立，并加强社会诚信教育，以此规范与推动信用服务产业合理发展，以及企业与金融机构等的信用机制的有效建立，最终形成包含政府信用、企业信用与个人信用在内的全方位社会信用体系。

5.1 电子商务信用体系概述

通过深入开展信用建设的理念创新、价值创新、实践创新，实现信用精神价值体系、信用伦理道德体系、信用治理体系、信用信息化体系、信用安全体系的共同建设和协同发力，从而构建科学高效、稳定持久的社会信用体系。

5.1.3　我国电子商务信用体系建设

近年来，我国电子商务信用建设取得许多新进展，为电子商务持续健康发展提供了有力支撑。随着《中华人民共和国电子商务法》的实施，国务院及相关部委、地方政府陆续出台政策规范，加强电子商务公共服务，积极构建以信用为基础的新型监管机制。平台企业和电商经营者持续加强自身信用建设，行业组织努力推进诚信自律，第三方服务机构积极作为，成效显著。然而，除了传统信用问题需要治理外，电子商务信用领域也出现了一些新挑战，我国电子商务信用体系建设任重而道远。

1. 我国电子商务信用体系建设现状

（1）电子商务诚信体系不断完善。我国电子商务诚信制度日益健全，全国社会信用立法进程加快，党中央、国务院发布了一系列政策文件，对信用建设做出了重要部署，地方信用立法也取得积极进展。2022年3月，中共中央办公厅、国务院办公厅印发了《关于推进社会信用体系建设高质量发展促进形成新发展格局的意见》，提出有序推进各地区各行业各领域信用建设；明确要以健全的信用机制畅通国内大循环，以良好的信用环境支撑国内国际双循环相互促进。商务部积极构建"事前承诺、事中记录、事后评价"相结合的电子商务诚信建设工作体系，从多角度推动多方主体参与信用共建。

（2）电子商务行业诚信自律持续加强。各平台企业持续加强自身建设，落实相关法律法规要求，加强平台自治，建立规则体系，完善诚信经营、信用评价、投诉监督等方面的管理制度，通过信用评价体系、违规处罚体系、技术数据应用等方式实现对平台的有效调控和管理；电子商务经营者加强内部诚信自律，秉承诚信经营的原则，制定了诚信管理制度，在品控、供应链、仓储物流等方面层层把关，为消费者提供放心的商品，树立良好的企业形象；社会组织积极推动行业自律，建立平台经济领域信用建设合作机制，着力打击平台经济领域中的炒信失信行为，在网络生态治理中发挥重要作用。

（3）信用服务行业创新发展。信用服务行业机构利用自身的专业优势大胆创新，踊跃参与电子商务诚信体系建设，起到了良好的促进作用。信用服务机构为企业提供多元服务，在商务合作、市场交易、金融信贷、政府采购、招标投标、行政审批、市场准入、资质审核、风险防范等方面提供信用记录和信用报告，帮助企业防范信用风险，科学管理信用资产，优化提升品牌信用形象。新技术如区块链技术、大数据技术等广泛应用于电子商务领域信用服务，助力电商信用服务发展。

🔲 企业创新

芝麻信用推出全国首个中小企业数字化立信平台

2021年12月，芝麻信用正式推出全国首个中小企业数字化立信平台，超过400万家中小企业成为平台的首批入驻者。据悉，小企业主们不仅可以在平台上一站式查看企业在工商、司法等方面的公开信息，还可以进一步完成对自身的信息管理和信用管理。中小企业主只需要打开支付宝App，进入芝麻信用，就可以入驻平台，认领自己的企业，并通过授权芝麻信用的方式，快速归集企业散落在各政府部门的信息。

目前，芝麻信用的数字化立信平台已经与税务、社保、公积金等多个数据服务方达成合作，在获得企业授权的情况下可以快速归集企业信息。同时，"AI信用小助手"24小时对2 000多个公开信用信息源不间断扫描分析，自动将新信息归纳整理到企业主的信用账户上，方便其查看。在司法服务上，中国司法大数据研究院与芝麻信用达成战略合作，其将通过立信平台，打造国内首个"司法服务专区"，解决过去企业查询公开案件信息时所遇到的来源不稳定、内容缺失、信息滞后等问题。

除了为中小企业归集信息，芝麻信用推出的立信平台还支持企业主自己增补和修正信息，主动上传产品、厂房设备、荣誉资质等信息，体现企业的实力和信用状况。目前，入驻立信平台，认领企业的企业主已经超过400万家，其中，超过30万个企业主开始主动增补信息，管理自己的信用账户。

（4）电子商务诚信环境显著改善。目前，我国电子商务信用体系建设取得了明显成效，电商经营者的诚信水平稳步提高，网络购物环境持续改善，消费者满意度不断提升。商品好评度高、网购投诉率下降。2020年4月28日至5月10日，在商务部会同有关部门开展的第二届"双品网购节"促销活动期间，商品好评率达98%以上。中国消费者协会发布的《2020年全国消协组织受理投诉情况分析》中指出，2020年远程购物在居前十位的服务投诉中占比为11.6%，共有33 597件（见图5-4），较2019年大幅下降，反映了网络购物消费环境的持续优化。

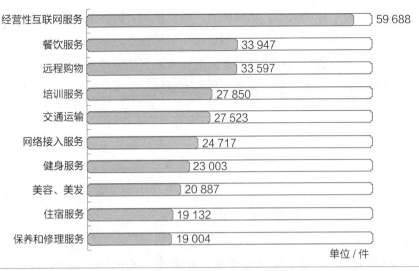

经营性互联网服务	59 688
餐饮服务	33 947
远程购物	33 597
培训服务	27 850
交通运输	27 523
网络接入服务	24 717
健身服务	23 003
美容、美发	20 887
住宿服务	19 132
保养和修理服务	19 004

单位/件

图5-4　2020年服务细分领域投诉前十位

2. 我国电子商务信用体系建设挑战

（1）刷单炒信虚假宣传等问题依旧存在。我国最高人民法院2020年11月发布的《网络购物合同纠纷案件特点和趋势（2017.1—2020.6）司法大数据专题报告》显示，在网络纠纷案件中，超过两成涉卖家虚假宣传或欺诈，排在各类问题中的第二位，如表5-2所示。同时，刷单炒信目前在我国已经形成灰色产业链，某些网店通过刷单、虚假评论相配合的方式，制造产品受欢迎、销售旺盛等虚假现象，诱导不知情的用户下单。

表5-2　网络购物合同纠纷类型

网络购物合同纠纷类型	占比
食品安全问题	30.78%
虚假宣传或其他欺诈行为	22.56%
商品缺少必要的标签标注	21.65%
假冒伪劣等产品质量问题	9.15%
其他	15.86%

（2）直播带货问题多发。直播带货问题频现，涉及产品质量、刷单及数据造假、虚假宣传等。据中消协发布的《2021年全国消协组织受理诉讼情况分析》披露，在直播带货中消费者投诉的主要问题有：一是商品货不对板，以假充真，以次充好；二是虚

假宣传；三是售后服务难保障；四是最优价格有水分；五是部分玉石黄金类等贵重物品价格低、质量更低；六是一些主播使用低俗语言；七是部分直播营销平台怠于管理，甚至放任直播间运营者、直播营销人员的侵权。

🔺 协作探究

消费者在直播带货乱象整治中的作用

目前，直播带货已成为网络经济的主要形式，深受消费者，尤其是年轻人的青睐。依托互联网电商平台和网红传播力，这一新经济模式让许多平台、商家迅速尝到了流量红利带来的甜头，消费者也为网购到了心仪的商品而心满意足。然而，近年来网红直播带货频频翻车，夸大其词、虚假宣传、数据造假、售后服务差等问题屡见不鲜，食品、美容、保健等行业堪称"重灾区"，坑害了消费者，污染了电商环境，引发了行业乱象。

请以小组为单位，探讨在整治直播带货乱象中，消费者应如何发挥作用，助力直播电商行业规范发展。

（3）售后服务补偿难。随着家电等高价值耐用消费品进入电商领域，售后服务不完善成为新问题。当前，各地存在品牌家电特约售后服务中心高价推不必要的配件、维修时小病大修、虚假维修等行业乱象。在我国家电行业，企业大多非常重视产品质量，但是对售后维修服务还缺乏同样的质量管理意识。不少企业出于成本考虑，将维修服务外包给第三方，但对其缺乏强制约束。

（4）消费者个人信息存在泄露风险。近年来，网购消费者个人信息泄露成为网络安全领域的重要隐患。一是第三方交易平台泄露。由于平台掌握了买家和卖家与交易有关的详细信息，一旦平台刻意或者无意间泄露信息，买卖双方信息权益都会受到伤害。二是卖方泄露。卖方以低价发布各类虚假商品信息吸引消费者购买，又以各种理由关闭交易，轻松套取消费者的个人信息，并以一定价格出售给他人谋取利益。三是物流公司泄露。物流公司拥有详细的消费者收货信息，一些管理不规范的公司，通过出售快递单赚取外快。四是技术窃密。黑客利用网络硬件、软件的漏洞窃取消费者个人信息。

5.2 政府层面电子商务信用体系建设

微课：
政策引领电
子商务信用
体系

近年来，我国电子商务信用建设取得许多新进展，为电子商务持续健康发展提供了有力支撑。随着《中华人民共和国电子商务法》的实施，国务院及相关部委、地方政府陆续出台一系列政策规范，加强电子商务公共服务，开展专项行动，构建以信用为基础的新型监管机制。我国政府部门的一系列举措，对于我国电子商务信用体系的建设有着非常重要的意义。

5.2.1 健全电子商务信用政策法规

1. 法制化程度取得重大进展

2018年8月31日，第十三届全国人民代表大会常务委员会第五次会议通过了《中华人民共和国电子商务法》（以下简称《电子商务法》），我国电子商务从此步入有法可依、有法必依的新阶段。针对备受各方关注的信用评价，电子商务法举起法律之盾，既强化规范又明确保障，成为立法的一大亮点，该法第三条明确提出："国家鼓励发展电子商务新业态，创新商业模式，促进电子商务技术研发和推广应用，推进电子商务诚信体系建设，营造有利于电子商务创新发展的市场环境，充分发挥电子商务在推动高质量发展，满足人民日益增长的美好生活需要，构建开放型经济方面的重要作用。"《电子商务法》合计7章89条，有关诚信建设的有13条，约占15%的比例。主要内容如表5-3所示。

表5-3 《电子商务法》诚信建设的主要内容

对象	条款	内容
电子商务经营者	第五条	电子商务经营者从事经营活动，应当遵循自愿、平等、公平、诚信的原则，遵守法律和商业道德，公平参与市场竞争，履行消费者权益保护、环境保护、知识产权保护、网络安全与个人信息保护等方面的义务，承担产品和服务质量责任，接受政府和社会的监督
	第十七条	电子商务经营者应当全面、真实、准确、及时地披露商品或者服务信息，保障消费者的知情权和选择权。电子商务经营者不得以虚构交易、编造用户评价等方式进行虚假或者引人误解的商业宣传，欺骗、误导消费者

对象	条款	内容
电子商务 经营者	第三十二条	电子商务平台经营者应当遵循公开、公平、公正的原则，制定平台服务协议和交易规则，明确进入和退出平台、商品和服务质量保障、消费者权益保护、个人信息保护等方面的权利和义务
	第三十九条	电子商务平台经营者应当建立健全信用评价制度，公示信用评价规则，为消费者提供对平台内销售的商品或者提供的服务进行评价的途径。电子商务平台经营者不得删除消费者对其平台内销售的商品或者提供的服务的评价
	第四十条	电子商务平台经营者应当根据商品或者服务的价格、销量、信用等以多种方式向消费者显示商品或者服务的搜索结果；对于竞价排名的商品或者服务，应当显著标明"广告"
电子商务 行业	第八条	电子商务行业组织按照本组织章程开展行业自律，建立健全行业规范，推动行业诚信建设，监督、引导本行业经营者公平参与市场竞争
电子商务 主管部门	第二十五条	有关主管部门依照法律、行政法规的规定要求电子商务经营者提供有关电子商务数据信息的，电子商务经营者应当提供。有关主管部门应当采取必要措施保护电子商务经营者提供的数据信息的安全，并对其中的个人信息、隐私和商业秘密严格保密，不得泄露、出售或者非法向他人提供
	第八十七条	依法负有电子商务监督管理职责的部门的工作人员，玩忽职守、滥用职权、徇私舞弊，或者泄露、出售或者非法向他人提供在履行职责中所知悉的个人信息、隐私和商业秘密的，依法追究法律责任

《电子商务法》坚持促进发展与规范经营并重，对电子商务经营者特别是平台经营者在产品质量安全、知识产权、消费者权益和个人信息保护等方面的义务与责任予以明确，严惩各种损害消费者权益的违法行为，也进一步明确了政府和有关部门的监管责任，对电子商务的健康可持续发展起到重大促进作用。

❖ 法治护航

国家市场监督管理总局拟修改电子商务法

2021年8月，国家市场监督管理总局发布公告，针对《关于修改〈中华人民共和国电子商务法〉的决定（征求意见稿）》向社会公开征求意见。国家市场监督管理总局表示，为加强知识产权保护，规范平台经济秩序，促进电子商务持续健康发展，拟对《中华人民共和国电子商务法》第四十三条、第八十四条做出修改。

此次修改主要体现在四个方面：一是延长反通知后等待期。将"电子商务平台经营者在转送声明到达知识产权权利人后十五日内，未收到权利人已经投诉或者起诉通知的，应当及时终止所采取的措施"修改为"电子商务平台经营者在转送声明到达知识产权权利人后二十个工作日内，未收到权利人已经投诉或者起诉通知的，应当及时终止所采取的措施。"

二是为了缓和反通知等待期过长带来的可能的交易损失问题，增加一款规定：平台内经营者提出担保，用于赔偿潜在的知识产权侵权所造成的损失的，则电子商务平台经营者可以暂时中止所采取的措施。

三是增加一款规定：平台内经营者提交虚假的不存在侵权行为的声明、导致权利人损失扩大的，加倍承担赔偿责任。

四是在第八十四条电子商务平台经营者对平台内经营者实施侵犯知识产权行为未依法采取必要措施的法律责任中增加"情节特别严重的，有关部门可以限制其开展相关网络经营活动，直至吊销网络经营相关许可证"。

2. 政策环境不断优化

没有规矩，不成方圆。任何一个行业的新领域、新模式，要实现长远发展，合规是前提。国家高度重视电子商务诚信建设问题，不断探索创新，通过一系列适应电子商务迅猛发展的政策和法规，逐步规范了电子商务交易各环节的具体操作和监管工作。着力营造和引导一个公平、公开、诚信的网上购物环境，电子商务经营环境不断改善，电子商务领域信用体系建设取得了明显的进展。我国信用体系建设的相关政策如表5-4所示。

表5-4 我国信用体系建设的相关政策

时间	主要政策	简介
2014年	国务院印发《社会信用体系建设规划纲要（2014—2020年）》	部署了四大重点领域的信用建设工作，在商务诚信领域专门列出了电子商务领域
2015年	国务院印发《国务院关于大力发展电子商务加快培育经济新动力的意见》	从法规标准体系、信用信息管理制度、信用评价等方面对电子商务领域的信用问题做了全面系统的布局
2016年	国家发展改革委等九部委发布《关于全面加强电子商务领域诚信建设的指导意见》	明确要求加强电子商务诚信建设，从信用体系建设各个环节入手，着力构建全链条的电子商务信用体系

时间	主要政策	简介
2018年	国家发展改革委、市场监管总局等部门相继发布《关于加强对电子商务领域失信问题专项治理的工作通知》《市场监管总局等部门关于印发2018网络市场监管专项行动（网剑行动）方案的通知》	要求相关部委加强合作，围绕信用联合惩戒、消费者权益保护、规范诚信经营、推动信用信息应用等方面，加大惩戒力度、加强治理整顿，为电子商务健康发展进一步营造了良好的政策环境
2019年	国务院审议通过首个国家级优化营商环境行政法规《优化营商环境条例》	明确指出对各类市场主体一视同仁，对新兴产业包容审慎监管，为社交电商健康发展提供了政策保障
2020年	海关总署发布《关于开展跨境电子商务企业对企业出口监管试点的公告》	充分发挥跨境电商稳外贸保就业等积极作用，进一步促进跨境电商健康快速发展
2021年	国家互联网信息办公室等七部门联合发布《关于加强网络直播规范管理工作的指导意见》	进一步加强网络直播行业的正面引导和规范管理，重点规范网络打赏行为，推进主播账号分类分级管理，提升直播平台文化品位，促进网络直播行业高质量发展
2022年	国家市场监管总局印发《关于推进企业信用风险分类管理进一步提升监管效能的意见》	在市场监管系统全面推进企业信用风险分类管理，进一步优化监管资源配置，提升监管效能，推动构建信用导向的营商环境

5.2.2 健全电子商务信用标准体系

1. 构建企业信用等级划分体系

为规范电子商务交易平台的经营活动，保护企业和消费者合法权益，营造公平、诚信的交易环境，国家市场监督管理总局与中国国家标准化管理委员会联合相关部门发布了《电子商务第三方平台企业信用评价规范》（GB/T 36312—2018）的标准文件。从基本情况、平台运营、财务状况、公共信用、发展潜力和其他信用六个维度来构建评价指标体系。按照信用程度，将第三方平台企业信用等级从高到低分为A、B、C、D四等，A、B、C三等可进一步细分为三级，如A等级从高到低可细分为AAA级、AA级、A级，如表5-5所示。

表5-5 信用等级划分

信用等级		信用状况	含义
A	AAA	信用很好	信用程度很高、履约能力很强。评级对象具有优秀的信用记录，经营状况佳，盈利能力强，发展前景广阔，不确定因素对经营和发展的影响小

信用等级		信用状况	含义
A	AA	信用优良	信用程度较高、履约能力良好。评级对象具有优良的信用记录，经营状况较佳，盈利能力较强，发展前景广阔，不确定因素对经营和发展的影响小
	A	信用好	信用程度好、履约能力强。评级对象具有好的信用记录，经营处于良性循环阶段，但是可能存在一些影响未来经营与发展的不确定因素，进而影响其盈利能力和偿债能力
B	BBB	信用较好	信用程度较好、有一定履约能力。评级对象具有较好的信用记录，但其盈利能力和偿债能力对经营环境和其他内外部条件变化较为敏感，容易受到冲击，造成波动
	BB	信用一般	信用程度一般、履约能力不稳定。评级对象信用记录正常，但其经营状况、盈利能力及未来的发展易受不确定性因素影响，偿债能力有波动
	B	信用欠佳	信用程度欠佳、履约能力欠佳。评级对象有较多不良信用记录，未来发展前景不明朗，含有较多投机因素
C	CCC	信用较差	信用程度较差，履约能力较差，违约可能性较大
	CC	信用差	信用程度差，履约能力差，违约可能性大
	C	信用很差	信用程度很差，违约可能性很大
D	D	没有信用	无信用，企业濒临或已处于破产状态

2. 出台系列电子商务信用国家标准

诚信体系的核心就是规范化，电子商务信用体系其实就是由一套规范的制度构成的体系。随着各类政策、法规及法律文件的出台，政府从多个层面为加强电子商务信用体系建设指明了方向、明确了要求，为落实以上政策，有效支撑法规条款的落地实施。近年来，国家标准化委员会、商务部等部门制定了系列电子商务信用国家标准，逐步完善电子商务信用标准体系，相关标准如表5-6所示。

表5-6 我国主要的电子商务信用国家标准

实施时间	信用标准	简介
2017年	《电子商务信用—B2B第三方交易平台信用规范》（GB/T 33717—2017）	规定了电子商务B2B第三方交易平台的资质要求、卖方管理要求、商品审核要求、信息安全与保密要求等，适用于电子商务B2B第三方交易平台的信用管理及信用建设

实施时间	信用标准	简介
2018年	《电子商务信用—B2B网络交易卖方信用评价指标》（GB/T 34058—2017）	规定了选取B2B网络交易卖方信用评价指标的基本原则、信用评价要素和信用评价指标，适用于在电子商务中对B2B网络交易卖方的信用状况进行评价
	《电子商务商品口碑指数评测规范》（GB/T 34051—2017）	旨在实现在整个电子商务交易环境中产品口碑指数测评的规范化和一致性，从而提高品牌认知度、改善产品和服务质量，并引导消费者做出正确的购物决策，保护消费者的利益
	《电子商务信用第三方网络零售平台信用管理体系要求》（GB/T 36304—2018）	从管理角度指导第三方网络零售平台建立和完善自身信用管理体系，形成对入驻商家的诚信激励和失信制约机制
	《电子商务第三方平台企业信用评价规范》（GB/T 36312—2018）	两项标准的实施有利于指导电子商务企业信用评价活动，有助于平台企业跟踪了解及改进信用状况，也为电子商务企业信用信息档案建立和信息管理提供了很好的参考
	《电子商务企业信用档案信息规范》（GB/T 36314—2018）	
2020年	《电子商务数据资产评价指标体系》（GB/T 37550—2019）	适用于电子商务交易过程中，对数据资产价值进行量化计算、评估评价，也可以作为在线数据交易过程中数据资产商品化、证券化的评价依据
2021年	《电子商务企业诚信档案评价规范》（SB/T 11227—2021）	该标准对指导电子商务企业、信用服务机构、行业协会及相关社会组织等依照统一的标准，建立、评价并不断完善电子商务企业诚信档案，为推动多方共建电子商务诚信体系，促进信用信息共享应用提供技术支撑

我国政府通过宏观调控，构建起了电子商务信用框架，有关部门相互配合，结合电子商务失信问题，有针对性地制定并实施了一系列信用标准，逐步健全和完善法规标准体系和网络交易信用评价体系，加强了电子商务信用信息管理制度，提高了电子商务平台的信用管理水平，为电子商务领域中的信用管理、信用评价提供了操作依据和技术支撑，形成了较为完善的信用市场监管环境，规范了市场经济的运行，保障了电子商务企业和消费者的利益，有效推进了电子商务全流程信用体系建设。

❖ **法治护航**

商务部发布《电子商务企业诚信档案评价规范》行业标准

《电子商务企业诚信档案评价规范》（SB/T 11227—2021）行业标准日前经商务部公告，于2021年5月1日正式实施。

近年来，随着我国电子商务快速发展，新业态新模式持续涌现，市场主体规模不断扩大，类型日趋复杂。同时，信用信息分散，市场主体间信息不对称，引起交易成本增加，制约了行业高质量发展。

商务部电子商务和信息化司针对这一问题，以企业诚信档案为切入点，组织相关单位在广泛征求采纳各方意见的基础上，起草了《电子商务企业诚信档案评价规范》行业标准。该标准提出了电子商务企业诚信档案的信息来源和内容、评价指标、评价方法等，指导电子商务企业、信用服务机构、行业协会及相关社会组织等依照统一的标准，建立、评价并不断完善电子商务企业诚信档案，为推动多方共建电子商务诚信体系，促进信用信息共享应用提供技术支撑。其主要内容包括：界定适用对象、明确如何建立诚信档案、明确如何评价诚信档案、提供操作指南。

5.2.3 建设电子商务信用服务体系

电子商务信用服务体系是电子商务信用体系的实体机构支持。电子商务信用服务业承担着信用信息采集、加工、处理、传播的功能，在防范信用风险、促进信用交易方面发挥着重要作用。从狭义上说，电子商务信用服务行业包括征信行业、资信评级业、信用担保业、保理业、商账追收业、信用保险业等。从广义上看，电子商务信用服务行业还包括为信用交易提供信贷和各种支付凭证、信用证等的金融中介机构。我国的电子商务信用服务体系建设主要包括以下三个方面：

1. 大力发展第三方信用认证和评价服务

结合电子商务活动的实际需求，国家鼓励相关企业开展电子商务信用中介服务，并对进入退出机制的办法加以规范，大力发展第三方网上信用认证和评价服务，充分发挥政府的调节作用，对有资质的电子商务信用中介机构进行重点培育，从而起到带头示范作用，保障电子商务信用服务机构的发展。

微信支付分大有用途

微信支付分是基于微信支付大数据，对个人的消费、守约等行为的综合计算分值。基于微信内的社交关系链，好友之间的微信支付分值将会互相影响。如何查看微信支付分呢？

请大家查阅自己的微信支付分，并以小组为单位进行研讨，了解微信支付分的分级情况及可享受的服务分别有哪些。

2. 积极完善电子商务信用信息服务

电子商务信用信息服务包括信息的采集、分析、提供、利用等内容和方式，在信用信息的采集与分析过程中，主要是以政府职能部门、银行、行业主管部门和电子商务平台所掌握的信用信息为主，有效防范电子商务主体的交易风险。同时，为提高电子商务信用服务机构的市场应变能力及行业竞争力，除了提供企业和个人基本信息、信用评价等级、信用咨询、信用委托调查等服务以外，还为用户提供一定信用分析工具及决策支持服务，更好地辅助用户进行交易判断。

3. 促进电子商务信用信息的整合和共享

国家积极促进电子商务信用信息系统和平台的有效整合和共享，避免信用信息资源的浪费现象。通过政府的行政手段，拓宽电子商务信用信息的获取渠道，建立跨部门、跨区域电子商务信用信息整合机制，利用大数据技术，对各个区域、各个部门的电子商务信用数据进行统一规划、统一协调管理，加快推进行业、地方信用数据整合，形成统一的电子商务信用信息平台，充分发挥数据的基础资源和创新引擎作用。

5.3 电子商务行业诚信自律

电子商务作为推动社会经济增长的经济新业态，是基于互联网的新型商业运营模式而形成的，每一次交易活动都要涉及交易双方、电子商务网站、第三方物流公司、金融、税务、工商及其他机构共同的参与，需要在一个完善的诚信环境下进行交易。然而，要营造完善的电子商务诚信环境，仅仅靠国家法律政策的约束是远远不够的，需要平台企业和电商经营者持续加强自身信用建设，行业组织积极推进诚信自律，主动维护好电子商务市场环境。

5.3.1　电子商务平台企业发挥作用

电子商务平台在电子商务服务业发展中具有举足轻重的作用，通过电子商务第三方平台达成的交易占目前网络零售市场的90%，电子商务第三方平台经营者在电子商务经营活动中占据一定的主导地位。加强电子商务交易平台的服务规范，对于维护电子商务交易秩序，促进电子商务健康快速发展，具有非常重要的作用。

1．电商平台加强自身信用建设

在2020年中国电子商务大会上，阿里巴巴、京东等13家电商企业代表联合发出《直播电商行业自律倡议》，倡导主播、商家和平台经营者诚实守信、助力维护公平的市场秩序；特别要求平台经营者采取技术措施保障直播内容合法安全，做好知识产权保护。主要电子商务平台落实《电子商务法》等法规要求，加强平台自治，建立规则体系，完善诚信经营、信用评价、投诉监督等方面的管理制度，通过信用评价体系、违规处罚体系、技术数据应用等方式实现平台有效监管。

◎ 职业伦理

首批电商平台企业承诺诚信经营

2021年"3·15"期间，中国消费品质量安全促进会组织国内电商平台企业开展"电商平台企业诚信经营承诺"活动，规范交易行为、履行平台主体责任、保障消费者权益，推动电商平台企业践行《中华人民共和国产品质量法》《中华人民共和国消费者权益保护法》《中华人民共和国电子商务法》和市场监管总局出台的《网络交易监督管理办法》等法律法规，打造安全、放心、高品质的网上消费环境。

第一批电商平台诚信经营自律承诺企业名单包括阿里巴巴、京东、拼多多等企业，这些电商平台企业承诺履行平台责任，主动维护市场竞争秩序和社会公共秩序，不干涉商家在平台内的自主经营活动；保障消费者权益，不将搭售商品等选项设定为消费者默认同意等，切实做到依规促销、诚信促销、文明促销；保护个人信息，收集、使用消费者个人信息的目的、方式和范围，必须经消费者同意，不向包括关联方在内的任何第三方提供消费者个人信息。

电商平台企业承诺自愿接受政府和社会监督，诚信经营、公平竞争、规范促销、切实维护消费者权益，共同为推动电商经营规范健康发展做出积极贡献。

2. 电商平台积极建立平台治理体系

各平台企业在持续加强自身建设的同时，主动担当，不断创新，持续强化自身的信用建设，保证平台的商业诚信。例如，针对刷单炒信行为，美团为了保障商户与用户合法权益，维护平台正常秩序，实现商户规范化运营，制定了《美团商户评价诚信管理办法》，通过完整的制度、借助科技的力量，惩戒失信的商户；贝壳找房加强线上技术和线下人工的结合，制定了严格的平台准入标准，明确定义了平台上信息质量标准，完善了平台的信用评价体系，明确了平台的退出机制，从而保证平台内每条信息的真实性，为用户提供真实、准确信息；拼多多关注商家诚信问题，致力于做好制度上和管理体系上的查漏补缺，并且运用大数据、人工智能等技术手段，对平台上的各种商品进行定位和甄别。

✦ 企业创新

天猫平台的信用评价体系

开网店最重要的除了商品质量和款式之外，就是评价了。天猫商城的评价是相互的，卖家和买家互评，评价分为信用评价和动态评分。

（一）信用评价体系

积分：评价分为"好评""中评"和"差评"三类，每种评价对应一个积分。

计分：评价积分的计算方法，具体为："好评"加1分，"中评"零分，"差评"扣1分。

信用度：对会员的评价积分进行累积，并在网页上进行评价积分显示。

评价有效期：是指订单交易成功后的15天内。

计分规则（含匿名评价）：

（1）每个自然月中，相同买家和卖家之间的评价计分不得超过6分（以订单创建的时间计算）。超出计分规则范围的评价将不计分。

（2）若14天内（以订单创建的时间计算）相同买卖家之间就同一个商品进行评价，多个好评只计1分，多个差评只减1分。

（二）天猫动态评分主要评价的内容

（1）商品与描述相符；

（2）卖家的服务态度；

（3）卖家发货的速度；

（4）物流公司服务。

每项评分有1颗星到5颗星的标记，买家根据卖家各项服务的表现来进行打分，而且系统会每天计算店铺近6个月之内数据，不过，这个更新的时间可能会有48小时的延时。

5.3.2 电子商务经营者加强自律

电子商务信用建设是一个耗时长、见效慢的工作，信誉和形象对企业而言至关重要，企业只有不断完善自我，才能让消费者增强对电子商务的信心。随着电子商务的发展及经营环境的不断优化，电子商务经营者的规则意识、质量意识、契约意识不断增强，逐步强化了自我约束管理，提高诚信意识。

1. 规则意识不断增强

电子商务经营者通常借助各类电商平台开展业务，电商平台担负着构建公平公正交易机制的责任，往往设定了"规则体系"，搭建了一套严格的商家管理规则，从源头上净化商业环境，建立商家筛选机制，吸引供应能力强、资金充足的商家入驻，清退供应链能力差的卖家，同时遏制销售假货、水货、仿货等不诚信行为的卖家入驻。基于电商平台提出的诚信规范要求，越来越多的电子商务经营者对"规则"有了更加充分的认知，从入驻电商平台开始就"从规则端规范"，如实提交申请，接受入驻资质审核，签署在线协议，认同平台对于发货规则、评价规则、违规处理规则等一系列条款，与平台企业一同维护交易秩序，走良性经营之路。

◎ **职业伦理**

直播电商头部主播机构代表签署《诚信自律承诺书》

2021年3月，中国广告协会召开发布会正式发布《网络直播营销选品规范》

（以下简称《选品规范》），这是中国广告协会继2020年6月发布国内首份《网络直播营销行为规范》（以下简称《行为规范》）后发布的关于网络直播营销选品的自律规范。多家拥有众多头部主播的MCN（Multi-Channel Network，多频道网络）机构参加会议，对中广协的网络直播营销活动规范表示支持并签署了《诚信自律承诺书》。

《选品规范》旨在为网络直播营销及在直播选品、直播销售和售后服务的活动提供指南。《选品规范》包括条文和附件《常见行业商家商品资质要求》两部分，涉及商家、商品资质，质量检验把控，商品的直播描述，直播后出现质量问题的消费者权益救济，主播和机构在选品方面的基本要求和导向等内容。

十多家具有影响力的直播MCN机构代表参会，同时，为积极响应中国广告协会出台此规范，并在发布会上共同签署《诚信自律承诺书》，公开向社会承诺：支持并遵守中国广告协会《选品规范》，不制假售假；如实发布产品信息，不做虚假夸大宣传；在直播中坚持正确的价值导向，抵制低俗、庸俗、媚俗内容；确保产品售后有保障，服务过程可追溯。

2. 质量意识不断增强

商品和服务的质量对于用户购买意愿有直接影响，对商家而言，质量问题不仅会导致运营成本增加，也会导致品牌的信誉度降低，因此，品质的精细化管理对于店铺运营显得尤为重要。近年来，电子商务经营者不断强化质量意识，在各地市场监管部门的倡议下，多次发起联合签署诚信公约、合规经营倡议书的行动，与平台企业共同承诺诚信经营、杜绝假冒伪劣等违法行为，切实履行法定主体责任，配合监管部门共同营造公平竞争的网络市场环境和安全放心的网络消费环境。

3. 契约意识不断增强

遵守契约精神是商业信誉的重要保证，作为现代商业文明和商业道德的标志，当契约关系存在的时候，守约比获利更加重要。为了获利而破坏契约，就是放弃了自己的商业信誉，破坏了商业道德。随着《电子商务法》的实施，电子商务经营者的责任和义务进一步明确，法律意识逐渐增强，通过强化自身的培训学习，充分了解平台规则及要求，在交易过程中做到依约办事、主动履约、全面履约，不断提升自身的商业素养。

5.3.3　电子商务行业组织推进诚信建设

为进一步规范我国信用体系建设，国家就行业信用体系建设和企业信用评价管理工作给出了具体要求，并公布了行业信用评价试点单位。中国电子商务协会作为首批行业信用评价试点单位之一，就电子商务及数字服务产业诚信体系建设全面开展各项工作，各地电子商务行业组织也在积极推进诚信体系建设。

1. 全国性行业组织推进诚信建设

社会组织积极推动行业自律，在网络生态治理中发挥着重要作用。中国消费者协会依托互联网，对消费维权情况进行网络大数据舆情分析。中国网络社会组织联合会在国家发展改革委、中央网信办和商务部等8部门指导下，建立平台经济领域信用建设合作机制，着力打击平台经济领域的炒信失信行为；组织阿里巴巴、京东、腾讯等会员单位共同签署了《电子商务诚信公约》，组织了22.4万多家平台商户签署诚信承诺书。中国广告协会发布了《网络直播营销行为规范》，明确禁止流量造假、虚假宣传等行为；同时，要求网络直播营销平台建立多项管理体系与制度，对其提出了更高的要求。

2. 地方行业组织推进诚信建设

各地电子商务行业组织也在积极推进诚信体系建设。例如：江苏省电子商务协会为电商行业发展提供理论指导，积极探索建立行业标准和信用评价体系，建立并逐步完善统计监测体系，为推动产业发展、实施行业管理建言献策；厦门市电子商务协会连续多年主办诚信电商宣传月活动，联合监管部门、高校、平台企业、电商经营者和消费者等多方力量，共同构筑厦门电子商务诚信体系，旨在弘扬诚信理念，促进高质量发展，提升信用意识，让更多的社会公众参与社会信用体系建设。

一、单选题

1. 电子商务信用体系以（　　）为支撑，以法律为保障。

   A. 信念   B. 道德

   C. 理想   D. 法律

2. 电子商务信用体系具有信息化和（　　）的特点。

   A. 虚拟化   B. 复杂性

   C. 先进性   D. 全球化

3. 在电子商务信用体系建设中，政府应该发挥（　　）作用。

   A. 监管   B. 执法

   C. 信息共享   D. 领导

4. 诚信体系的核心就是（　　），电子商务信用体系其实就是一套规范的制度。

   A. 法治化   B. 规范化

   C. 信息化   D. 统一化

5. 电子商务经营者加强自律的方式不包括（　　）。

   A. 增强规则意识   B. 增强质量意识

   C. 增强盈利意识   D. 增强契约意识

二、多选题

1. 电子商务信用体系由（　　）组成。

   A. 政府违法监管体系   B. 电商诚信自律体系

   C. 市场信用服务体系   D. 电商诚信评价体系

2. 电子商务信用的模式包括（　　）。

   A. 中介人模式   B. 担保人模式

   C. 网站经营模式   D. 委托授权经营模式

3. 以下属于电子商务失信行为的有（　　）。

   A. 刷单   B. 记录买家信息

   C. 大数据杀熟   D. 虚假宣传

4. 电子商务经营者要加强（　　），从而强化自身的诚信意识。

   A. 营销意识   B. 规则意识

   C. 契约意识   D. 质量意识

5. 加强电子商务行业诚信自律主要从以下（　　　　　）几方面着手。

   A. 电子商务平台企业　　　　　B. 第三方评价机构

   C. 电子商务经营者　　　　　　D. 政府监管部门

三、判断题

1. 信用是适合市场经济和社会发展的现代道德操守和价值取向，是约束和规范现代社会经济秩序的一种精神力量。（　　　）

2. 信用机制以诚实、守信为基础，以遵守契约为原则，实现对每个交易主体平等权利的尊重及认同。（　　　）

3. 电子商务交易具有信息不对称、匿名交易、转移成本低等特点，信用成为影响消费者购买行为的关键因素，缺乏信用的交易往往都是"一锤子买卖"。（　　　）

4. 只要电子商务平台企业严格遵守《电子商务法》，便可以加强电子商务的信用建设。（　　　）

5. 电子商务经营者通过刷单可以提高店铺运营效果，只要不被发现，便不受法律制约。（　　　）

四、案例分析题

　　淘宝平台一家宠物产品店接到了顾客关于"卖家秀"与商品实际不符的投诉。该投诉客户称，其购买的鸟笼实际商品颜色与描述不相符。通过与该顾客沟通，店主了解到，在网店中的展示图背景是深褐色，映衬出不锈钢鸟笼为古铜色。客户在购买时，误以为鸟笼为古铜色，由此认为商品与描述不符。店主随即与顾客解释了其中的误会，安抚了客户的情绪，并重新派件。

　　平息此事后，店主重新检查销售的各个环节，确保客户买得放心。在商品展示页面上，更换了原有的展示图，新的展示图不做过分处理，而是在背景搭配上下功夫，努力展现产品的原色，确保消费者收到的商品与图片一致，避免"买家秀"和"卖家秀"不符的现象。

　　请阐述上述商家是如何履行诚信义务的，商家自律对电子商务诚信建设能起到哪些作用。

实训主题：电商平台信用评价体系分析

实训背景：通过课程学习对电子商务信用有了充分的认知，通过本实训任务，了解电商平台入驻要求及交易规则，充分理解平台企业在电商信用建设中的作用。

实训目标：1. 了解拼多多和京东两个电商平台的开店要求及经营规则。

2. 对比分析两个平台对电子商务信用的要求。

实训操作：1. 分别登录两个电商平台，收集入驻要求、交易规则等信息。

2. 对比分析两个平台的信用要求。

3. 小组分享，展示分析结果，教师进行点评。

平台名称	入驻要求	平台交易规则	店铺评价策略
拼多多			
京东			

法治规范

电子商务法律法规体系

第 6 章

学习目标

知识目标

- 了解《电子商务法》的立法背景、立法意义及适用范围
- 掌握《电子商务法》的法律适用主体
- 熟悉电子商务合同的订立与履行过程
- 掌握电子商务争议解决的主要方式

技能目标

- 能够清晰描述《电子商务法》的颁布时间和适用范围
- 能够明确电子商务法律主体相应的权利或义务
- 能够举例说明电子商务合同订立和履行过程中的法律规制
- 能够针对不同的电子商务争议案例提出相应的解决方式

素养目标

- 引导学生树立社会主义法治理念，关心国家在电子商务领域形成的法治规范，加强对社会主义法治国家的认知
- 引导学生在作为电子商务消费者时树立维权意识，作为电子商务经营者和电子商务服务者时树立合法合规和诚信经营理念
- 培养学生的契约精神和合作共赢思想，引导学生利用法律手段解决争议，追求公平和正义
- 引导学生学以致用，在电子商务活动中形成知法、懂法、守法、用法的思维习惯，提升法治素养

思维导图

```
                                      ┌─ 我国电子商务立法概况
                    电子商务相关 ──────┤
                    法律法规           └─ 《电子商务法》概述

法                                    ┌─ 电子商务经营者
治                 电子商务            ├─ 电子商务消费者
规                 法律主体  ──────────┤
范                                    └─ 电子商务服务者
：
电
子                                    ┌─ 电子商务合同的订立与履行
商                 电子商务法律法规 ───┤
务                 的实践应用          └─ 电子商务争议解决
法
律
法
规
体
系
```

学习计划

✧ **知识学习计划**

_____

_____

✧ **技能训练计划**

_____

_____

✧ **素养提升计划**

_____

_____

阿里巴巴逼迫商家"二选一"被罚182亿元

2020年12月，阿里巴巴集团控股有限公司（简称阿里巴巴）因在中国境内网络零售平台服务市场的违法行为被国家市场监督管理总局立案调查。经查，自2015年以来，阿里巴巴滥用该市场支配地位，对平台内商家提出"二选一"要求，禁止平台内商家在其他竞争性平台开店或参加促销活动，并借助市场力量，以及平台规则和数据、算法等技术手段，采取多种奖惩措施保障"二选一"要求执行，维持、增强自身市场力量，获取不正当竞争优势。

这一行为排除、限制了中国境内网络零售平台服务市场的竞争，妨碍了商品服务和资源要素自由流通，影响了平台经济创新发展，侵害了平台内商家的合法权益，损害了消费者利益，违反了《中华人民共和国反垄断法》第十七条"禁止具有市场支配地位的经营者从事下列滥用市场支配地位的行为：……（四）没有正当理由，限定交易相对人只能与其进行交易或者只能与其指定的经营者进行交易。"

2021年4月10日，国家市场监督管理总局依法责令阿里巴巴停止违法行为，并处以其2019年中国境内销售额4 557.12亿元的4%的罚款，计182.28亿元。同时，按照《中华人民共和国行政处罚法》坚持处罚与教育相结合的原则，向阿里巴巴发出"行政指导书"，要求其围绕严格落实平台企业主体责任、加强内控合规管理、维护公平竞争、保护平台内商家和消费者的合法权益等方面进行全面整改，并连续三年向国家市场监督管理总局提交自查合规报告。

案例启示：

我国电子商务平台经济发展正处在关键时期，解决突出矛盾和问题对于推动平台经济健康持续发展十分重要。此次监管部门处罚阿里巴巴是对其发展的规范扶正，是对行业环境的清理净化，是对市场秩序的有力维护。规范是为了更好地发展，只有不断健全法治规范体系，鼓励市场主体公平竞争，电子商务才能迎来更大的发展机遇，更好地为高质量发展和高品质生活服务。

6.1　电子商务相关法律法规

6.1.1　我国电子商务立法概况

微课：
走进我国电
子商务立法

20世纪90年代，我国电子商务开始兴起并不断快速发展，成为我国经济的新引擎。要促进电子商务持续、健康、有序的发展，必须充分利用现行民商法的法律法规加以保护，保证电子商务交易的正常进行。当前，我国电子商务立法包括法律、行政法规、部门规章、地方性法规、其他规范性文件等。

1. 法律

我国现行的电子商务相关法律法规主要有以下几个：

（1）《电子商务法》。《电子商务法》于2018年8月31日经第十三届全国人民代表大会常务委员会第五次会议审议并通过，自2019年1月1日起施行，是我国电子商务领域首部综合性法律。全文共7章89条，主要对电子商务的经营者、合同的订立与履行、争议解决、促进和法律责任等部分做出规定，使电子商务活动有法可依。

◈ 中国方案

中国"原创智慧"助力世界电子商务立法

历经五年时间，经过3次公开征求意见、4次审议才最终通过的《电子商务法》于2019年1月1日起开始施行，中国电子商务正式进入法治时代。

联合国于1996年出台首部《电子商务示范法》，世界电子商务立法迎来"破冰"。该法堪称电子商务立法的"1.0版本"，此后，欧美主要经济体都照此制定了类似法律，可以称为"2.0版本"。时隔20多年，世界电子商务的发展与之前已经不能同日而语，中国在此领域的发展也已经位居全球前列。中国根据新的变化和要求进行立法，成为世界电子商务立法的"3.0版本"，起到示范作用。从国际视角来看，《电子商务法》主要有三个特点：

一是全面吸收借鉴了全球电子商务立法的经验，并体现了中国立法的"原创智慧"。例如，赋予了第三方电子商务平台法律地位，并创造性地规范与监管电子商务平台的信用管理机制，在跨境电子商务综合服务者方面设立相关规定。这都是其他国家现有法律没有的，体现了中国立法的原创性。

　　二是明确了愿意参与构建相关国际法律的态度。如《电子商务法》第七十三条规定："国家推动建立与不同国家、地区之间跨境电子商务的交流合作，参与电子商务国际规则的制定，促进电子签名、电子身份等国际互认。国家推动建立与不同国家、地区之间的跨境电子商务争议解决机制。这从立法领域体现了中国的开放态度，中国今后在电子商务领域将更深度融入世界。

　　三是目前看，《电子商务法》是世界此领域内的首部综合性立法，对于其他国家，尤其是发展中国家的立法起到积极的示范作用。经过20年的发展，世界主流国家对于电子商务的规范还停留在一些分门别类的条款中，如有的单独对电子交易进行规范，有的单独对交易平台进行规范。而中国在立法之初，就将与电子商务有关的领域都考虑进去，是立法体例的创新。

　　（2）《中华人民共和国电子签名法》。该法于2004年8月28日经第十届全国人民代表大会常务委员会第十一次会议审议并通过，自2005年4月1日起施行，于2019年4月23日第十三届全国人民代表大会常务委员会第十次会议修正。这是我国电子商务和信息化领域第一部专门法律。全文共5章36条，通过确立电子签名法律效力、规范电子签名行为、维护各方合法权益，从法律制度上保障电子交易安全，为我国电子商务安全认证体系和网络信任体系的建立奠定了重要基础。

　　（3）《中华人民共和国网络安全法》。该法于2016年11月7日经第十二届全国人民代表大会常务委员会第二十四次会议审议并通过，自2017年6月1日起施行。全文共7章79条，围绕网络安全支持与促进、网络运行安全、网络信息安全、监测预警与应急处置及相应的法律责任做出了明确规定。这是我国第一部全面规范网络空间安全管理问题的基础性法律，是我国网络空间法治建设的重要里程碑，是依法治网、化解网络风险的法律重器，是让互联网在法治轨道上健康运行的重要保障。

　　（4）《中华人民共和国刑法》。该法于1979年7月1日由全国人民代表大会第二次会议通过，自1980年1月1日起施行。1997年3月14日由第八届全国人民代表大会第五次会议修订，自1997年10月1日起施行。2020年12月26日，第十三届全国人民代表大会常务委员会第二十四次会议通过《中华人民共和国刑法修正案（十一）》，自2021年3月1日起施行。该法明确规定了计算机犯罪的罪名，包括非法侵入计算机系统罪、破坏计算机信息系统功能罪、破坏计算机程序罪，为保护计算机信息系统的安全，促进计算机的应用与发展，保证电子商务的顺利开展提供了有力的法律保障。

（5）《中华人民共和国民法典》。2020年5月28日，第十三届全国人民代表大会第三次会议表决通过了《中华人民共和国民法典》（以下简称《民法典》），自2021年1月1日起施行。《中华人民共和国婚姻法》《中华人民共和国继承法》《中华人民共和国民法通则》《中华人民共和国收养法》《中华人民共和国担保法》《中华人民共和国合同法》《中华人民共和国物权法》《中华人民共和国侵权责任法》《中华人民共和国民法总则》同时废止。《民法典》中关于电子商务合同的订立、格式合同条款的调整、商品的交付时间、电子商务活动中涉及的知识产权问题等有新的规定，这些规定有利于促进电子商务的健康发展。

微课：
细数《民法典》中的电子商务"二三事"

🔶 法治护航

《民法典》中涉及电子商务的法规举例

1. 直播带货应注意

《民法典》第四百七十二条规定："要约是希望与他人订立合同的意思表示，该意思表示应当符合下列条件：（一）内容具体确定；（二）表明经受要约人承诺，要约人即受该意思表示约束。"根据此条规定，如果主播宣传的内容具体确定，如包含商品名称、数量、规格、价格、发货时间、运费等信息，构成要约。消费者在商品详情页面的下单行为是向平台内经营者发出承诺，合同成立，合同当事方是消费者和平台经营者。从法律角度看，主播并非合同相对方，对后续合同履行问题不承担责任。因此，若商品出现质量、发货延迟等后续问题，消费者应向平台内经营者主张违约或侵权责任。

2. 格式条款有变化

《民法典》在原《中华人民共和国合同法》基础上，加重了提供格式条款一方的提示和说明义务。《民法典》第四百九十六条规定："格式条款是当事人为了重复使用而预先拟定，并在订立合同时未与对方协商的条款。采用格式条款订立合同的，提供格式条款的一方应当遵循公平原则确定当事人之间的权利和义务，并采取合理的方式提示对方注意免除或者减轻其责任等与对方有重大利害关系的条款，按照对方的要求，对该条款予以说明。提供格式条款的一方未履行提示或者说明义务，致使对方没有注意或者理解与其有重大利害关系的条款的，对方可以主张该条款不成为合同的内容。"在电商领域，除用户协议、服务协议外，商品页面信息及店堂告示信息也可能构成格式条款。如有电商在商品页面介绍中含"如果不仔细检查直接签收导致的经济损失，需由买家单方面承担"的内容，形成诉讼后，如果法院认定该约定属于格式条款，不合理地免除卖家责任，加重买家责任，视为无效。

3. 交付时间新规定

《民法典》第五百一十二条规定："通过互联网等信息网络订立的电子合同标的为交付商品并采用快递物流方式交付的，收货人的签收时间为交付时间。电子合同的标的为提供服务的，生成的电子凭证或者实物凭证中载明的时间为提供服务时间；前述凭证没有载明时间或者载明时间与实际提供服务时间不一致的，以实际提供服务的时间为准。电子合同的标的物为采用在线传输方式交付的，合同标的物进入对方当事人指定的特定系统且能够检索识别的时间为交付时间。电子合同当事人对交付商品或者提供服务的方式、时间另有约定的，按照其约定。"

（6）《中华人民共和国数据安全法》。2021年6月，十三届全国人大常委会第二十九次会议通过了《中华人民共和国数据安全法》，自2021年9月1日起施行。该法是国家为了规范数据处理活动，保障数据安全，促进数据开发利用，保护个人、组织的合法权益，维护国家主权、安全和发展利益而制定的法律。作为我国关于数据安全的首部律法，它的实施标志着我国在数据安全领域有法可依，为各行业数据安全提供监管依据。

（7）《中华人民共和国个人信息保护法》。2021年8月，十三届全国人大常委会第三十次会议通过了《中华人民共和国个人信息保护法》，自2021年11月1日起施行。该法站在自然人的角度，为个人信息添加了一把"法律安全锁"，是我国第一部专门用于规范个人信息保护的法律，为数字化时代的数字人格建立了基本保障线，为有关企业、组织和他人的个人信息处理活动划定了底线和基本规范。

2. 行政法规

（1）《中华人民共和国计算机软件保护条例》。该条例于2001年12月由国务院颁布，自2002年1月1日起施行。根据2011年1月《国务院关于废止和修改部分行政法规的决定》进行第一次修订。根据2013年1月《国务院关于修改〈计算机软件保护条例〉的决定》进行第二次修订，自2013年3月1日起施行。全文共5章33条。这一条例对保护计算机软件著作权人的权益，调整计算机软件在开发、传播和使用中发生的利益关系，鼓励计算机软件的开发与应用十分重要，起到了促进软件产业和国民经济信息化发展的目的。

（2）《计算机信息系统安全保护条例》。该条例于1994年2月由国务院发布并实施。根据2011年1月国务院令第588号《国务院关于废止和修改部分行政法规的决定》修正。全文共5章31条。该条例是为了保护计算机信息系统的安全，促进计算机的应用和发展，保障社会主义现代化建设的顺利进行而制定的。其明确规定由公安部主管全国计算机信息系统安全保护工作，任何组织或个人不得利用计算机系统从事危害国家利益、集体利益和公民合法权益的活动，不得危害计算机信息系统的安全。

（3）《互联网信息服务管理办法》。该办法于2000年9月由国务院发布并施行。2011年1月8日《国务院关于废止和修改部分行政法规的决定》修订。2021年1月8日，国家网信办就《互联网信息服务管理办法（修订草案征求意见稿）》公开征求意见。全文共27条。该办法将互联网服务分为"经营性"与"非经营性"两类，并分别实施"许可"与"备案"制度。作为经营性互联网信息服务的电子商务经营者，应当向省、自治区、直辖市电信管理机构或者国务院信息产业主管部门申请办理互联网信息服务增值电信业务经营许可证。与此同时，从事新闻、出版、教育、医疗保健、药品、医疗器械等互联网信息服务的，需要向有关行政部门前置审批。这是电子商务经营者市场准入的基础门槛。

（4）《信息网络传播权保护条例》。该条例于2006年5月由国务院发布，自2006年7月1日起实施。根据2013年1月30日中华人民共和国国务院令第634号《国务院关于修改〈信息网络传播权保护条例〉的决定》修订，2013年3月1日起施行。全文共27条。修改后的条例明确规定了处罚层次，对完善信息网络传播具有重要意义。该条例对包括网络著作权的合理使用、法定许可、避风港原则、版权管理技术等一系列内容做了相应规定，区分了著作权人、电子商务服务商、用户的权益，较好地做到了产业发展与权利人利益、公众权利的平衡，为电子商务中的著作权法律保护奠定了基础。

3. 部门规章、地方性法规、其他规范性文件

除了法律和行政法规，各部门也会颁发部门规章，各省、自治区、直辖市也会发布地方性法规和其他规范性文件，为电子商务的规范发展保驾护航。例如，为了促进平台经济生态发展，商务部、科技部、工业和信息化部等12部门于2019年2月联合印发了《关于推进商品交易市场发展平台经济的指导意见》，指出要以流通创新带动产业升级，鼓励商品市场转变传统经营模式，推动商品市场以信用数据的信息化、标准化为导向，完善信用记录、发布等制度，构建以市场信用评价为核心的平台经济共治体系。

4. 电子商务行业规范

电子商务行业规范是电子商务法律的重要补充，它能够规范和引导电子商务企业走上健康有序的竞争之路。2020年中国电子商务大会上，阿里巴巴、京东等13家电商企业联合发出《直播电商行业自律倡议》，倡导主播、商家和平台经营者诚实守信、助力维护公平的市场秩序。中国网络社会组织联合会在国家发展改革委、中央网信办和商务部等八部门指导下，建立平台经济领域信用建设合作机制，着力打击平台经济领域炒信失信行为；组织阿里巴巴、京东、腾讯等会员单位共同签署《电子商务诚信公约》，组织20多万家平台商户签署诚信承诺书。2020年6月24日，中国广告协会发布了《网络直播营销行为规范》，明确禁止流量造假、虚假宣传等行为，该规范于2020年7月1日起实施。

◈ **职业伦理**

20家新电商平台企业发布《中国新电商行业健康发展倡议书》

2021年10月，以"新经济 新业态 新发展"为主题的首届中国新电商大会在吉林长春举行。为广泛凝聚新电商行业发展共识，推动新电商行业健康发展，大会期间20家新电商平台企业联合发布《中国新电商行业健康发展倡议书》（以下简称《倡议书》）。

《倡议书》提出以下五点倡议：

第一，服务国家发展，助力共同富裕。要积极融入时代进程，服务国家发展战略，努力发挥新电商行业优势，在推动实现"双循环"发展格局、缩小城乡区域发展差距、助推乡村振兴、实现共同富裕方面做出新贡献。

第二，诚信守法经营，共建网络生态。要自觉践行社会主义核心价值观，落实企业主体责任，坚持文明用网、文明上网、文明兴网，坚守法律底线，做到诚信守法经营，努力营造天朗气清的网络生态。

第三，提高服务品质，满足美好生活需要。要提高服务品质，创新服务模式，努力提供更多品质好、价值高、价格优的产品，引导消费者理性消费、健康消费、快乐消费，不断满足人民群众日益增长的美好生活需要。

第四，深化创新驱动，引领行业发展。要洞察技术发展趋势，积极参与5G、大数据、云计算、人工智能等信息技术产业，赋能产业升级，优化经营模式，不断提升行业创造力和创新力，引领行业绿色健康发展。

第五，加强行业自律，接受社会监督。要认真遵守国家法律法规和行业发展规范要求，自觉抵制不良行为，建立健全违法和不良信息处置机制，防范信息安全风险，畅通投诉举报渠道，主动接受社会监督。

新电商平台企业代表们呼吁，要携起手来做网络正能量的传播者、遵纪守法的践行者、守正创新的探路者，大力营造清朗网络空间，共同推动新电商行业健康规范持续发展。

6.1.2 《电子商务法》概述

1.《电子商务法》的立法背景

良好的政策法律环境是电子商务健康有序发展的重要基础和根本保障。近年来，中国电子商务交易规模不断扩大，网上零售额大幅提升，与电子商务相关的从业人员数量逐年增加，电子商务行业呈现出一片欣欣向荣的景象。与此同时，行业自律机制尚需完善，纠纷协调机制仍不健全，难以应对电子商务发展过程中产生的"刷单"（即通过虚假交易抬高销量）、"炒信"（即店铺利用虚假好评或删除差评来炒作信用）、"搭售"（即附带条件交易）、"大数据杀熟"（即新老用户价格不相同）及微商假货横行而消费者投诉无门等问题。在现实的矛盾面前，法律法规显得尤为重要，电子商务立法迫在眉睫。

◆ 协作探究

《电子商务法》为电商案件处理保驾护航

2021年6月，杭州互联网法院召开新闻发布会通报电子商务案件特征，会上指出，2018—2020年，网络购物合同纠纷分别受理443件、947件、765件；网络产品责任纠纷案件受理1 181件、212件、248件；网络服务合同纠纷受理475件、1 464件、1 297件。可以看到，自2019年《电子商务法》颁布以来，网络产品责任纠纷数量骤降，而网络购物合同纠纷与网络服务合同纠纷案件数量猛增，说明电子商务类案件的核心部分明显改变。

请以小组为单位，思考并讨论《电子商务法》的颁布和实施对于电商秩序的规范作用。

2.《电子商务法》的立法意义

推行电子商务立法，有利于优化电子商务发展环境，形成行业法治规范，推动电子商务行业治理能力和治理水平现代化，促进社会共治。

（1）优化营商环境，推动电子商务健康发展。推行电子商务立法，有利于规范电子商务主体资格，提高市场准入门槛，营造良好的准入环境；有利于严厉打击网上销售假冒伪劣产品、不安全食品及假药劣药的违法行为，强化网络交易信息检测和产品质量抽查，营造安全放心的消费环境；有利于遏制电子商务行业中各经营主体不正当的竞争行为，营造公平竞争的市场环境。

（2）整顿行业乱象，促进电子商务有序发展。自《电子商务法》实施以来，相关执法部门综合运用宣传引导、行政约谈、行政指导、行政处罚等手段，进一步加强了市场监管力度，规范了电子商务主体行为，有效整顿了经营者售假卖假、刷单炒信、强制捆绑销售、退还押金困难等欺骗消费者的行业乱象，切实维护了电子商务各方主体的合法权益，依法破除妨碍公平竞争的陈规陋习，打击侵权假冒、虚假宣传、境外代购偷税漏税等违法行为，有效维护了电子商务交易秩序，促进电子商务有序发展。

❖ 法治护航

网络交易有序发展迈上新台阶

2021年3月，经过近半年公开征求意见，国家市场监督管理总局制定的《网络交易监督管理办法》（以下简称《办法》）正式出台，并于2021年5月1日起施行。

《办法》是伴随着《电子商务法》实施之后逐渐完善的配套制度，能够为解决新业态、新模式下出现的新问题提供相应的法律支持，为监管执法工作提供法律依据。《办法》共5章56条，包括总则、网络交易经营者、监督管理、法律责任和附则等内容，明确了网络交易监管坚持鼓励创新、包容审慎、严守底线、线上线下一体化监管原则，对完善网络交易监管制度体系，持续净化网络交易空间，维护公平竞争的网络交易秩序，营造安全放心的网络消费环境具有重要现实意义。

（3）提升治理水平，形成电子商务规范发展。法治兴则国家兴，法治既是实现良政善治的坚强保障，也是实现行业规范发展的必要基础。推行电子商务立法是提升电子商务治理能力和治理水平的重要一步，能够有效促进与之相关的一系列法律法规、政策的出台与实施，从而促进电子商务法律法规政策体系的日益完善。例如，国家发展改革委、商务部、国家市场监督管理总局等针对电子商务领域的新情况和新问题，积极推动

《中华人民共和国反不正当竞争法》《中华人民共和国专利法》《中华人民共和国消费者权益保护法实施条例》等的修订，与《电子商务法》形成有效衔接。另外，商务部、国家标准化管理委员会等积极开展电子商务标准建设，颁布《电子商务企业信用共享规范》（SB/T 11216—2018）行业标准，开展电子商务标准适用性与国际化的研究，加快构建覆盖全面、层次清晰、科学合理的电子商务标准体系，形成电子商务标准化、规范化发展。

3.《电子商务法》的适用范围

《电子商务法》第二条规定："中华人民共和国境内的电子商务活动，适用本法。本法所称电子商务，是指通过互联网等信息网络销售商品或者提供服务的经营活动。"可见，无论经营主体是境内还是境外的，只要是在中国境内发生的电子商务活动，都将受本法牵制。而境外发生的电子商务活动，则不在本法适用范围内。《电子商务法》的适用范围如表6-1所示。

表6-1 《电子商务法》的适用范围

经营者	境内电子商务活动	境外电子商务活动
境内经营者	适用	不适用
境外经营者	适用	不适用

此外，境内经营者从事跨境电子商务活动的，应遵守《电子商务法》及相关进出口监管的法律和行政法规的规定。境外经营者从事跨境电子商务活动有两种情况需遵从约束：第一，为保护消费者合法权益，境外经营者与境内消费者之间的民事关系适用消费者所在地法律，已成为国际社会普遍接受的法律适用原则，因此，我国境内消费者与境外电子商务经营者之间的交易合同也适用《电子商务法》规定；第二，我国与其他国家、地区所缔结或参加的国际条约、协定规定跨境电子商务活动适用《电子商务法》的，应从其规定。

4.《电子商务法》的基本原则

（1）鼓励创新发展。国家大力鼓励电子商务产业发展，正在深入推进"互联网+"行动和建设网络强国，为贯彻落实党中央提出的"创新是引领发展的第一动力"要求，充分发挥立法的引领作用，保障并支持电子商务创新发展，应以技术为基础，以诚信建

188

设为保障，使市场在资源配置中起决定性作用，更好地发挥政府作用，构建有利于电子商务创新发展的营商环境，以此促进电子商务商业模式创新，不断激发新动能，使电子商务在推进供给侧结构性改革、激发社会创新创业活力、满足人民日益增长的美好生活需要等方面发挥重要作用。

（2）支持社会共治。运用互联网思维，采取互联网办法，鼓励支持电子商务各方共同参与电子商务市场治理，建立符合电子商务发展特点的协同管理体系，推动形成有关部门、电子商务行业组织、电子商务经营者、消费者等共同参与的市场治理体系。

（3）线上线下一致。电子商务（线上）与传统商务（线下）是共生、竞争的关系，不存在谁取代谁的问题。中国电子商务立法在借鉴功能等同原则、技术中立原则合理成分的基础上，综合我国国情创立了线上线下一致性原则，即电子商务各方主体的法律地位平等，电子商务主体与其他民商事主体的法律地位也平等。国家平等对待线上和线下商务活动，促进线上线下融合发展。

6.2 电子商务法律主体

6.2.1 电子商务经营者

1. 电子商务经营者的定义

电子商务经营者是指通过互联网等信息网络从事销售商品或者提供服务的经营活动的自然人、法人和非法人组织。这一定义包含了三个要素，如图6-1所示。

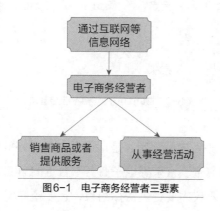

图6-1 电子商务经营者三要素

（1）通过互联网等信息网络活动。电子化、网络化是电子商务的基本属性。电子商务经营者的经营活动以各类信息网络为媒介，进行信息交流、广告推广、销售商品、提供服务等经营活动。广泛依赖信息网络进行经营活动，是电子商务经营者有别于传统经营的一大特点。

（2）销售商品或者提供服务。销售商品既包括销售有形产品，也包括销售数字音乐、电子书和计算机软件的复制件等无形产品。以技术交易为例，无论是技术转让还是技术许可，都属于销售商品（数字商品）的范畴。而提供服务是指在线提供服务，如网络游戏等；或是网上订立服务合同，线下履行，如在线租房、家政服务、打车服务等。

（3）从事经营活动。并不是所有通过信息网络销售商品或提供服务的经营者都属于电子商务经营者。电子商务经营者除了满足上述两个要素外，还必须从事经营活动。经营活动是一种以营利为目的、持续性的经营行为。如个人通过网络出售自用的二手物品就不属于电子商务经营者的范畴。

2. 电子商务经营者的分类

根据经营载体的不同，可以将电子商务经营者分为以下三类：

（1）电子商务平台经营者。电子商务平台经营者，是指在电子商务活动中为交易双方或者多方提供网络经营场所、交易撮合、信息发布等服务，供交易双方或者多方独立开展交易活动的法人或者非法人组织。需要注意的是，电子商务平台并不等于电子商务平台经营者，日常观念中经常把二者混同。常见的电子商务平台及经营者如图6-2所示。

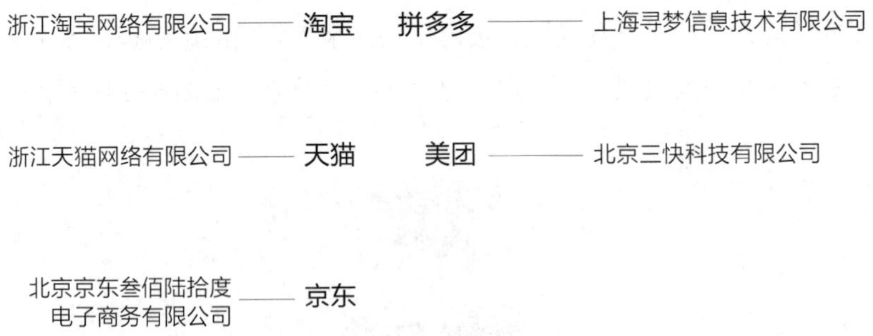

浙江淘宝网络有限公司 —— **淘宝**　　**拼多多** ——— 上海寻梦信息技术有限公司

浙江天猫网络有限公司 —— **天猫**　　**美团** —— 北京三快科技有限公司

北京京东叁佰陆拾度　　　**京东**
电子商务有限公司

图6-2　常见的电子商务平台及经营者

（2）平台内经营者。平台内经营者，是指通过电子商务平台销售商品或者提供服务的电子商务经营者。例如淘宝、京东等电子商务平台上的第三方商家，它们依附于电子商务平台进行交易行为，不仅需要受到法律约束，还要遵守电子商务平台的规则。从线上线下法律适用的一致性来看，平台内经营者与传统商务经营者在大多时候适用的民商事法律法规是相同的。

（3）其他电子商务经营者。电子商务经营者还包括通过自建网站、其他网络销售商品或者提供服务的电子商务经营者。自建网站的电子商务经营者与平台内经营者类似，但是并非所有自建网站的企业都属于电子商务经营者，而是需要这些网站具备向社会第三方销售商品或者提供服务的功能。如果企业仅在自建网站中介绍、推广企业或企业的产品和服务，就不属于电子商务经营者的范畴。

其他通过网络销售商品或者提供服务的电子商务经营者是指其他通过互联网等信息网络从事销售商品或者提供服务的经营活动的自然人、法人和非法人组织。如通过微信、微博等社交App销售产品的微商，通过抖音或直播类App提供服务的主体。近年来，随着社交平台及娱乐应用平台的广泛使用及其功能的多元化发展，社交电商快速发展。社交电商通过社交平台销售商品或者提供服务，符合"利用网络销售商品或者提供服务"的本质属性，应纳入《电子商务法》的调整范围。

⬥ 职业伦理

社交电商UGC背后的伦理问题

社交电商是近年来新兴的一种电商模式，借助社交互动和UGC（User Generated Content，用户生产内容）两大要素构建起商业信息传递和消费者互动的平台，电商化与社交性并存。

社交电商的UGC机制拉近了消费者和电商经营者之间的距离，将分享和互动融入消费者的消费活动中，提高了电商平台的订单转化率。与此同时，其背后的伦理问题也不断显现，例如，拼多多低价拼团活动存在不实承诺（商家恶意抽奖营销或夸张描述产品），却仍诱导用户在社交圈中转发拼团链接，形成病毒式营销，导致消费者体验感差，甚至亲朋好友之间的信任被恶意使用。还有的UGC存在虚假信息，例如，品牌或平台雇佣网络"水军"操纵舆论，商家实行用户好评返现机制等。这些现象会使消费者的利益受损，平台的信誉下降，违背了社交电商UGC的应有之义，影响了正常的网络秩序。

从社交电商UGC背后的伦理问题中可以看到，当前对于电子商务价值观的引导还存在不足，平台、商家、用户等多方参与主体有必要培养正确的电子商务价值观，按照道德规范自我约束，共建一个良好的UGC伦理体系。

3. 电子商务经营者的义务

（1）依法办理市场主体登记。市场主体是市场上从事交易活动的组织和个人，即商品、服务进入市场的监护人和所有者。市场主体登记即工商注册登记，是国家对从事市场经营活动的准入要求，也是经营者在参与市场经济活动中需要遵守的基本义务。在我国目前的法律框架下，电子商务经营者根据自身的经营规模、发展规划、地方政策等因素综合考虑，可申请登记的市场主体形式主要有个体工商户、个人独资企业、合伙企业和公司四大类。

（2）依法取得经营许可。电子商务经营者从事经营活动，需要依法取得相关行政许可的，应当依法取得行政许可，并在其首页显著位置（一般指线上经营的店铺首页）持续公示营业执照信息、与其经营业务有关的行政许可信息或提供链接标识。相关信息发生变更时，要及时更新公示信息。

（3）依法纳税。依法纳税是所有公民应尽的基本义务，电子商务经营者也不例外。即便是不需要办理市场主体登记的电子商务经营者，也需要在首次纳税义务发生后，依照税收征收管理法律法规申请办理税务登记，并如实申报纳税。根据我国目前税法体系，电子商务经营者在进行经营活动时需要主动缴纳增值税和所得税。电子商务经营者的业务基本都在增值税征收范围内，而所得税的缴纳有所区分，根据前述市场登记主体形式的划分，公司形式的市场主体依法缴纳企业所得税，而个体工商户、个人独资企业、合伙企业经营所得缴纳个人所得税。

无论是电子商务平台经营者还是平台内经营者，都必须履行上述义务。此外，《电子商务法》对于平台经营者还有一些特别义务，如图6-3所示。

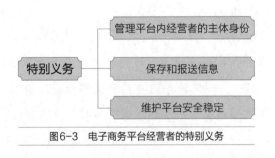

图6-3　电子商务平台经营者的特别义务

6.2.2　电子商务消费者

1. 电子商务消费者的定义

从《中华人民共和国消费者权益保护法》（简称《消费者权益保护法》）角度来看，

消费者是指为生活消费需要购买、使用商品或者接受服务，由国家专门法律确认其主体地位和保护其消费权益的个人。这一定义将消费者群体局限在生活性消费上，未涉及生产性消费群体。例如，企业因生产需要购买原材料就属于生产性消费，就不在《消费者权益保护法》之列。而电子商务消费者是指在电子商务应用场景下的消费者群体。从广义上看，电子商务消费者既包括生活性消费者，也包括生产性消费者。

2. 电子商务消费者的权利

电子商务消费者的权利与一般消费者的权利并无不同。消费者的权利是指消费者在消费活动中依法享有的权利总和。世界各国普遍通过立法的方式明确消费者权利，保护消费者权益。我国《消费者权益保护法》在借鉴国际先进做法的基础上，结合我国实际，明确了消费者享有以下九项权利：

（1）安全保障权。消费者在购买、使用商品或接受服务时，享有保障其人身、财产安全不受损害的权利。安全是消费者最基本的要求，也是最重要的权利。在网购时，人们往往首先关心的就是商品的安全问题。

（2）知情权。消费者有知悉其购买商品或者接受服务的真实情况的权利。电子商务消费者有权全面、真实、准确、及时获得商品或服务的信息，例如商品销量、用户评价等。在实践中，电子商务经营者虚构交易、编造评价等行为都是典型的侵犯消费者知情权的行为。同时，电子商务经营者根据消费者的兴趣爱好、消费习惯等特征向其提供商品或者服务的搜索结果的，应当同时向该消费者提供不针对其个人特征的选项。

（3）自主选择权。消费者享有自主选择商品或者服务的权利，包括自主选择提供商品或服务的经营者；自主选择商品品种或服务方式；自主决定是否购买；有权对商品或服务进行比较、鉴别和挑选。对于售后开具电子发票还是纸质发票、物流和支付方式、是否购买搭售商品等，也由消费者自主决定。特别是电子商务经营者搭售商品或者服务时，不能将搭售商品或者服务作为默认同意的选项。

（4）公平交易权。消费者在购买商品或者接受服务时，享有获得质量保障和价格合理、计量正确等公平交易的权利。

（5）依法求偿权。消费者因购买、使用商品或接受服务受到人身、财产损害时，依法享有要求获得赔偿的权利。

（6）结社权。消费者享有依法成立维护自身合法权益的社会团体的权利。

（7）获得知识权。消费者享有获得有关消费和消费者权益保护方面知识的权利。

（8）受尊重权。消费者在购买商品或者接受服务时，享有其人格尊严、民族风俗习惯得到尊重的权利。人格尊严权主要包括肖像权、姓名权、名誉权、荣誉权和隐私权。

（9）监督权。消费者享有对商品和服务及保护消费者权益工作进行监督的权利。

6.2.3 电子商务服务者

1. 电子商务服务者的定义

在电子商务领域，除了电子商务平台经营者和平台内经营者，还有一些为电子商务交易提供辅助性服务的服务者，它们为电子商务交易者提供广告推广、数据分析、支付等服务，是电子商务活动中不可或缺的一部分。

2. 电子商务服务者的分类

（1）广告服务者。广告服务者主要为电子商务经营者提供广告及推广服务，根据工作内容的不同，分为广告经营者和广告发布者。广告经营者是指接受委托提供广告设计、制作、代理服务的经营者，广告发布者是指为广告主或者广告主委托的广告经营者发布广告的经营者。

（2）大数据服务者。大数据技术的发展已经应用到了电子商务领域，大数据服务者主要为电子商务经营者提供数据仓库、数据安全、数据分析、数据挖掘等服务。

中国方案

《"十四五"国家信息化规划》：鼓励企业开放搜索、电商、社交等数据

发展第三方大数据服务产业

2021年12月27日，中央网络安全和信息化委员会印发《"十四五"国家信息化规划》（简称《规划》）。《规划》提出，提升数据资源开发利用水平；建立健全国家公共数据资源体系，构建统一的国家公共数据开放平台和开发利用端口，推动人口、交通、通信等公共数据资源安全有序开放；鼓励企业开放搜索、电商、社交等数据，发展第三方大数据服务产业；提高异构数据互操作能力，培育发展一批面向不同场景的数据应用产品，持续提升数据开发利用能力；加快各行业各领域数据全过程应用；支持构建农业、工业、商业、教育、医疗、安防、自然资源、水利、城市管理、公共资源交易、审判执行等领域规范化数据开发利用的场景，提升数据资源价值；健全适应数据要素特点、推动数字经济有序发展的税收征收管理制度，鼓励专业化大数据服务企业发展；优化统计生产方式，促进政府统计与大数据深度融合。

（3）支付服务者。目前，电子商务在线支付方式主要有电子银行支付和第三方支付。电子银行支付是传统支付结算机构结合互联网信息技术提供的一种线上服务。第三方支付是随着电子商务迅猛发展起来的一种支付方式。

第三方支付服务者主要是指为电子商务交易提供支付、结算服务的非金融机构，微信及支付宝就是典型的第三方支付工具。

（4）快递物流服务者。快递物流服务者，是指为电子商务提供运输、仓储、装卸、搬运、包装、流通加工、配送、信息处理等活动的服务者。

3. 电子商务服务者的法律规制

（1）广告服务者的规制。广告服务者利用互联网在电子商务平台提供广告服务时，必须经广告审查机关审查才能发布广告，不能影响用户正常使用网络，不能发布法律法规禁止的广告。在互联网页面以弹出等形式发布的广告，应当显著标明"关闭"标志，确保一键关闭，不以欺骗方式诱使用户点击广告内容。广告使用数据、统计资料、调查结果、文摘、引用语等引证内容的，应当真实、准确，并表明出处。引证内容有适用范围和有效期限的，应明确表示。

（2）大数据服务者的规制。大数据服务者建设、运营网络或者通过网络提供服务，应当依照国家强制性要求，采取技术措施保障网络安全、稳定运行，有效应对网络安全事件，防范网络违法犯罪活动，维护网络数据的完整性、保密性和可用性。其提供的网络产品、服务具有收集用户信息功能的，应取得用户同意并按规定保护个人信息。

此外，大数据服务者不得从事窃取网络数据等危害网络安全的活动；不得提供专门用于窃取网络数据等危害网络安全活动的程序和工具；明知他人从事危害网络安全活动的，不得为其提供技术支持、广告推广、支付结算等帮助。

（3）支付服务者的规制。电子商务服务者成立第三方支付机构在全国范围内从事支付业务的，其注册资本[1]最低限额为1亿元人民币；拟在省级范围内从事支付业务的，其注册资本最低限额为3千万元人民币。第三方支付机构按照核准的业务范围从事经营活动，不得将业务外包，也不得转让、出租、出借"支付业务许可证"。

第三方支付机构应当公开披露支付业务的收费项目和收费标准，制定支付服务协议，并向中国人民银行备案；应按规定妥善保管客户身份的基本信息、支付业务信息、会计档案等资料，保守客户的商业秘密，不对外泄露。

（4）快递物流服务者的规制。快递企业需符合企业法人条件，即从事快递业务的

1　注册资本最低限额为实缴货币资本。

商事主体须为企业法人，并且要获得"快递业务经营许可证"。当然，从事快递业务需要有一定经济实力，具体说来，要在省、自治区、直辖市范围内经营，注册资本不低于50万元人民币；跨省、自治区、直辖市经营的，注册资本不低于100万元人民币；经营国际快递业务的，注册资本不低于200万元人民币。

快递物流服务者需要建立安全保障制度和措施，包括保障寄递安全、保障服务人员和用户的人身安全、保障用户信息安全和制度，以及符合国家标准的各项安全措施；需要具备严格的保密管理制度，包括保密管理规定、保密纪律、保密责任制度等，定期开展保密工作检查；需要提供服务承诺、收寄验视、业务查询、退回邮件处理、服务赔偿、投诉受理等服务。

如果快递物流服务者开办快递末端网点，需要在开办之日起20日内向邮政管理部门备案，但不需要办理营业执照。不能经营由邮政企业专营的信件寄递业务，不能寄递国家机关公文。不能将信件打包后作为包裹寄递。快递物流企业参与跨境电子商务零售进口业务，除了需要获得国家邮政管理部门颁发的"快递业务经营许可证"，还需要依据海关报关单位注册登记管理相关规定，向所在地海关办理注册登记。

6.3　电子商务法律法规的实践应用

6.3.1　电子商务合同的订立与履行

1. 电子商务合同的订立

（1）电子商务合同的概念。电子商务合同又称电子合同，具有传输快捷方便、环保节约等特点。根据联合国国际贸易法委员会《电子商务示范法》、我国的《民法典》《中华人民共和国电子签名法》，结合世界各国颁布的电子交易法，电子商务合同可以定义为：电子商务合同是平等主体的自然人、法人和非法人组织之间以数据电文形式所形成的设立、变更、终止财产性民事权利义务关系的协议。

（2）电子商务合同订立的方式。

①点击。网购时，网站要求消费者填写有关信息，并点击"我同意"之后才可以进行相关活动，这种必须点击"同意"的合同就是点击合同。点击合同是从传统格式合同演变而来的，是电子形式的格式合同，也叫标准合同，能够缩短交易时间、降低

交易成本、无须讨价还价，常用于大型企业面对众多消费者进行频繁重复、内容固定的各种交易。

②电子数据交换。以电子数据交换（Electronic Data Interchange，EDI）方式订立合同是指按照一个公认的标准，将商业或行政事务处理转换成结构化的事务处理报文数据格式，并借助计算机网络实现的数据电文传输。

典型的以EDI方式订立合同的流程如下：一个生产企业的EDI系统通过网络收到一份订单并自动处理，检查订单是否符合要求，若符合要求，则向订货方确认报文，通知企业管理系统安排生产，向零配件供应商订购零配件，向物流企业预订货运集装箱，到海关、商检等部门办理出口手续，通知银行结算并开具发票，从而将整个订货、生产、销售过程贯穿起来。

相对于传统的交易方式，EDI的突出价值在于它用电子资料取代了传统的书面贸易文件，大大节约了交易时间，实现了低费用、高效益的商业目的。

③电子邮件。以电子邮件方式订立电子合同比较常见，它是指当事人通过电子邮件方式完成要约和承诺过程而订立合同。电子邮件是互联网上应用最广泛的通信工具之一，较之EDI合同，以电子邮件方式订立的合同更能清楚地反映订约双方的意思表示。但电子邮件在传输过程中易被截取、修改，故安全性较差。在实践中，当事人以电子邮件方式订立合同的，应当采用电子签名，以确保电子邮件的真实性。

🔲 企业创新

腾讯电子签商家版上线，中小微企业可以在微信里签合同

2021年12月，腾讯电子签上线商家版功能，让中小微企业可通过腾讯电子签小程序，快速发起、签署、管理各类合同，进一步提高中小微企业的文件签署效率，降低文件邮递及管理成本。

企业在腾讯电子签小程序上传营业执照，完成法人身份认证，即可使用相关服务。企业可以在小程序内选择官方合同模版，也可以根据自身的经营需求，上传自定义合同模版。补充合同信息后，通过微信直接发送给签署方。签署方在腾讯电子签小程序完成身份认证、签署完后发回，就完成了整个签约流程。

签署后的合同保存在云端，企业和个人可以随时查看、统一管理。同时，双方签署过程的关键电子证据会通过至信链平台存证，其底层技术是基于国产自主可控的"长安链"，确保合同内容安全、不可篡改。当双方发生异议或纠纷时，经区块链存证的电子合同可作为具备充分法律效力的证据，减轻当事人的举证负担，加快解决纠纷。

据腾讯电子签负责人介绍，在前期调研中，团队发现中小企业在合同上有很多痛点。比如，销售人员搞阴阳合同，中间赚取差价，让公司蒙受损失；电商企业想跟客户签电子合同，但电子合同签订流程操作烦琐，使用门槛高；合同签署流程不规范，难以解决纠纷等。电子签上线商家版功能，也是希望能简化电子合同的流程，让每个商家都能快速上手。

中小企业在差旅费受限的情况下，借助电子合同的帮助，可以远程跟业务相关方签约，避免因为签约难影响经营。未来，电子签也会不断丰富自身的功能、降低使用门槛，帮助中小微企业用好数字化工具，实现降本增效。

（3）电子商务合同的订立原则。

①平等原则。电子商务合同的当事人法律地位平等，并且当事人是在充分协商达成一致的前提下订立的合同，任何一方都不得以强迫、命令、胁迫等手段签订合同。

②自愿原则。电子商务合同当事人订立合同，应当遵循自愿原则。包括自愿订立合同、自愿与谁订立合同；合同内容由当事人在不违法的情况下自愿约定，可以进行协议补充和变更；双方可以协议解除合同、自由约定违约责任、在发生争议时自由选择解决方式。

③公平原则。电子商务合同当事人订立合同，应当遵循公平原则，合同中双方权利和义务要对等，风险分配要合理，违约责任要明确。

◈ 协作探究

对已签订的合同单方面要求提价，公平吗？

某工程公司甲承建某企业乙的办公楼，约定钢材以1 500元/吨的价格向乙结算。谁知开工三个月后钢材价格每吨飙升到3 000元，甲越干越亏，只好要求乙调整价格，但乙说："已签订的合同要改，岂不是违约？"甲转而提起诉讼，请求变更合同或者解除合同。

请以小组为单位，思考并讨论在公平原则下甲乙双方到底谁更有理。

④诚信原则。电子商务合同当事人在订立合同的全过程中要遵循诚信原则，恪守承诺。在合同的缔结阶段，应向对方提供缔结合同所必要的信息，为对方保守秘密，合同一旦有效成立后应当严格遵守。

（4）电子商务合同的订立过程。

①要约与要约邀请。要约是希望与他人订立合同的意思表示，该意思表示应当符合两个条件：内容具体确定；表明经受要约人承诺，要约人即受该意思表示约束。要约一经生效，要约人不得随意改变要约内容，亦不得撤回要约；受要约人取得做出承诺以使合同成立的权利，但并不因此承担必须承诺的义务。

要约邀请是希望他人向自己发出要约的表示。拍卖公告、招标公告、招股说明书、债券募集办法、基金招募说明书、商业广告和宣传、寄送的价目表等均为要约邀请。商业广告和宣传的内容符合要约条件的，构成要约。

⬡ 协作探究

电子商务环境中的要约与要约邀请

要约和要约邀请是不同的两个概念，但常有人分辨不清。通过上述内容的学习，请以小组为单位，思考并讨论要约与要约邀请在电子商务环境中究竟应该如何区分？

②电子承诺。电子承诺是针对网络上发出的电子要约做出的承诺。电子承诺人可以通过点击或者发送电子邮件做出承诺。电子承诺只要在实质上与要约的内容一致，电子合同即可成立。电子承诺应当以通知的方式做出，但是根据交易习惯或者要约表示，可以通过行为做出承诺的除外。

③电子意思表示的撤回与撤销。意思表示的撤回是指在意思表示到达对方之前或到达之时，行为人向其发出通知否认前一意思表示效力的行为。电子要约和电子承诺都可以撤回，但电子承诺不可撤销。电子要约的撤销，根据电子商务合同订立方式的不同而有所区分。在EDI方式下，要约到达的同时系统就发出承诺，因此无法撤销。而电子邮件的要约达到后，受要约人在发出承诺前存在时间差，要约有撤销的可能性。

④电子商务合同的成立。电子商务经营者发布的商品或者服务信息符合要约条件的，用户选择该商品或者服务并提交订单成功，则合同成立。当事人另有约定的，从其约定。在EDI合同中，当事人用电子数据发出电文即为要约，对方当事人用电子数据发出电文即为承诺。电子商务经营者不得以格式条款等方式约定消费者支付价款后合同不成立，就算格式条款等含有该内容也是无效的。

电子商务经营者应当清晰、全面、明确地告知用户订立合同的步骤、下载方法等事项，保证用户能够便利、完整地阅览和下载。例如，在消费者网购时，在提交订单之前是可以更正输入错误的，而下单后，店家还会再次发送一个订单确认信息，内含收货地址、所选商品型号等，方便消费者再次确认信息无误。

2. 电子商务合同的履行

（1）电子商务合同标的交付内容与方式。电子商务合同的标的即交付内容，可以划分为有形标的与无形标的。当某一标的物为有形物时，电子商务合同与传统合同的履行过程是相同的。电子商务当事人可以约定采用快递物流方式交付商品。快递物流服务提供者在交付商品时，应当提示收货人当面查验；交由他人代收的，应当经收货人同意。

当某一标的物为无形物时，一般可以采取两种方式进行交付：一种方式是将无形标的物装载于有形物中进行交付，比如将计算机软件装载于光盘内进行交付，是以有形介质为载体，使无形标的的交付变为有形标的的交付的方式，适用传统合同履行规定；另一种方式是电子传输交付，即通过电子网络中的数据电文往来完成合同标的的交付，比如在得到供方许可后登录到供方的电子网络中将计算机软件下载完成交付，或由供方利用电子网络将标的物直接发送到需方的指定系统中即完成交付，这是电子合同独有的交付方式。

（2）电子商务合同标的交付时间。在电子商务合同标的交付时，交付商品并采用快递物流方式交付的，收货人签收时间为交付时间；提供服务的，生成电子凭证或实物凭证中载明的时间为交付时间，凭证没有载明时间或载明时间与实际提供服务时间不一致的，以实际提供服务的时间为准；采用在线传输方式交付的，以标的物进入对方指定的系统且能够检索识别的时间为交付时间。合同当事人另有约定的，按照其约定。

6.3.2 电子商务争议解决

电子商务活动涉及的法律关系复杂、有关参与主体多样，发生争议是不可避免的。争议解决制度是保障电子商务健康发展的重要法律制度。电子商务争议主要发生在经营者之间、经营者与消费者之间、经营者与其他主体（如知识产权人）之间等，这些争议多为互联网背景下的在线争议，存在跨时差、跨区域等特点，利用传统争议解决机制来处理耗时长、成本高，因此更多的是依靠在线争议解决机制（Online Dispute Resolution，ODR）解决争议。相较于传统的争议解决机制而言，ODR更能适应电子商务的快速发展，其利用互联网进行全部或主要程序的各种争议解决，主要包括在线仲裁（Online

Arbitration）、在线调解（Online Mediation）和在线和解（Online Negotiation）等方式。

因此，结合《电子商务法》的相关规定，电子商务争议解决共有五种方式，分别为在线协商、在线调解、行政投诉、在线仲裁和在线诉讼。

1. 在线协商

在线协商是指在没有第三人参加的情况下，通过第三方的网络信息平台和网络争议解决环境，当事人双方利用网络信息技术进行信息交流与沟通，最后化解争议。这是一种快速简便的争议解决办法。它能保障当事人获得公平对话的机会，同时保密性措施相对较周全。而且通常在线协商不收取当事人的任何费用，减少了当事人因争议解决而支出的成本，符合电子商务争议解决的要求。

2. 在线调解

在线调解是一种当前使用较为广泛、发展较为迅速的在线争议解决方式，它是在线协商的延伸，是指在中立第三方的实质协调下，争议双方通过信息网络技术，在没有"面对面"的情况下，双方就争议事项达成调解协议并最终解决争议的过程。在程序上，在线调解通常使用的流程可以包括五个阶段（如图6-4所示），所有程序都通过在线的方式进行，双方当事人通过随机创设的在线调解室，以网上文字的形式进行事实陈述和证据出示（主要是相关证据的电子照片），并由调解员介绍相关的法律规定，提出调解方案。双方当事人如果接受这一方案，则达成调解协议。

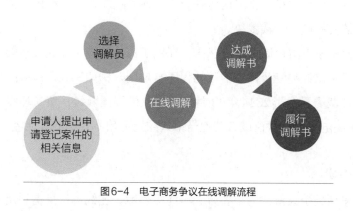

图6-4　电子商务争议在线调解流程

3. 行政投诉

消费者在消费中处于相对弱势的地位，国家会提供一定程度的行政保护，因此，电子商务争议也可以向有关部门投诉。例如，消费者购买到假货后，可以向市场监督管理部门投诉，市场监督管理部门会在职能范围内，保护消费者的合法权益。此外，市场监督管理部门还会定期检查市场，查处售假的商家。目前，消费者权益保护主要是由市场监督管理局部门负责，其全国投诉电话为"12315"。可线上投诉的全国12315平台页面如图6-5所示。随着电子政务的发展，越来越多行政机关可以在线接受有关投诉。

图6-5　全国12315投诉平台页面

4. 在线仲裁

仲裁是较具权威性和强制性的电子商务争议解决方式，在线仲裁是指争议当事人根据事先订立的仲裁协议或者发生争议后订立的仲裁协议，利用互联网在线上进行仲裁申请、仲裁员指定、证据提交、文书送达等一系列仲裁程序，并最终由仲裁员在线上根据争议双方提交的资料做出仲裁裁决。

仲裁作为商事争议解决制度历史悠久，在电子商务领域正在焕发新的生机。很多知名的国际仲裁机构已经建立了网上仲裁的程序与规则。例如，我国最大的仲裁机构中国国际经济贸易仲裁委员会于2014年11月修订的《中国国际经济贸易仲裁委员会仲裁规则》，适用于解决电子商务争议或者其他当事人约定适用本规则的其他经济贸易争议。

5. 在线诉讼

诉讼是电子商务争议解决的重要方式与终极保障。在线诉讼是指利用互联网进行诉讼程序，也被称为网络庭审，即以网络服务平台为依托，把诉讼的每一个环节都搬到网络上，起诉、立案、举证、开庭、裁决都可以在线上完成，使电子商务争议可以更加快捷地得到处理，不仅提高了审判效率，而且节约了司法资源。电子商务网络庭审的诉讼流程严格按照《中华人民共和国民事诉讼法》的有关规定进行，与传统的线下诉讼并无不同。目前，已有一些法院设立了电子商务网上法庭，采用网络庭审方式解决电子商务争议。

✧ 法治护航

全国首个跨境贸易司法解纷平台上线

2021年11月，杭州互联网法院正式上线运行全国首个跨境贸易司法解纷平台，杭州互联网法院数字贸易多元解纷服务页面如图6-6所示。该平台集中受理杭州互联网法院管辖的跨境数字贸易、互联网知识产权等纠纷案件，通过一整套多元化、立体式的纠纷化解途径和体系，对接调解、仲裁等，比照APEC 21个成员经济体认可的《亚太经合组织跨境电商（B2B）在线争端解决合作框架》及《示范程序规则》，实现调解、仲裁、公证、诉讼等多种纠纷在线一站式解决，有助于加强跨境司法协作机制建设，服务保障数字经济健康发展，为全球互联网治理贡献"杭州智慧"、输出"中国经验"。

图6-6 杭州互联网法院数字贸易多元解纷服务页面

跨境贸易司法解纷平台着力加强跨境电子商务、知识产权案件专项管理，对新类型案件、重大复杂案件、群体性案件以及涉外、涉港澳台案件，实行案件信息及时报告、定期梳理分析等制度，促进审判质量效率不断提高。在线审理及异步审理模式克服涉外诉讼的地域、时域障碍，让庭审不再拘泥于物理空间的限制，真正实现了"跨境纠纷跨境审"，保障涉外诉讼有序进行；智能审理模式融合了大量优秀法官的智慧，突破了个体的智力限制，同时是运用技术理性合理框定了裁判尺度，彰显司法公信。

6.3 电子商务法律法规的实践应用

一、单选题

1. 《电子商务法》的正式施行时间是（　　）。

    A. 2018年8月31日　　　　　　B. 2018年9月1日

    C. 2019年1月1日　　　　　　　D. 2019年1月31日

2. 电子商务经营者的义务不包括（　　）。

    A. 依法办理市场主体登记　　　B. 依法取得经营许可

    C. 依法纳税　　　　　　　　　D. 管理平台

3. 电子商务经营者虚构交易、编造好评等行为侵犯了电子商务消费者的（　　）。

    A. 安全保障权　　　　　　　　B. 知情权

    C. 自主选择权　　　　　　　　D. 监督权

4. 电子合同的标的为交付商品并采用快递物流方式交付的，其交付时间为（　　）。

    A. 商家发货时间　　　　　　　B. 收货人签收时间

    C. 收货人付款时间　　　　　　D. 收货人下单时间

5. 小明网购时与卖家产生了一些矛盾，他可以拨打行政投诉的平台电话是

    （　　）。

    A. 12306　　　　　　　　　　B. 12319

    C. 12315　　　　　　　　　　D. 12351

二、多选题

1. 《电子商务法》的基本原则有（　　　　　）。

    A. 鼓励创新发展　　　　　　　B. 支持社会共治

    C. 线上线下一致　　　　　　　D. 公正平等

2. 电子商务经营者的三要素是指（　　　　　）。

    A. 通过互联网等信息网络活动　B. 销售商品或者提供服务

    C. 在电子商务平台经营　　　　D. 经营活动

3. 电子商务平台经营者的特别义务包括（　　　　　）。

    A. 管理平台内经营者主体身份　B. 保存和报送信息

    C. 维护平台安全稳定　　　　　D. 为平台内经营者提供广告服务

4. 下列选项中，属于电子商务服务者的有（　　　　　）。

    A. 广告服务者　　　　　　　　B. 大数据服务者

C. 支付服务者   D. 快递物流服务者

5. 电子商务合同可以通过以下（   ）方式订立。

    A. 点击   B. 电子数据交换

    C.电话   D. 电子邮件

三、判断题

1. 个人通过网络出售自用的二手物品，属于电子商务经营者的范畴。（   ）

2. 电子商务平台就是电子商务平台经营者。（   ）

3. 要约一经生效，要约人不得随意改变要约的内容，亦不得撤回要约。（   ）

4. 不论电子商务合同的标的是有形标的还是无形标的，交付方式都一样。（   ）

5. 网购时可以通过协商、组织调解、行政投诉、提请仲裁和诉讼解决争议。（   ）

四、案例分析题

    在线上线下融合过程中，越来越多的经营活动通过互联网等信息网络进行。例如，在街边煎饼果子摊位买两套煎饼，以互联网的方式进行支付（微信或支付宝）。又如，餐馆在每个餐桌贴了二维码，消费者扫码后可以点菜和买单。

    请大家思考，经营活动中的支付环节是通过互联网等信息网络进行的，那么该经营活动是否属于电子商务活动？是否受到《电子商务法》的规制？

实训主题：电子商务法律主体间的争议解决实例分析

实训背景：通过课程学习，对电子商务法律主体和电子商务争议解决方式有了初步
　　　　　认识，通过本实训任务，了解不同电子商务法律主体（经营者、消费
　　　　　者、服务者）之间的争议解决方式。

实训目标：1. 了解电子商务争议按照不同电子商务法律主体的分类。
　　　　　2. 掌握各电子商务法律主体之间的争议解决方式，并学以致用。

实训操作：1. 按照电子商务法律主体进行分类，如电子商务经营者之间、电子商
　　　　　务经营者与电子商务消费者之间等。
　　　　　2. 搜集对应主体类别的电子商务争议案例，并进行分析。
　　　　　3. 小组汇报展示，展开课堂讨论。

电子商务法律主体		案例	电子商务争议解决方式
电子商务经营者	平台经营者与平台内经营者		
	平台内经营者之间		
电子商务消费者	经营者与消费者		
	服务者与消费者		
电子商务服务者	经营者与服务者		
	服务者之间		

防范为先
电子商务安全与风险

第 7 章

学习目标

知识目标

- 了解电子商务安全的主要问题及安全防范措施
- 熟悉中国市场经济环境下的电子商务安全技术
- 掌握"双循环"发展格局下我国跨境电子商务风险及防控办法

技能目标

- 能够准确分析中国电子商务安全存在的问题及产生原因
- 能够清晰描述电子商务安全技术类型及其特点
- 能够举例说明电子商务存在的安全问题和应对办法
- 能够精准分析中国电子商务和跨境电商安全风险及防控方案

素养目标

- 培育和引导学生关心国际国内电子商务宏观及微观环境发展新动向，树立安全电商、电商强国的大国自信，激发爱国主义情怀
- 培养学生的创新意识和创新精神，提高学生的创新能力
- 引导学生树立中国电子商务安全观和法治观
- 引导学生树立电子商务风险防范意识

思维导图

防范为先：电子商务安全与风险
- 电子商务安全概述
  - 电子商务安全的内涵
  - 电子商务面临的安全问题
  - 电子商务安全防范措施
- 电子商务安全技术
  - 加密技术
  - 安全认证技术
  - 安全协议
  - 其他安全技术
- 跨境电子商务风险防控
  - 跨境电子商务风险
  - 跨境电子商务风险防控

学习计划

✦ **知识学习计划**

✦ **技能训练计划**

✦ **素养提升计划**

RCEP推动电子商务、网络安全等相关产业发展

2020年11月15日，东盟十国、中国、日本、韩国、澳大利亚及新西兰共15个国家正式签署了《区域全面经济伙伴关系协定》（Regional Comprehensive Economic Partnership，RCEP），意味着全球规模最大的自由贸易区正式建立。

RCEP有助于扩大中国出口市场规模。RCEP正式达成后，将覆盖世界近30%的人口、超全球29%的GDP总量及27%左右的贸易量，成为全球规模最大的自由贸易协定区。RCEP共计20章，分别涵盖了货物贸易、服务贸易、投资等市场准则，以及贸易便利化、知识产权、电子商务、竞争政策、政府采购等大量规则内容。

RCEP有望推动国内电子商务、网络安全、IDC（Internet Data Center，互联网数据中心）等相关产业发展。RCEP共有二十章，其中第十二章电子商务章是首次在亚太区域达成的范围全面、水平较高的多边电子商务规则成果。其具体目标如下：

（1）促进缔约方之间的电子商务，并在全球范围内更广泛地使用电子商务；

（2）促进在使用电子商务方面创造信任和信心的环境；

（3）加强缔约方之间在发展电子商务方面的合作。

具体看，RCEP主要涵盖了促进无纸化贸易，推广电子认证和电子签名，保护电子商务用户个人信息，保护在线消费者权益，加强针对非应邀商业电子信息的监管合作等规则。此外，各方还在协定中就跨境信息传输，信息存储等问题达成重要共识。这些内容将为各成员国加强电子商务领域合作提供制度保障。

案例启示：

RCEP加大对线上电子商务贸易领域的支持力度，将有利于跨境电商、SaaS服务、电商运营、信息安全、数字认证、IDC等相关产业的发展。随着电子商务在国际合作中的广泛应用，电子商务如何在信息技术、网络安全、信任建设、风险防范等方面建设和应用？如何从宏观和微观方面认识电子商务的安全与风险？都是中国电子商务未来需要去积极探索的问题。

7.1 电子商务安全概述

近年来，随着云计算、大数据等新兴技术在各个领域的广泛应用和不断突破，电子商务行业也快速走向成熟，众多创新型企业在向世界展示着中国电子商务的实力。新技术革命对中国乃至世界电子商务行业都产生了重要影响。

但是，电子商务从业者与应用者的管理水平和互联网意识通常落后于技术的快速革新，各种数据资源价值的开发也相对滞后。当前，电子商务领域仍存在技术安全、商业交易安全、法律安全等问题。电子商务安全问题的预防和解决必须依赖制度的不断完善，以及相关法律的健全和实施，需要电子商务从业者时刻谨记安全防范和诚信经营，不断维护好、建设好中国电子商务生态。

7.1.1 电子商务安全的内涵

微课：
电子商务安
全的内涵

1. 电子商务安全的定义

电子商务安全是指采用一定的方法和措施，对电子商务系统进行有效的管理和控制，确保电子商务信息数据和交易环境受到有效的保护。

电子商务安全是电子商务发展的保障，只有保证了电子商务的安全，网络环境中的商务活动才能够顺利进行。电子商务作为依托互联网开展的商业活动，离不开计算机网络的应用，因此，从整体上来说，电子商务安全可以分为计算机网络系统安全和商务交易安全两大部分。

2. 电子商务安全要素

由于互联网是基于开放性架构的，随着信息通信技术的发展，各种新技术、新设备层出不穷，使得电子商务交易面临着各种安全问题。针对这些问题，电子商务安全应包括五大要素，即机密性、完整性、可认证性、不可抵赖性和可靠性，如表7-1所示。

表7-1 电子商务安全要素

要素	概念
机密性	信息的机密性是指信息在存储、传输和处理过程中不被他人窃取

要素	概念
完整性	信息的完整性是指信息在传输过程中不被篡改和破坏
可认证性	信息的可认证性是指电子商务交易者身份真实，不可假冒
不可抵赖性	信息的不可抵赖性是指信息收发双方不可否认已经接收或发送过信息
可靠性	信息的可靠性是指保证授权用户在正常访问信息和资源时不被拒绝

（1）机密性。机密性是指信息在网络存储、传输和处理的过程中不被他人窃取、泄露的特性。电子商务建立在一个开放的网络环境下，当交易双方通过互联网交换信息时，如果不采取适当的保密措施，就有可能被他人非法窃取。如信息被窃取，就可能造成敏感商业信息的泄露，进而导致商业上的巨大损失。

（2）完整性。完整性是指保护数据不被未经授权的人篡改和破坏的特性。电子商务系统应防止对交易信息未授权的生成、修改和删除，同时防止交易信息在传输过程中丢失或重读。这种方式一般要通过信息摘要实现，先通过摘要算法对要传输的信息进行计算，得到摘要信息，后将摘要信息一并传输给接收方。

（3）可认证性。可认证性是指电子商务交易者身份真实，不可假冒的特性。由于网上的通信双方互不见面，所以在交易前必须先确认对方的身份及账号等信息是否真实有效。电子商务系统应该提供通信双方进行身份鉴别的机制，确保交易双方身份信息的真实可靠，同时对私有密钥和口令进行有效保护，防止假冒身份在网上交易。

（4）不可抵赖性。不可抵赖性是指信息收发双方不可否认已经接收或发送过信息的特性，即交易一旦达成，发送方不能否认发送过信息，接收方也不能否认接受过信息，具有法律的有效性要求。电子商务系统应有效防止商业欺诈行为的发生，网上进行交易的各方在进行数据传输时，都必须携带自身特有的、无法被复制的信息，以保证商业信用和行为不可抵赖。

（5）可靠性。可靠性是指保证授权用户在正常访问信息和资源时不被拒绝，即保证为用户提供稳定、有效、持续的服务的特性。电子商务依托互联网开展商务活动，计算机及网络硬件和软件工作的可靠性是电子商务活动顺利开展的关键。因此，电子商务系统应对网络故障、操作错误、程序错误、硬件故障、系统软件错误等潜在威胁加以控制和预防，以保证服务不被拒绝。

7.1.2 电子商务面临的安全问题

电子商务系统的安全性问题涉及多个方面，如计算机系统安全、操作安全、数据存储安全、网络安全、电子交易安全等。但总体上来看，电子商务面临的安全问题可以分为两个层次，分别是计算机网络中的安全问题和电子商务交易中的安全问题。

1. 计算机网络中的安全问题

互联网的开放性给企业提供了良好的线上经营环境，但同时给电子商务的正常开展带来许多风险。在大数据时代，计算机电子商务安全问题引发了诸多不良后果，使用户个人隐私和财产安全受到了巨大的威胁。计算机网络系统中的安全问题可以分为计算机实体安全问题、网络安全问题和应用安全问题。

（1）计算机实体安全问题。计算机是一种实体设备，一旦出现故障，会影响电子商务系统的正常运行。电子商务网络服务通常是基于硬件及环境进行的，所以硬件及环境的破坏会对网络服务的正常运行造成威胁。硬件威胁通常包括设备的功能失常、电源故障、搭线窃听等物理性实体硬件设备设施引发的安全问题；环境威胁主要包括各种灾害，如风暴、泥石流、火灾、水灾、空气污染等对计算机网络系统的威胁。

❖ 法治护航

中国网络安全保护进入新阶段

2021年7月30日，国务院总理李克强签署国务院令第745号，公布《关键信息基础设施安全保护条例》（以下简称《条例》），自2021年9月1日起施行。这是我国首部专门针对关键信息技术设施安全保护工作的行政法规。

司法部、网信办、工业和信息化部、公安部负责人就《条例》在答记者问中指出：任何个人和组织不得实施非法侵入、干扰、破坏关键信息基础设施的活动，不得危害关键信息基础设施安全；未经国家网信部门、国务院公安部门批准或者保护工作部门、运营者授权，任何个人和组织不得对关键信息基础设施实施漏洞探测、渗透性测试等可能影响或者危害关键信息基础设施安全的活动；对基础电信网络实施漏洞探测、渗透性测试等活动，应当事先向国务院电信主管部门报告。

（2）网络安全问题。网络安全是指网络系统的硬件、软件及其系统中的数据受到保护，不因偶然的或者恶意的原因而遭受到破坏、更改、泄露，系统连续可靠正常地运行，网络服务可以顺利进行。随着云计算、大数据的应用，线上与线下的边界逐渐模糊，电子商务的应用使数据存储量和流量成倍上涨，网络安全攻击带来的损失也随之成倍增加。

①黑客攻击。黑客攻击是电子商务网络安全管理中比较常见的网络安全问题，也是威胁电子商务安全的重要隐患。黑客攻击的目的就是扰乱网络系统的正常运行，或者在电子商务运行中获取一些商务数据与信息。比较常见的黑客攻击手段主要有：窃听、重发攻击、迂回攻击、假冒攻击、越权攻击等。这些黑客攻击行为不仅影响了数据的安全，同时会对电子商务中的信息产生一些影响，无法保障电子商务的正常秩序。

②系统漏洞。系统漏洞也叫系统脆弱性，是计算机系统在硬件、软件、协议的设计与实现过程中或系统安全策略上存在的缺陷和不足。电子商务系统的网络入侵者可以根据系统自身的安全漏洞，获取系统数据的操作权限，并利用此操作权限得到想要的商业机密或者其他的数据信息。漏洞产生的根本原因就是电子商务系统管理者并没有及时发现安全问题，或者没有做好补丁的管理，从而出现了各种各样的系统漏洞。

✿ 中国方案

"两会"新声音，"网络安全"提案

随着网络技术的快速发展，互联网经济已成为我国经济结构中重要一环，然而随之而来网络安全问题也日益凸显，给国家安全、行业发展及个人利益带来了巨大威胁。基于这种严峻形势，在2022年"两会"上，多位全国人大代表、全国政协委员携网络安全相关议案、提案上会，聚焦个人隐私保护、数字安全建设等方面。引发了社会各界的关注和讨论。

从个人信息安全保护到国家网络基础设施建设，每一条提案都是网络安全行业追求发展和变化的"声音"。网络安全是数字化战略的"底座"，在数字化时代，每一个人都是网络安全的福利受益者也是风险承担者，加强网络安全建设刻不容缓。

（3）应用安全问题。近年来，随着移动互联产业的兴起，各种移动应用软件（App）逐渐渗透到社会生活的各个领域，美团、携程等电子商务领域应用软件的种类和数量都呈现爆发式的增长。第三方软件开发包（Software Development Kit，SDK）、移动应用接口（Application Programming Interface，API）等技术广泛集成，应用于移动应用软件中，为日益丰富的App功能提供了技术上的解决方案。然而，在新技术快速发展、应用场景迅速扩展，安全形势不断变化的情况下，安全风险呈多样化发展趋势。移动应用软件常见的安全风险如下：

①App服务器端的安全问题。随着移动应用软件在人们日常生活中的渗透不断提升，大量的数据被采集和存储在了移动应用的服务器端。目前，App服务器端大数据平台组件往往独立设计、开发，并根据不同的业务需求进行组合搭建，若是对平台组件的安全管控不当，极易造成非法访问、敏感数据泄露等安全风险。

②移动应用程序接口安全。应用程序接口是软件开发中实现数据交互操作的重要技术手段，在App开发、运维中发挥着关键作用。API技术在电子商务领域得到广泛应用，涉及包含敏感信息、重要数据在内的数据传输和操作。然而，近年来国内外发生多起由于API漏洞被恶意攻击或安全管理疏漏导致的数据安全事件，对电子商务企业和用户权益造成严重损害，逐渐引起各方关注。

2. 电子商务交易中的安全问题

在电子商务发展过程中，要建立成熟的电子商务系统，需要消除客户在交易过程中对安全问题的担忧。交易安全是指电子商务交易过程中存在的各种不安全因素，包括交易双方的信息安全问题、支付安全问题，以及信用风险问题。

（1）信息安全问题。人工智能、大数据等新兴技术在电子商务领域的应用，因网络开放性和应用广泛性，给信息安全带来极大风险。例如，在网络传输的过程中，信用卡和个人信息容易被黑客截取并不正当使用，进而影响整个交易过程。电子商务应用中常见的信息安全问题包括信息泄露、信息篡改和信息伪造，如表7-2所示。

表7-2　信息安全问题类型

问题类型	简介
信息泄露	电子商务的实名登录和支付与人们日常生活息息相关，通过这些操作可以直接采集个人敏感信息（如人脸、指纹等），保护不当就可能造成个人隐私的泄露
信息篡改	目前互联网传输的协议和格式都是标准的，如果攻击者非常熟悉网络协议、传输制式，就有可能通过各种技术手段截获信息进行篡改，扰乱信息的真实性。若将篡改后的信息再发送到目的端，使目的端收到虚假信息，遭受损失
信息伪造	当攻击者掌握了网络数据规律或将商务信息解密以后，可以伪装成合法用户或发送伪造信息来欺骗其他用户。例如，伪造电子邮件发送信息、假冒他人身份等

（2）支付安全问题。在信息技术推动下，基于计算机、智能终端等支付载体，借助互联网、移动通信网络等支付渠道的电子支付应运而生。支付技术可以解决电子商务交易中货款预付与货到付款的争议，同时避免结款时的货币物流运输问题，使整个电商交易过程更加快速、便捷，进一步推动电子商务的发展。

在电子支付过程中，支付信息泄露事件屡有发生，并成为电信诈骗、移动支付欺诈等风险的源头。电子支付在增强支付便捷性的同时，由于其业态特性，使得相关支付接口易被网络赌博、电信诈骗等非法交易利用，成为快速汇集转移的重要通道。在电子支付业态下，交易场景信息不透明、资金流向难以追踪等业务特性给电子商务交易带来了新的支付风险挑战。

◬ 协作探究

手机支付存在的安全隐患

伴随着消费迈入移动支付时代，手机已经成为越来越多消费者的"第二钱包"。从出门打车，到超市购物，再到饭店买单等，几乎涵盖了每天的衣食住行。但是，手机支付在带来便利的同时，也隐藏着很多安全隐患。

请以小组为单位，结合自己的支付经历，收集相关资料，分析手机支付都有哪些安全隐患？如何将安全隐患降到最低？

（3）信用风险问题。交易行为是建立在信用基础上的，良好的信用关系是有效交易的前提。电子商务是在虚拟网络上进行交易的，因此对信用有更高的要求。电子商务活动中的信用风险主要体现在两个方面，一是自身存在信用体系构建问题，二是对用户及业务的信用程度缺乏把握。例如，难以确定交易双方的主体和信用状况，交易平台的责任和权利尚未明确，网络诈骗行为防不胜防。有些不法分子利用网络交易无法确认交易主体的缺陷，在网络上发布虚假消息，既严重扰乱了交易秩序，破坏了市场规则，也侵害了交易主体的合法权益。

◈ 职业伦理

"大数据杀熟"背后的伦理之困

2020年12月，一篇《我被美团会员割了韭菜》刷屏各大网站，也上了微博热搜，美团顷刻间身陷"大数据杀熟"漩涡。一时之间，"会员配送更贵"引发热

微课：
美团"大数据杀熟"背后的伦理之困

7.1 电子商务安全概述

议，纷纷指责美团"价格歧视""割会员韭菜"。

"大数据杀熟"的现象不仅仅存在于美团，也存在于饿了么、淘宝、当当、天猫、携程、飞猪等平台。与美团一样，饿了么平台也曾被人指"大数据杀熟"，如金牌会员的折扣被暗中取消，同一时间、同一地点、同一餐厅，非金牌会员的配送费就低一些。

这些平台在信息不对称的情况下，借助大数据"精准打击"，利用老用户的"消费路径依赖"专门"杀熟"，似乎是隐性的内在运行逻辑。消费者不能容忍美团"定位缓存"所造成的表面伤害，也不能无视背后的大数据伦理之困，更不能让平台做大后可以任意欺骗用户。畸形的平台运营模式背后，是大数据伦理的失范。

在5G时代，如何强化反垄断、平台治理、企业社会责任，如何使算法少一点算计，在大数据提供个性化服务时，以透明公正的要义打造平衡用户权益与平台收益的健康生态，形成共同遵守的商业伦理准则或行业公约，关上大数据的"偏见之门"，是从根本上治理"大数据杀熟"这一问题的应有之义。

7.1.3 电子商务安全防范措施

1. 提高网络安全防范意识

发生网络安全事故往往是由于网络用户的安全意识较为淡薄，缺乏自我保护意识和辨别能力，为不法分子提供了网络犯罪的机会。因此，提高电子商务从业者及参与者的安全风险防范意识。对于电子商务活动安全有序地进行具有积极作用。在新时代背景下，要想遏制网络犯罪的案件产生，提高人们的安全防范意识，可以通过开展网络安全的公益活动、大众媒体和公益讲座，普及电子商务安全常识，企业定期组织培训，从而提高用户和企业员工的安全防范意识。

2. 建立风险防范体系

由于电子商务活动涉及的领域范围较广，同时综合了经济、技术、管理等多方面的因素，因此在很多方面都有不确定性，这也促使了很多潜在风险的形成。风险防范是指通过对风险的评估来达到预防、控制并合理解决风险，最终是将风险带来的损失降到最低的目的。通过分析与防范来合理预防与控制风险，已经成为很多企业保护自身利益的重要方法。企业首先需要对常见的风险进行评估，当运营存在风险因素时，需要对其进行合理地控制。其次，要优化当前的业务流程，每一步都按照相应的规范设计，确保其中不存在任何漏洞，使业务流程中的每个环节都相对安全。

3. 运用网络安全技术

网络安全技术是保障电子商务网络安全的核心，在对电子商务进行安全管理的过程中，可以更新计算机系统的软件，提高企业的网络技术水平。目前，常用于网络安全处理的技术包括防火墙技术、多重网络保护技术和物理隔离技术等。其中，防火墙技术是当前应用最广泛的网络安全技术之一，能够在内部网络和外部网络之间建立屏障，防止内部服务器受到攻击；多重网络保护技术可以对整个计算机系统进行实时监控，预测系统中的安全隐患，定期下载补丁，保证防火墙高效运行，一旦发现系统中存在的问题，要及时采用应急方案，将安全隐患降到最小；物理隔离技术能够在内部网络和外部网络之间设立隔离墙，对系统进行多重保护，提高系统的安全性。

4. 充分利用法律手段

近年来，随着电子商务的飞速发展，我国电子商务相关法律法规逐步完善。2019年1月1日起施行的《电子商务法》对于保障支付安全、防范风险和合理维护消费者权益都有着重要意义。该法律关于电子商务合同自动信息系统的法律归属与效力的规定，给我国区块链、智能合同等技术的发展及应用提供了重要法律支持，对消费者保护、格式合同规范、跨境电子商务等诸多方面具有重大法律意义。其他法律法规，如《关键信息基础设施安全保护条例》《中华人民共和国密码法》《中华人民共和国个人信息保护法》《中华人民共和国数据安全法》等都对电子商务的安全发展具有重要推动作用。因此，充分利用法律手段，保证电子商务运行者和使用者的合法权益，保证电子商务活动的安全性，可以为电子商务提供一个安全的发展环境。

5. 加强网络基础设施建设

电子商务的发展离不开计算机网络基础配套设施的支持，大力发展电子商务是促进经济增长的新动力。面对我国计算机网络基础配套设施分布不均的问题，应加大资金投入力度，提高计算机网络基础配套设施的建设水平。例如，针对电子商务平台在运行过程中因网络堵塞等导致的用户信息被泄露的安全问题，要加强对计算机网络线路的改造，提高计算机网络的传输能力。同时，大数据技术是电子商务发展的基础技术，应积极推进大数据技术的研发水平提升。加大大数据技术的研发力度，积极推进5G技术的应用。

中国方案

建设新一代网络安全技术创新研发、集成应用"先导区"

2020年11月，中国网络安全产业高峰论坛在京开幕，在网络安全产业园区创新发展分论坛上，工业和信息化部网络安全管理局相关领导表示，网络安全产业园区是推动网络安全产业创新发展的重要载体，推动网络安全产业园区高质量发展，需要从以下三个方面努力：

一是抢抓发展机遇，壮大园区发展动能。加快5G、工业互联网、车联网等重要领域网络安全能力建设，建设新一代网络安全技术创新研发、集成应用"先导区"，鼓励产学研协同开展核心技术攻关，积极培育网络安全产品和服务新模式、新业态。

二是强化要素整合，优化园区发展环境。以打造高水准、高技术、高价值网络安全产业园区为目标，不断优化园区发展政策体系，强化财政、税收、融资、人才落户等政策支持。抓好、抓细园区建设和发展规划落实，完善园区功能配套，创新园区服务模式。

三是秉持融通发展，完善产业发展生态。积极建设网络安全公共服务平台和网络安全特色实验室等，进一步汇聚产业资源要素，着力培育网络安全领航企业，孵化打造特色安全企业，带动提升网络安全产业链和创新链。强化产教融合、校企合作，加快培养复合型网络安全人才队伍。

7.2 电子商务安全技术

电子商务安全技术在电子商务系统中十分重要，它对于守护用户隐私安全，维护电子商务系统的安全稳定发挥着非常重要的作用。互联网的开放性及目前网络技术发展的局限性，使电子商务安全面临着各种威胁，也对电子商务安全技术提出了更高的要求。只有采取了必要且恰当的技术手段，才能充分增强电子商务系统的可鉴别性和可靠性。下面对加密技术、安全认证技术、安全协议及其他安全技术进行简要介绍。

7.2.1 加密技术

加密技术既是电子商务最基本的信息安全防范措施，也是保证电子商务信息安全的重要手段之一。为了保证数据的安全，以及数据来源的合法性，目前在网络中传输数据的时候都会对数据进行加密和验证。

数据加密是计算机系统对信息进行保护的一种最可靠的办法。它利用密码技术对信息进行加密，实现信息隐蔽，从而起到保护信息安全的作用。数据加密技术是利用技术手段把原始信息加密传送，接收方接收后将此密文经过解密还原成明文。原始信息通常被称为"明文"，加密后的信息通常被称为"密文"，数据加密技术示意如图7-1所示。

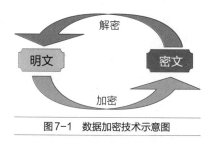

图7-1　数据加密技术示意图

在计算机系统中，加密和解密都有自己特定的算法和密码（密钥）。算法是将明文与一串字符（密钥）结合起来，进行加密运算后形成密文。密钥是在将明文转换为密文或将密文转换为明文的算法中输入的一串字符，可以是数字、字母、词汇或者短语。数据加密技术相关术语及含义如表7-3所示。

表7-3　数据加密技术相关及含义术语

术语	含义
明文	变换前的原始消息
密文	变换后的消息
加密	将信息进行一组可逆的数学变换的过程
解密	与加密相反的过程
密钥	用于密码变换的，只有发送者和接收者拥有的秘密消息
算法	把明文变为密文、把密文变为明文的规则

常见的现代加密体制主要有对称加密体制和非对称加密体制两种。

1. 对称加密体制

对称加密体制采用了对称密码编码技术，它的特点是文件加密和解密使用相同的密钥，通常称之为"Session Key"，即加密密钥也可以用作解密密钥。

在对称加密体制中，加密和解密用的都是同一密钥。发送方用密钥k和加密算法E对明文m进行加密，得到并传输密文数据c；接收方用共享密钥k和解密算法D对密文c进行解密，得到原来的明文数据m，如图7-2所示。因此，如果要对网络中传送的数据使用对称加密算法，这个密钥也必须共享给对方。

但是，这个过程中的信息容易被非法用户连内容带密钥一同截获。如果非法用户截获了这个密钥，那么他也可以解密这些内容，则数据的安全性无法保证。

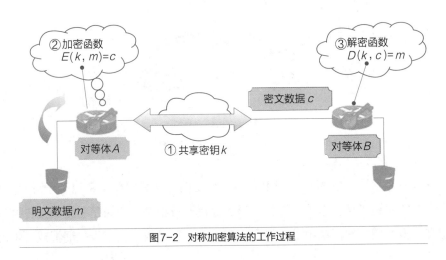

图7-2　对称加密算法的工作过程

2. 非对称加密体制

在非对称加密体制中，加密和解密使用不同的密钥，而且解密密钥不能根据加密密钥推算出来。加密密钥叫作公开密钥（Public-key，简称公钥），即可以公开的密钥；解密密钥叫作私人密钥（Private-key，简称私钥），私钥是不能公开的，只有解密人才会持有。公钥和私钥协同工作，只有特定的私钥才能解开由特定的公钥加密过的数据。

使用非对称密钥，只知道如何加密的数据并不意味着就可以成功解密，必须拥有正确的私钥才行。发送方用公钥p和加密算法E对明文数据m加密，得到并传输密文数据c，并将公钥p给接收方；接收方用自己的私钥q和解密算法D对密文数据c解密，得到原来的明文m数据，如图7-3所示。

在非对称加密体制中，一般是使用公钥进行加密，私钥解密；私钥签名，公钥验签。这样也很好地避免了密钥的传输安全性问题。

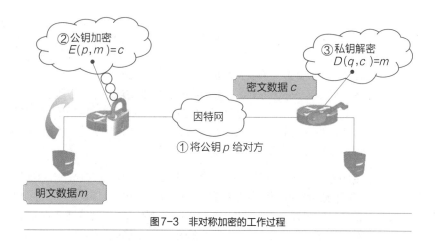

② 公钥加密
$E(p, m)=c$

③ 私钥解密
$D(q, c)=m$

密文数据 c

因特网

① 将公钥 p 给对方

明文数据 m

图7-3　非对称加密的工作过程

7.2.2　安全认证技术

安全认证技术是保证电子商务安全的重要技术手段，是防止信息被篡改、删除、重放和伪造的一种有效方法，它具有被验证的能力，使接收者能够识别和确认消息的真伪。在当前的电子商务系统运营中，其数据信息安全管理的主要内容包括商务数据安全和客户的隐私安全两个方面。常用的安全认证技术主要包括身份认证和信息认证。

1. 身份认证

身份认证也称为"身份验证"或"身份鉴别"，是指在计算机及计算机网络系统中确认操作者身份的过程，从而确定该用户是否具有对某种资源的访问和使用权限。身份认证使计算机和网络系统的访问策略能够可靠、有效地执行，防止攻击者假冒合法用户获得资源的访问权限，保证系统和数据的安全，以及授权访问者的合法利益。常用的身份认证方式如表7-4所示。

表7-4　常用的身份认证方式

身份认证方式	简介
IC 卡认证	IC 卡是一种内置集成电路的卡片，卡片中存有与用户身份相关的数据。IC 卡由专门的厂商通过专门的设备生产，可以认为是不可复制的硬件。IC 卡由合法用户随身携带，登录时必须将 IC 卡插入专用的读卡器读取其中的信息，以验证用户的身份

身份认证方式	简介
动态口令认证	动态口令技术是一种让用户的密码按照时间或使用次数不断动态变化，每个密码只使用一次的技术。用户使用时只需要将动态令牌上显示的当前密码输入客户端计算机，即可实现身份的确认。而用户每次使用的密码都不相同，即使黑客截获了一次密码，也无法利用这个密码来仿冒合法用户的身份。使用手机验证码登录 App，就是动态口令认证
生物特征认证	生物特征认证是指采用每个人独一无二的生物特征来验证用户身份的技术。常见的生物特征认证有指纹识别、虹膜识别等。从理论上说，生物特征认证是最可靠的身份认证方式，因为它直接使用人的物理特征来表示每一个人的数字身份，不同的人具有相同生物特征的可能性小到可以忽略不计，因此几乎不可能被仿冒

2. 信息认证

信息认证是指验证信息的完整性，当接收方收到发送方的报文时，接收方能够验证收到的报文是真实的和未被篡改的。信息认证常用的方法就是信息摘要，即发送方在发送的消息中附加一个鉴别码，接受方将其与收到的鉴别码进行比较，若二者相同则接收，否则就拒绝接收。信息认证主要包括数字签名、数字信封、数字时间戳和数字证书等。

（1）数字签名。数字签名，又称公钥数字签名、电子签章，是只有信息的发送者才能产生的别人无法伪造的一段数字串，这段数字串同时是对信息的发送者发送信息真实性的一个有效证明。因此，数字签名文件的完整性是很容易验证的，且具有不可抵赖性。

数字签名是对非对称密钥加密技术与数字摘要技术的应用，一套数字签名通常定义两种互补的运算，一种用于签名，另一种用于验证。数字签名是使用加密技术对电子形式的数据进行签名的一种方法，一种签名数据能在一个公共通信网络中传输。简单地说，所谓数字签名，就是附加在数据单元上的一些数据，或者是对数据单元所做的密码变换，通过使用这些数据或变换，数据单元的接收者能够确认数据单元的来源、数据单元的完整性，保护数据、防止被伪造。数字签名的实现过程如图7-4所示。

（2）数字信封。数字信封是公钥密码体制在实际中的一个应用，是用加密技术来保证只有规定的特定收信人才能阅读通信的内容。数字信封主要包括数字信封打包和数字信封拆解。数字信封打包是使用对方的公钥将加密密钥进行加密的过程，只有使用对方的私钥才能将加密后的数据（通信密钥）还原；数字信封拆解是使用私钥将加密过的数据解密的过程。数字信封的工作原理如图7-5所示。

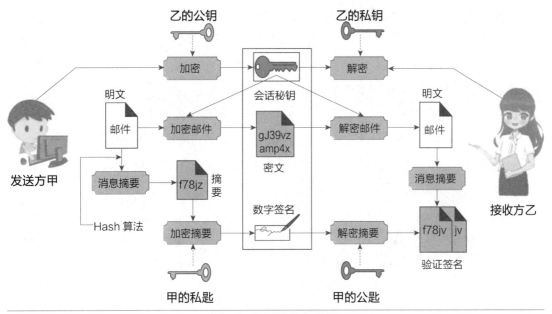

图7-4 数字签名的实现过程

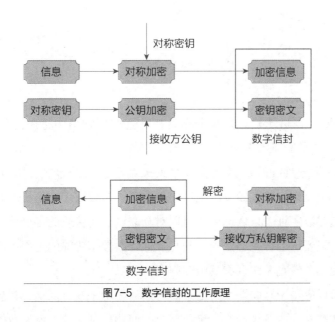

图7-5 数字信封的工作原理

　　数字信封综合了对称加密技术和公开密钥加密技术的优点，克服了对称密钥加密中对称密钥分发困难和公开密钥加密中时间长的问题，使用两个层次的加密来获得公开密钥技术的灵活性和对称密钥技术的高效性。采用数字信封技术后，即使加密文件被他人非法截获，因为截获者无法得到发送方的通信密钥，所以也不可能对文件进行解密。

　　（3）数字时间戳。数字时间戳（Digital Time-stamp）是由第三方提供的一种可信时间标记服务，通过该服务获得的数字时间戳数据可以用来证明在某一时刻数据已经存在。数字时间戳服务能提供电子文件发表时间的安全保护，是一个经加密后形成的凭证文档，包括三个部分：需加时间戳的文件的摘要、DTS收到文件的日期和时间、DTS的数字签名。

用户首先将需要加时间戳的文件用Hash编码加密形成摘要，然后将该摘要发送到DTS。DTS在加入了收到文件摘要的日期和时间信息后再对该文件加密（数字签名），然后送回用户，数字时间戳的工作原理如图7-6所示。

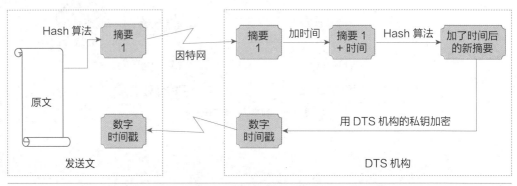

图7-6 数字时间戳的工作原理

（4）数字证书与CA认证。数字证书是指在互联网通信中标志通信各方身份信息的一个数字认证，是验证交易双方身份的重要技术。数字证书类似于现实生活中的身份证，它提供了一种在互联网上验证个人或组织身份的方式，由专门的认证中心（Certification Authority，CA）颁发。认证中心采用的是以数字加密技术为核心的数字证书认证技术，通过数字证书，认证中心可以对互联网上所传输的各种信息进行加密、解密、数字签名与签名认证等各种处理，同时能保障在数字传输的过程中不被不法分子入侵，或者即使受到入侵也无法查看其中的内容。

数字证书可以应用于互联网上的电子商务活动和电子政务活动，其应用范围涉及需要身份认证及数据安全的各个行业，包括传统的商业、制造业、流通业的网上交易，以及公共事业、金融服务业、工商税务、海关、政府行政办公、教育科研单位、保险、医疗等网上作业系统。

企业创新

全国首笔全流程线上数字证书业务落地甘肃

2021年9月1日，在中国人民银行兰州中心支行的指导下，兰州银行通过中征平台以数字证书形式为大禹节水集团上游企业嘉峪关晶鑫宸商贸公司在线发放50万元贷款。这标志着甘肃省数字证书确权业务模式取得突破，也是全国首笔全流程线上数字证书确权业务正式落地。

数字证书模式是中国人民银行征信中心创新推出的中征平台应收账款确权融资模式。在这种模式下，核心企业通过数字签章确认账款，确保应收账款的真实性和有效性，相较于传统系统对接模式，核心企业只要具备一定供应链规模即可开展业务，门槛较低，且核心企业无须开发接口，具有对接时间短、费用低等优势。

7.2.3 安全协议

在电子商务交易过程中，除了应具备相应的安全保护技术外，为了进一步确保交易文件的安全性，还需要一套相对完善的安全协议。安全协议是网络安全的一个重要组成部分，是以密码学为基础的消息交换协议，可用于保障计算机网络信息系统中秘密信息的安全传递与处理，确保网络用户能够安全、方便、透明地使用系统中的密码资源。由于网上交易过程所处的交易环境各不相同，需要的交易协议也不尽相同。目前，国际上相对完善的协议有SET协议和SSL协议等。

1. SET协议

SET（Secure Electronic Transaction）协议被称为安全电子交易协议，是由MasterCard和Visa联合网景（Netscape）、微软等公司于1997年6月推出的一种新的电子支付模型。SET协议是为在B2C模式下基于信用卡支付模式而设计的，它在保留对客户信用卡认证的前提下，增加了对商家身份的认证，保证了在开放网络上使用信用卡进行在线购物的安全，具有保证交易数据的完整性、交易的不可抵赖性等优点，成为目前公认的信用卡网上交易的国际标准。

SET协议为电子交易提供了许多保证安全的措施，如表7-5所示。

表7-5　SET协议提供的安全服务

安全服务	简介
保证客户交易信息的保密性和完整性	SET协议采用双重签名技术对SET交易过程中消费者的支付信息和订单信息分别签名，使得商家看不到支付信息，只能接收用户的订单信息；而金融机构看不到交易内容，只能接收到用户支付信息和账户信息，从而充分保证了消费者账户和交易信息的安全性
确保商家和客户交易行为的不可否认性	SET协议的重点就是确保商家和客户的身份认证和交易行为的不可否认性。其理论基础就是不可否认机制，采用的核心技术包括X.509电子证书标准、数字签名、报文摘要、双重签名等技术
确保商家和客户的合法性	SET协议使用数字证书对交易各方的合法性进行验证。通过数字证书的验证，可以确保交易中的商家和客户都是合法的，可信赖的

2. SSL协议

SSL（Secure Socket Layer）协议被称为安全套接字层协议，是由网景公司提出的基于Web应用的安全协议，它包括服务器认证、客户认证（可选）、SSL链路上的数据完整性和SSL链路上的数据保密性。SSL协议主要是使用公开密钥体制和X.509数字证书技术保护信息传输的机密性和完整性，并不能保证信息的不可抵赖性，主要适用于点对点之间的信息传输，常用Web Server方式。

对于电子商务应用来说，使用SSL可保证信息的真实性、完整性和保密性。但由于SSL不对应用层的消息进行数字签名，因此不能提供交易的不可否认性，这是SSL在电子商务中使用的最大不足。SSL协议提供的安全服务如表7-6所示。

表7-6　SSL协议提供的安全服务

安全服务	简介
信息保密	通过使用公开密钥和对称密钥技术达到信息保密。SSL客户机和服务器之间的所有业务都使用在SSL业务过程中建立的密钥和算法进行加密。这样就防止了某些用户通过使用IP数据包嗅探工具非法窃取信息
信息完整性	确保SSL业务全部达到目的。应确保服务器和客户机之间的信息内容免受破坏。SSL利用机密共享和Hash函数组提供信息完整性服务
双向认证	它是客户机和服务器相互识别的过程。它们的识别号用公开密钥编码，并在SSL业务中交换各自的识别号。为了验证持有者是其合法用户，SSL要求证明持有者在业务中对交换数据进行数字式标识，从而防止其他用户冒名使用证明。证明本身并不提供认证，只有证明和密钥一起才起作用

《中华人民共和国数据安全法》: 保护个人、组织与数据有关的权益

《中华人民共和国数据安全法》从2021年9月1日起施行, 该法是数据安全领域里的基础法律, 也是进行数据安全保障能力建设的纲领性文件。

《中华人民共和国数据安全法》是我国第一部有关数据安全的专门法律, 在其生效之后, 它将与《中华人民共和国网络安全法》及《中华人民共和国个人信息保护法》一起, 全面构筑中国信息安全领域的法律框架。《中华人民共和国数据安全法》涵盖总则、数据安全与发展、数据安全制度、数据安全保护义务、政务数据安全与开放、法律责任及附则。

根据《中华人民共和国数据安全法》, 国家保护个人、组织与数据有关的权益, 鼓励数据依法合理有效利用, 保障数据依法有序自由流动, 促进以数据为关键要素的数字经济发展。开展数据处理活动, 应当遵守法律、法规, 尊重社会公德和伦理, 遵守商业道德和职业道德, 诚实守信, 履行数据安全保护义务, 承担社会责任, 不得危害国家安全、公共利益, 不得损害个人、组织的合法权益。

7.2.4　其他安全技术

1. 防火墙技术

防火墙技术是通过有机结合各类用于安全管理与筛选的软件和硬件设备, 帮助计算机网络在其内外网之间构建一道相对隔绝的保护屏障, 避免入侵者对内部网络的攻击, 以保护用户资料与信息安全性的一种技术。

防火墙技术的功能主要在于及时发现并处理计算机网络运行时可能存在的安全风险、数据传输等问题, 同时可对计算机网络安全当中的各项操作实施记录与检测, 以确保计算机网络运行的安全性, 保障用户资料与信息的完整性, 为用户提供更好、更安全的计算机网络使用体验。新一代防火墙已经呈现出一种集成多功能的设计趋势, 具有虚拟专用网、认证、授权、记账、公钥基础设施、互联网协议安全性等多项功能, 甚至防病毒和入侵检测等主流功能也包含其中。

2. 区块链安全技术

区块链是新一代信息技术的重要组成部分，是分布式网络、加密技术、智能合约等多种技术集成的新型数据库软件，通过其数据透明、不易篡改、可追溯等特性，有望解决网络空间的信任和安全问题，推动互联网从传递信息向传递价值变革，重构信息产业体系。

当前全球主要国家都在加快布局区块链技术发展，进一步深化新一轮科技革命和产业变革。2021年6月，工业和信息化部、中央网络安全和信息化委员会办公室联合印发了《关于加快推动区块链技术应用和产业发展的指导意见》，将应用牵引、创新驱动、生态培育、多方协同、安全有序作为基本原则，并提出赋能实体经济、提升公共服务、夯实产业基础、打造现代产业链、促进融通发展等重点任务。

企业创新

全国首个区块链取证App上线

2020年12月，全国首个基于区块链技术的取证App在杭州发布。该取证App将在以社交电商、直播电商等移动端应用的监管执法中发挥重要作用。

直播带货这一新的电商模式加速进入大众生活，其火爆的背后也出现了不少隐患，如虚假宣传、假冒侵权等。在完善相关法律法规的同时，如何从技术层面破解监管取证难题成为当务之急。

过去，对于基于移动社交和直播等展开的电商交易活动进行监管，在取证上有三个难点：一是用户设备以移动端为主，降低了时间和空间对交易的束缚，增大了取证结果的不确定性；二是商品内容由平台集中展示、相对封闭的运营模式转为以数据驱动的智能营销、大数据营销模式，统一制式的取证系统已难以满足"千人千面"取证需要；三是平台治理模式由平台自治为主转为平台、主播、商家多方共治模式，加大了调查取证和数据获取的难度。

区块链取证App有望解决上述难题。该应用集成了录屏取证、录像取证、拍照取证、录音取证四个功能，并将区块链、电子签名、电子数据鉴定等技术运用于取证全过程，可满足监管执法人员随时、随地对相关手机应用软件、小程序、直播实况等进行取证，系统将自动生成含有区块链上链信息的固证文书。

试运行期间，评审专家利用该取证App完成了各大直播平台近百场直播实况数据的固定及违法线索取证，相关功能得到了进一步验证。

7.3 跨境电子商务风险防控

跨境电子商务对我国外贸提质增效、扩大外循环，以及产业链迈向中高端具有重要的推动作用。在现阶段，跨境电商快速发展，外贸企业梯队基本形成，跨境线上贸易市场多元化发展，外贸企业的品牌形象逐步提升。然而，跨境电子商务活动也面临一些风险。

7.3.1 跨境电子商务风险

跨境电子商务服务供应链（如图7-7所示）在跨境电子商务活动中具有重要作用，所有交易活动都体现在供应链的每一个节点上，每一个主体的活动和周围其他主体的活动都紧密相连、密不可分，每一环节的良好承接促成了整个供应链的良性运行。跨境电子商务活动的风险主要来自跨境电子商务服务供应链，其风险主要是在网络信息、支付平台和物流等方面。因此，合理分析跨境电子商务服务供应链的潜在风险十分必要。

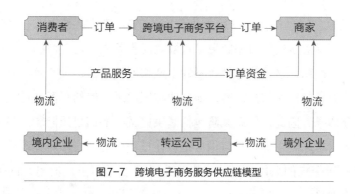

图7-7 跨境电子商务服务供应链模型

跨境电子商务活动的风险可以大致归为内部风险和外部风险。

1．内部风险

（1）跨境物流风险。跨境物流的运输时间、距离较长，并且比传统物流增加了通关、商检、退税、结汇、海外仓储等环节，这也在很大程度上增加了跨境物流的风险，而且跨境物流运输过程中所涉及的主体较多，物流成本、物流效率、物流损耗等情况被进一步扩大化，也增加了风险。

跨境物流中面临的风险包括跨境物流本身的风险和海关通关过程中的风险。跨境物流本身的风险是指在运输过程中，跨境物流费用较高、货物的损坏带来的赔偿风险，配送时间的延长超时、错发错运，甚至物品丢失等情况带来的责任风险。而海关通关风险是指由于海关的清关效率、商检水平、产品的通关率及产品特性等因素影响海关通关的效率，从而为供应链运营带来的风险。

◈ **协作探究**

一艘大型箱船搁浅，苏伊士运河大堵塞

2021年3月，长荣海运旗下一艘超大型集装箱船"EVER GIVEN"轮驶入苏伊士运河后不久，在苏伊士运河北部航段搁浅，该轮船长400米，宽59米，吃水15.7米，运力为20 388 TEU（国际标准箱单位），是目前世界最大级别的集装箱船舶。该船的搁浅造成南北双向交通受阻，亚欧航线延误叠加，给航运业造成较大的影响。

请以小组为单位，以此次事件为例，探究跨境电商企业应如何避免跨境物流所带来的风险。

（2）信息风险。信息作为电商服务供应链中的关键组成部分，主要包括商业信息和个人信息，存在着诸多的风险和隐患。跨境电商服务供应链在商品的流通和服务环节中，都会产生一些信息，这些信息具有不稳定性和不确定性，极有可能引发信息风险。

跨境电商的信息包括两部分内容，即企业与客户之间的信息流通情况、商品流通过程中的信息交互情况。因此，信息风险包括了供应链中的信息风险和网络自身的信息风险。供应链中的信息风险主要是来自供应链运作过程中的信息不对称现象及信息失真现象。而网络自身所带来的风险有网络安全隐患或遭受恶意进攻时出现的信息和数据泄露、交换延迟等现象。

（3）信用风险。跨境电子商务具有网络特有的虚拟性和开放性特征，这有利于减少因多主体参与交易而产生的信息沟通不畅问题，但同时会在一定程度上间接受到各个参与主体信用良莠不齐风险的影响。跨境电子商务信用风险通常包括两方面：一是跨境电子支付中的信用风险，二是产品流通过程中的信用风险。

在跨境电子商务活动中，跨境电子支付的信用风险主要体现在支付平台上。一方面，跨境电子支付涉及境内和境外的支付结算账户，经济主体存在的区域差异会造成管理规范等方面的差异，这会加大资金风险隐患；另一方面，电子支付平台自身存在局限性，可能会被黑客、不法分子甚至企业利用，成为资金非法转移和套现的工具，由此带来了一定的金融风险。除此之外，跨境电商活动的商品质量、退货流程、追责制度和相关权益存在问题，其体系和制度不够完善，相应的模式也不够标准，这同样给服务供应链和商务活动带来了风险和隐患。

2. 外部风险

（1）法律法规风险。跨境电子商务是涉及多个国家和地区的，不同的国家和地区有着不同的发展水平和法律监管体系。在这种环境下，跨境电子商务服务供应链难以满足所有国家和地区的法律要求，也许不会受到某些国家和地区的法律保障，进而使得交易过程容易出现法律风险。在一些国家和地区，跨境交易的相关政策和监管措施并不完善，存在一些风险问题，如客户信息泄露、售卖假冒伪劣产品、退换货争议问题、偷税漏税问题、知识产权被侵犯等。

（2）政治环境风险。跨境电子商务是不同国家和地区之间的交流合作，不同国家与地区有着不同的法律，不同的法律导致不同的监管体系，以至于在解决一些监管事件时，容易诱发政治环境风险。通常来说，跨境电商遵循的是贸易主体国家标准的贸易制度。但是，在利益的驱使下，一些国家还是根据自身的利益情况，对一些正常的商务活动进行过多干预，甚至会采用反倾销或其他贸易保护主义形式来破坏交易，进而使得跨境电子商务服务供应链面临着极大的政治环境风险。

⬡ 协作探究

亚马逊大规模封号之后，中国跨境电商路向何方？

2021年4月底开始，亚马逊平台上开始了一场对"刷单"和"刷评"卖家的无声"围剿"，许多卖家突然遭到封号或相关警告。美国电商数据公司Marketplace Pulse称亚马逊已暂停十几家参与虚假评论的中国卖家，被暂停卖家的总销售额超过10亿美元。同时，亚马逊再次重申和更新了一条规则：平台对所有违规评论行为零容忍，如果发现卖家试图操控评论，亚马逊立即并永久撤销卖家在亚马逊上的销售权限，同时扣留资金。

请以小组为单位，开展头脑风暴，分析事件发生的原因，并对中国卖家如何应对危机给出合理化建议。

（3）经济环境风险。跨境电子商务在经济全球化大环境下，国际市场的瞬息万变、市场经济的波动及各国汇率、利率的起伏比国内有着更多的不确定性。随着经济全球化

进程的不断推进，国家之间的经济联系越来越紧密，一国发生的经济危机可能会对区域甚至全球经济造成极大的影响。跨境电子商务中的经济环境风险主要是指围绕交易发生的经济环境的不确定性（包括市场化程度、商品交易流转时间、物流体系完善程度和劳动力自由流动程度等）而产生的风险。

（4）自然环境风险。自然环境所带来的风险问题对跨境电子商务行业的发展不容小觑。自然灾害包括地震、火灾、洪涝灾害等。自然灾害的发生可能使消费者购买的商品遭到破坏，进而威胁跨境电子商务活动。因此，自然环境风险问题也会间接影响跨境电子商务行业供应链的整体运作。

7.3.2　跨境电子商务风险防控

1. 加强跨境电商平台监管

（1）建立健全第三方信息平台。加强跨境电商第三方信息平台建设，对跨境电子商务参与主体的资质进行审查、信用评估，严格对卖家的经营资质、商业信用情况进行审查和备案，对企业认证、原产地认证、支付认证等进行把关。激励企业不断提高自身的信用水平，保证其供应的产品优质优量，诚信经营，以赢得良好口碑。

（2）跨境电商平台发挥监管作用。跨境电子商务平台要加强对商品和服务的实时监管，确保交易双方的合理权益，充分发挥其对自身的内部监督和对消费者的外部监督作用，加大对信用缺失、不诚信经营、买卖假冒伪劣商品等商家的处罚和惩治措施，严格把关买家的身份信息，对于诚信缺失的买家也应实行警告或限制其继续购买商品和服务。

（3）政府加强对跨境电商平台的监管。各国政府应大力扶持跨境电商行业，保持与贸易往来国的良好贸易关系，打通贸易壁垒，理顺物流渠道。同时，应加强对跨境电商平台运行的监管，促进企业在平台上的合法合规经营。如果出现严重的贸易纠纷，政府要以积极的态度参与国际贸易协商与沟通，妥善处理贸易摩擦与纠纷，抛开政治制度差异的成见，促进跨境电子商务的持续健康发展。

2. 健全跨境物流体系

（1）加大政策支持力度。跨境电子商务物流需要国家的政策支持，加大基础设施建设力度，对跨境物流进行技术、资金支持，为跨境物流提供良好的内部大环境。帮助物流企业建立完整的物流体系，以高信息化水平为依托，尽快形成一批管理高效的规模化物流企业。加速落实完善我国跨境电子商务相关规定和政策，实现全国范围的海关通关一体化，提高我国物流企业的通关效率，进而缩短物流周期。

（2）创新物流管理模式。国内的物流运输企业应在保障自身利益的前提下，提高服务水平并降低成本，运用先进的物流管理模式和物流运输标准，使其在运营上更加规范。同时，可通过国际沟通与协作，统筹利用境外的合理资源，不断为海关总署跨境电商通关服务平台的完善提出建议，提升服务系统的先进性，实现本国操作系统与境外海关操作系统对接。

（3）健全跨境物流基础设施。企业可通过在跨境电子商务涉及的国家或地区建立仓储基地等方式，努力优化物流配送环节，降低跨境商品运输成本，既提高了货物运输效率，保证了货物安全，又提高了客户满意度。搭建物流信息实时交互平台，提高物流信息交互的及时性和准确性，是对跨境物流环节经营风险防范的基础，进而促进跨境电子商务物流的健康发展。

3. 完善跨境支付监管模式

（1）规范跨境电商支付交易主体。支付机构应当按照国家外汇管理局的有关规定认真审核平台使用者的身份和交易信息，确认其身份的真实性，进行档案留底和保存。市场监管部门应借助网络监管信息化系统与网络交易平台大数据分析技术，完善对刷单炒信行为的监测监控，及时掌握其动向并加以惩处，以此督促跨境电商交易平台经营者加强内部信用管理。同时，可以开展网络市场定向监测，评估跨境电商经营者商品交易存在的风险，警示违法经营行为，并通过国家企业信息公示系统公示其行政处罚信息。

（2）建立支付安全保障系统。支付机构对信息核查时应采用效率高的大数据信息核查技术，加大对支付技术的研发，利用大数据云技术对支付数据进行加密，利用风险监控系统对可能存在的风险和已经出现的问题进行监控。同时，加强跨境电商支付的全方位安全认证，借助身份认证、口令认证与位置认证等加密方式完善支付的软硬件环境，从而提升跨境电商支付系统防病毒与防攻击能力，有效保护重要支付数据及文件不被篡改或盗取。

（3）严格把关支付机构资格认证。中央银行和相关监管部门应当加强监管，提高第三方支付机构的市场准入审核条件，对支付机构运行资格进行审核，对于该类公司的注册资本、业务范围、企业法人、信用状况、准入资格等方面的详细资料进行严格审查。同时，在第三方支付机构运营过程中要加强监管，掌握交易资金流向和交易信息，避免非法洗钱等不法行为的发生。

4. 健全跨境电商法律法规体系

（1）创新制度与国际接轨。电子商务具有全球化的特征，在发展过程中需要各国之间的公平竞争。因此，我国应站在全球化的角度上来推动我国跨境电子商务的发展，结合实际情况建立完善的法律法规体系，在此基础上与国际相协调并接轨。

（2）适时更新法律法规。跨境电子商务在发展过程中是不断变化的，其市场竞争也非常激烈。为了确保相关法律法规可以更好地适应跨境电子商务的发展，紧跟其发展的步伐，就要在时代发展的过程中更好地适应时代变革，适时更新法律法规，确保法律法规可以在跨境电子商务发展中充分发挥实用性的价值，全面进行实时监督。

❖ 法治护航

重点打击跨境电信诈骗，"两高一部"公布相关刑适文件

2021年6月22日，最高人民法院、最高人民检察院、公安部在京联合公布《关于办理电信网络诈骗等刑事案件适用法律若干问题的意见（二）》（以下简称《意见二》），将跨境电信网络诈骗犯罪作为"重中之重"进行严厉惩处，突出打击"两卡"犯罪重点。

据介绍，《意见二》共十七条，针对司法实践中存在的新的突出问题，如电信网络诈骗犯罪案件及关联犯罪案件的管辖，跨境电信网络诈骗犯罪案件的取证，"两卡"（涉手机卡、信用卡）犯罪案件的处理，办理电信网络诈骗犯罪案件的政策适用等进行了规定。

据统计，目前境外窝点作案已超过六成。针对此，《意见二》专门规定，在有证据证实行为人参加境外诈骗犯罪集团或犯罪团伙，在境外针对境内居民实施电信网络诈骗犯罪，诈骗数额虽难以查证，但一年内出境赴诈骗窝点累计时间30日以上或多次出境赴诈骗窝点的，应当认定为《中华人民共和国刑法》第二百六十六条规定的"其他严重情节"，以诈骗罪依法追究刑事责任。同时，坚持区别对待，宽严并用，宽严相济，确保良好社会效果。

（3）建立跨境电商企业信用评级系统。为提高跨境电商企业的风险防范意识，可对其在行邮通关渠道上建立信用分类评级制度，设立相应的评价标准，科学有效地对电商企业进行评级。海关单一的监管模式已经不能满足现在的境外电商需求，必须针对实际情况建立综合的监管模式。将境外电子商务企业纳入信息化通关管理系统，在一定程度上能够有效地解决跨境电商小额贸易无法获取结汇的问题，有效避免境外洗钱的监管风险，提高境外电商监督管理效率。

一、单选题

1. 在电子商务中，保证认证性、完整性和不可否认性的安全技术是（ ）。

   A. 数字签名　　　　　　　　B. 数字摘要

   C. 数字指纹　　　　　　　　D. 数字信封

2. 电子商务身份认证中的证书由（ ）。

   A. 政府机构发行　　　　　　B. 银行发行

   C. 企业团体或行业协会发行　D. 认证授权机构发行

3. 不对称密码体系中加密过程与解密过程共使用（ ）个密钥?

   A. 4　　　　　　　　　　　　B. 3

   C. 2　　　　　　　　　　　　D. 1

4. "软件、硬件或策略上的缺陷，这种缺陷导致非法用户未经授权而获得访问系统的权限或提高权限"，就是指（ ）。

   A. 网络威胁　　　　　　　　B. 安全漏洞

   C. 威胁代理　　　　　　　　D. 安全攻击

5. 下面选项中是对信息的完整性的正确阐述的有（ ）。

   A. 信息不被篡改、假冒与伪造

   B. 信息内容不被指定以外的人所知悉

   C. 信息在传递过程中不被中转

   D. 信息不被他人所接收

二、多选题

1. 以下选项中是对电子商务的重要威胁的是（ ）。

   A. 身份欺骗　　　　　　　　B. 邮件爆炸

   C. 篡改数据　　　　　　　　D. 拒绝服务

2. 常见的信息安全问题包括（ ）。

   A. 信息泄露　　　　　　　　B. 信息篡改

   C. 信息丢失　　　　　　　　D. 信息伪造

3. 在企业电子商务的安全认证中，信息认证主要用于（ ）。

   A. 信息的可信性　　　　　　B. 信息的完整性

   C. 通信双方的不可抵赖性　　D. 访问控制

4. SSL 协议提供的安全服务可保证信息的（　　　　　）。
   A. 真实性　　　　　　　　　　　　B. 完整性
   C. 不可否认性　　　　　　　　　　D. 保密性
5. 下列选项中公钥—私钥对的生成途径合理的有（　　　　　）。
   A. 网络管理员生成　　　　　　　　B. CA 生成
   C. 用户依赖的、可信的中心机构生成　　D. 密钥对的持有者生成

三、判断题

1. 公钥和用户唯一保存的私人密钥都可对外公开。（　　　）
2. 数字证书就是网络通信中标识通信各方身份信息的一系列数据。（　　　）
3. 数字签名是非对称密钥加密技术与数字摘要技术的应用。（　　　）
4. 在对称加密过程中，加密和解密使用的是不同的密钥。（　　　）
5. 健全跨境电商法律法规体系应创新制度，与国际接轨。（　　　）

四、案例分析题

　　电商 App 在为人们生活带来便捷的同时，也因数据覆盖面广、敏感度高，给个人隐私带来较大安全隐患。据统计，2020 年我国手机网络购物用户规模高达 7.81 亿人。与此同时，违规收集个人信息、大数据杀熟等乱象频发。仅 2021 年，工信部、公安部、网信办三大主管部门就多次通报或下架违规 App，涉及 4 000 余款 App。《中华人民共和国数据安全法》是我国第一部有关数据安全的专门法律，对于治理电商平台隐私数据泄露、滥用等乱象发挥着重要的作用。

　　请举例说明数据安全法在电子商务隐私数据保护中的应用。

实训主题：电子商务风险防控方案制定

实训背景：通过课程学习对电子商务存在的风险及风险防范技术有一定的了解，系统了解企业在风险防控方案中的思路。

实训目标： 1. 了解企业电子商务存在的风险。

2. 分析电子商务风险的防控思路。

实训操作： 1. 通过收集整理企业电子商务运营相关信息，归纳整理电子商务风险问题。

2. 走访校内合作企业进行调研，了解其电商经营中存有的风险及其解决方案。

3. 小组分享，展示分析结果，教师进行点评。

企业名称及简介	存在风险	解决方案

企业名称及简介	存在风险	解决方案

数字共舞

电子商务与产业融合

第 8 章

学习目标

✦ 知识目标

- 了解电子商务与产业融合的作用
- 了解从消费互联网到产业互联网演变的背景与区别
- 熟悉产业互联网的内涵与特点
- 掌握电子商务重塑农业、赋能工业、重构服务业的方式

✦ 技能目标

- 能够举例说明电子商务与产业融合的作用
- 能够清晰描述产业互联网的发展背景与特点
- 能够举例说明电子商务对农业、工业、服务业转型升级的促进作用
- 能够对电子商务与农业、工业、服务业融合发展的案例进行分析

✦ 素养目标

- 引导学生关心国家互联网发展新动向，树立对建设数字中国、网络强国的信心和责任，厚植家国情怀
- 引导学生了解国家对电子商务发展的"中国之治"，坚定"四个自信"
- 鼓励学生学以致用，建立为乡村振兴、制造强国、服务民生贡献力量的责任感
- 培养学生形成"向善"的职业伦理观，遵守商业伦理准则

思维导图

数字共舞：电子商务与产业融合

- 电子商务与产业融合概述
  - 电子商务与产业融合的作用
  - 从消费互联网到产业互联网

- 电子商务助力产业转型升级
  - 电子商务重塑农业
  - 电子商务赋能工业
  - 电子商务重构服务业

学习计划

- 知识学习计划

- 技能训练计划

- 素养提升计划

贝壳找房加速房产行业线上化和数字化变革

数据显示，我国居住服务业拥有超30万亿元的市场规模。由于线下物理空间具有复杂性、实时性等属性，居住空间的数字化建设速度远远滞后于消费者对美好居住需求的升级速度。贝壳找房联合创始人、CEO认为，新居住意味着要对居住服务全量信息进行数字化复刻，形成"数字空间"，并与实体空间完成同构，可在30万亿元的大赛道中迭代更多场景和应用。

作为科技驱动的居住服务平台，贝壳找房在居住服务领域线上化和数字化的实践一直处于领先水平。贝壳平台的楼盘数据库已收录超过2.15亿套房屋信息，并为用户提供包括二手、新房、租赁、装修等多样化业务；同时，平台连接起235个新经纪品牌和36万名职业化经纪人，从房源和服务品质上为用户提供多元选择。为了持续优化用户找房体验，贝壳找房还打造出诸如VR看房、AI讲房、VR带看，以及即将上线的可实现三方同屏、在线交易的新房VR售楼部等多个线上产品。围绕经纪人线上作业与平台线上管理，贝壳为经纪人和门店提供了全流程线上SaaS作业系统、数据分析管理系统，并以丰富的线上工具涵盖线上交流、房源匹配、签约交易等环节，以技术手段助推产业效率提升，加速全行业线上化进程，引领新居住时代的良性发展。

由于新冠肺炎疫情极大地抑制了用户线下的看房活动，进一步推动购房行为向线上迁移，房产交易流程被整体重塑，线上营销、线上作业已成为房产行业不可逆转的大趋势，行业正在加速迈入以数字化、智能化、品质化为特征的新居住时代。

案例启示：

贝壳找房通过科技创新，将数字化能力与产业能力深度融合，以极强的平台进化能力来更好地满足消费者需求。目前，网络订餐、线上购物，共享经济、数字经济改变着人们的生活方式，在互联网时代，传统服务业竞争加剧，如何进行数字化转型，是每一个企业都在面临的问题。

8.1 电子商务与产业融合概述

2015年全国"两会"，国务院政府工作报告首次提出"互联网＋"行动计划，"互联网＋"第一次被纳入国家经济顶层设计，对于整个互联网行业乃至中国经济社会的创新发展意义重大。随着国家"互联网＋"行动计划的实施，电子商务迎来新一轮重要发展机遇，呈现出一系列新内涵、新特征和新趋势，并且在大宗商品交易、个人消费服务、农村电商等领域迎来新发展，而且越来越多的传统产业涉足电子商务。例如，农业应用电子商务探索农产品信息追溯；制造业开展供应链信息化提升；线上营销、线下成交或线下体验、线上购买的商业模式也推动了传统商业与电子商务的融合发展。

8.1.1 电子商务与产业融合的作用

一直以来，传统产业和新兴产业的融合既是产业经济发展的新趋势，也是传统产业转型升级的主要路径之一。产业融合是指不同产业或同一产业不同行业相互渗透、相互交叉，最终融为一体，逐步形成新产业的动态发展过程。近年来，电子商务的飞速发展，对传统产业的物流、信息流、供需结构、产业结构等都产生了深远影响，这对传统产业来讲，既是挑战，更是机遇。

1. 为企业的产品革新提供指引

一方面，电子商务将传统商务流程电子化、信息化，通过缩短企业与用户的距离，降低交易成本，扩大需求；另一方面，在传统产业中，由于企业规模、信息化程度不同，导致企业关于市场、产品、用户的信息及用户关于生产者、产品的信息均是不对称的，企业与用户之间的信息鸿沟较大，不利于市场的平稳发展。然而，通过电子商务这一桥梁，企业能够实时收集产销信息，通过网络信息的及时反馈，将信息流转变为生产要素，并将其服务于技术进步和创新。

2. 推动传统企业以顾客需求为中心的流程创新

随着5G时代的到来，企业更为注重用户体验与智能制造，借助网络销售数据和行业电子商务交易数据，实时动态监控用户的偏好与需求特点的变化。向上延伸，从销售端向设计端渗透，指导产品的设计开发与创新；向下延伸，为了更紧密地贴合用户需求，企业必须更加专注于自身优势的培养，不断完善交易平台、物流体系等配套设施，提升企业的信息化和智能化水平。

3. 加快专业化分工，推进产业集群发展

电子商务的发展进一步扩大了市场辐射范围，通过其独有的信息集聚功能，使消费群体特征凸显，促进了产业的专业化分工，同时在消费者需求日趋多样化和个性化的影响下，企业更加专注于自身核心优势的培养，将生产环节精细化、上下游企业合作紧密化，推进了产业集群发展，促使传统产业与电子商务的不断融合。

8.1.2 从消费互联网到产业互联网

信息技术的发展让人类社会从物理世界迈入数字世界。在20世纪90年代，数字革命方兴未艾时，第一次数字经济的热潮开启。其中，数字技术主要在消费领域大规模进入商业化应用，门户网站、在线视频、在线音乐、电子商务等主要商业模式的终端用户几乎都是消费者，因此这一阶段也被称作"消费互联网"。

如今，网络连接已从人人互联迈向万物互联，技术应用从更加侧重消费环节转向更加侧重生产环节。以5G、云计算、人工智能等为代表的新信息技术，开始加速渗透到企业的研发设计、生产制造、供应链管理、客户服务等各个环节，随着消费互联网红利的逐渐减退，产业互联网已蓄势待发，以推进数字经济发展迈向新的高级阶段。消费互联网与产业互联网的比较如图8-1所示。

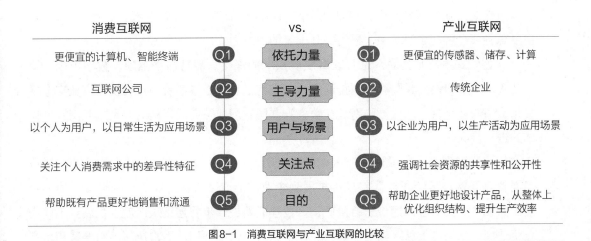

图8-1 消费互联网与产业互联网的比较

8.1 电子商务与产业融合概述

1. 消费互联网带动产业互联网

中国数字化转型最为典型的特征之一是前端消费互联网带动后端产业互联网发展。一方面，我国前端消费者的数字化习惯已经形成，覆盖娱乐、工作、生活、学习等多个方面，譬如，人们生活中衣食住行构建的消费互联网通过应用和商业模式创新，沿产业链牵引后端生产等环节进行数字化协同。另一方面，前端积累了大量数据，通过数字化应用等对后端的设计、供应、制造、流通等环节进行数据赋能，例如，在制造环节的智能互联、信息整合、数据决策、人机协作等，推动了产业互联网发展。

◎ 协作探究

衣食住行领域的数字化

中国消费者在行为上已呈现出线上线下多渠道、多触点全面融合的特征，这也使得中国在前端消费侧已经高度数字化。以衣食住行为例，在服装行业，数字化已催生了高度敏捷的商业模式，产品款式的迭代速度大幅领先国外同行；在饮食行业，数字化完全改变了中国消费者的堂食体验；在居住方面，中国智能家居市场呈爆发性增长；在出行行业，以互联网为基础的新兴出行方式在中国日渐丰富。

请以小组为单位，分别收集衣食住行领域的企业数字化案例，并进行分析。

2. 产业互联网的内涵

微课：产业互联网的内涵与特点

产业互联网是基于互联网技术和生态，通过对各个垂直产业的产业链和内部的价值链进行重塑和改造而形成的互联网生态和形态。产业互联网是一种新的经济形态，利用信息技术与互联网平台，充分发挥互联网在生产要素配置中的优化和集成作用，实现互联网与传统产业的深度融合，将互联网的创新应用成果深化于国家经济、科技、军事、民生等各项经济社会领域中，最终提升国家的生产力。

（1）模式：产业互联网是互联网发展模式的深化。随着网络强国、数字中国、智慧社会的加快建设，我国互联网正逐渐从过去的信息流通过消费平台转换成产业支撑平台和价值联动平台。产业互联网是在消费互联网发展成熟之后兴起的，是互联网发展模式的进一步深化。

从互联网到产业互联网的演进如图8-2所示。互联网完成了人与人的连接，形成了消费互联网；"互联网＋"将连接扩展到企业，形成了人与企业的外部连接，使得企业的商品与服务能够快速传递给用户；产业互联网进一步将连接从广度上扩展到不同产业企业间，从深度上纵深到企业内部，使得企业可以围绕用户需求重新组织要素和生产运营模式，更有效地实现供需匹配。

互联网	互联网+	产业互联网
连接人 以通信和社交为核心 实现人和人之间的信息高效交互	**连接服务** 连接人和企业服务 实现服务高效便捷传递给用户	**连接产业** 连接渗透到各企业和机构内部 实现用户需求和生产运营高效协同
C2C/B2C （用户→用户/企业→用户）	**B2B2C** （企业→平台→用户）	**C2B2B2C** （用户→平台→企业→用户）

图8-2 从互联网到产业互联网的演进

 中国方案

网络强国战略

党的十八大以来，以习近平同志为核心的党中央深刻把握网络信息时代的新特征和新规律，高度关注网络空间对全球经济、政治、文化、社会、生态等领域产生的深刻影响，准确把握时代大势，积极回应实践要求，站在战略高度和长远角度，重视互联网、发展互联网、治理互联网，统筹协调涉及政治、经济、文化、社会、军事等领域的网络安全和信息化重大问题，做出了一系列重大决策，出台了一系列重大举措，走出一条中国特色社会主义治网之路，形成了习近平网络强国战略思想。

2014年2月，中央网络安全和信息化领导小组成立。习近平主席亲自担任组长，李克强、刘云山任副组长。中央网络安全和信息化领导小组的成立显示出高层在保障网络安全、维护国家利益、推动信息化发展方面的决心。从党的十五大提出"推进国民经济信息化"，到党的十六大提出"坚持以信息化带动工业化，以工业化促进信息化"，再到党的十七大提出"大力推进信息化与工业化融合"，党的十八大以来，习近平总书记多次从保障网络安全、掌握核心技术、汇聚网络人才、清朗网络空间、加强国际合作等方面部署网络强国建设。党的十九大报告中八次提到互联网，其中，在信息化领域提出"数字中国、网络强国、智慧社会"三大目标，强调新型工业化和信息化的融合；在互联网内容建设方面，提出建立网络综合治理体系；在构筑总体国家安全观方面，强调把网络安全上升到国家安全的高度。互联网已经深入渗透中国现代化的各个领域，成为创新发展的强大驱动力。

8.1 电子商务与产业融合概述

（2）对象：产业互联网是以机构组织为主体的渐进式创新。产业互联网将服务主体从消费者转向企业，基于C端（个人用户）经验更好地服务B端（企业用户），其目的不是替代其他产业，而是协同升级，给其他产业提供新旧动能转换。因此，不应该盲目开展颠覆式创新，而更应该在遵循产业与行业的客观商业规律的基础上开展渐进式创新。产业互联网应用的渐进式创新如图8-3所示。

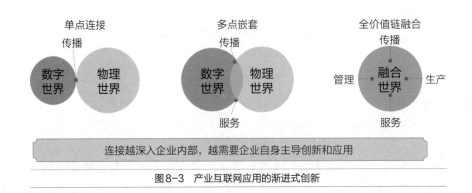

图8-3 产业互联网应用的渐进式创新

（3）手段：产业互联网是信息技术的综合应用。产业互联网不是用某项单一的技术来支撑，而是以数据作为基础资源，综合运用互联网、移动互联网、物联网、云计算、大数据、人工智能等信息技术，促进传统产业转型升级，带动新兴产业发展。产业互联网应用的信息技术如图8-4所示。

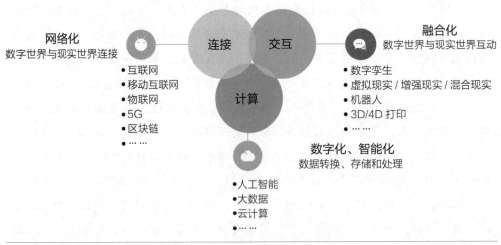

图8-4 产业互联网应用的信息技术

3. 产业互联网的特点

产业互联网实际上是产业的数字化，以及数字化后的联网，并借助数据的连接性和汇总性创造价值。产业互联网不仅是互联网技术与产业形态的融合，而且是互联网思维对传统产业的改造，将互联网所承载的庞杂信息，高效地运用到传统行业的生产、交易、融资、流通等环节，更广泛地连接市场、感知变化，更快速地反映需求，促进市场、产品、运营、组织、系统等方面的创新，推进产品升级、技术升级、服务升级、运营升级、管理升级和模式升级，帮助供需双方建立和谐共生的产业生态。产业互联网框架的五维特点如图8-5所示。

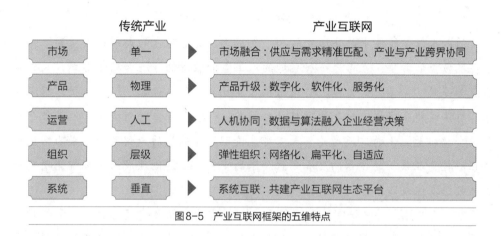

图8-5 产业互联网框架的五维特点

（1）市场融合：供应与需求精准匹配、产业与产业跨界协同。产业互联网的市场，不再是传统产业的单一市场，而是为满足需求而跨产业的要素融合市场。在智能化的供需配置支持下，产业互联网能够快速洞察不同用户群同类需求的特点及趋势，从而指导企业调整内部生产运营，甚至借助产业互联跨产业获取生产要素，以此来更好地满足需求。

（2）产品升级：数字化、软件化、服务化。利用信息技术，传统产业的物理产品将嵌入越来越多的数字功能。这促进了硬件产品向软件化、服务化方向发展，使得用户和企业都可以持续保持连接和交互，按需求购买服务的方式将广泛普及。

（3）人机协同：数据与算法融入企业经营决策。在数据和算法的支持下，人工和机器的分工合作将能达到更高层面的协同水平，即人与机器工作的无缝衔接。大量的流程性工作都将由机器承担，而人将更多负责对机器的管理维护，从事更需要创造力的决策工作。

（4）弹性组织：网络化、扁平化、自适应。产业互联网大大缩短了供给和需求的距离，而要实现供需快速、精准的匹配，就需要打造更有弹性的组织。网络化是指各组

　　　　　　　　　　　　8.1 电子商务与产业融合概述

织间借助信息化工具，实现实时直连和沟通；扁平化是指构建"前—中—后"台模式，前台小团队灵活机动对接市场，中台建立综合技术和资源支持平台降本增效，后台重点打造数据能力提升管理决策水平；自适应是指组织并非固化，根据市场变化自主调整。

（5）系统互联：共建产业互联网生态平台。以基础设施共享、综合技术应用、产业平台开放构建产业互联网平台，利用信息技术与各行各业深度融合，推动各行各业转型升级，创造新产业、新业务与新模式。

◈ 职业伦理

智能时代需要"向善"的技术伦理观

随着人工智能技术的快速发展和广泛应用，智能时代的大幕正式拉开，无处不在的数据和算法正在催生一种新型的人工智能驱动的经济和社会形式。人工智能成为一股"向善"的力量，持续造福人类社会，但也带来了隐私保护、虚假信息、算法歧视、网络安全等伦理与社会问题，引发了社会对新技术如何带来个人和社会福祉最大化的广泛讨论。人工智能伦理开始从幕后走到前台，成为纠偏和矫正科技行业狭隘的技术向度和利益局限的重要保障，伦理成为人工智能研究与发展的根本组成部分。

2019年7月，腾讯研究院和腾讯人工智能实验室联合研究形成了《智能时代的技术伦理观——重塑数字社会的信任》的人工智能伦理报告，认为在"科技向善"理念下，需要倡导面向人工智能的新的技术伦理观，这种技术伦理观主要包含三个层面：技术信任，人工智能等新技术需要价值引导，做到可用、可靠、可知、可控（"四可"）；个体幸福，确保人人都有追求数字福祉、幸福工作的权利，在人机共生的智能社会实现个体更自由、更智慧、更幸福的发展；社会可持续，践行"科技向善"，发挥好人工智能等新技术的巨大"向善"潜力，善用技术构建健康、包容、可持续的智慧社会，持续推动经济发展和社会进步。

8.2　电子商务助力产业转型升级

云计算、大数据、人工智能等新一代信息技术产业快速发展，推动传统产业转型升级，商务领域的数字化、网络化、智能化、融合化发展水平得到显著提升，数字经济蓬勃发展。作为数字经济最活跃、最集中的表现形式之一，电子商务创新发展推动经济数字化转型，助力重塑产业链、价值链和供应链，在促进消费升级、推动经济提质增效、助力脱贫攻坚、带动就业创业等方面发挥着越来越重要的作用，电子商务正全面引领数字经济的大发展。

8.2.1 电子商务重塑农业

1. 农村电商政策体系趋于完善

近年来，我国农村电商政策保持了较好的连续性和稳定性，总体导向是以实施乡村振兴战略为总抓手，抓重点、补短板、强基础，围绕"巩固、增强、提升、畅通"，深化农业供给侧结构性改革，顺利打赢脱贫攻坚战。2014—2021年，连续八年的中央一号文件均明确提出发展农村电子商务。为贯彻落实习近平总书记和党中央、国务院的重要指示和决策部署，国家有关部委先后出台推进综合示范、快递物流、产销对接、脱贫攻坚、乡村振兴等方面的政策文件。

◈ 中国方案

国家颁布相关政策，支持农村电商发展

在推进综合示范方面，财政部办公厅、商务部办公厅、国家乡村振兴局综合司于2021年5月11日发布了《关于开展2021年电子商务进农村综合示范工作的通知》，因地制宜、分类施策，以提升农村电商应用水平为重点，以线上线下融合为抓手，健全农村电商公共服务体系，推动县域商业体系转型升级，完善县乡村三级物流配送体系，培育新型农村市场主体，畅通农产品进城和工业品下乡双向渠道。

在消费扶贫方面，国务院办公厅于2018年12月30日发布《国务院办公厅关于深入开展消费扶贫助力打赢脱贫攻坚战的指导意见》，明确要动员社会各界扩大贫困地区产品和服务消费，推动各级机关和国有企事业单位等带头参与消费扶贫，推动东西部地区建立消费扶贫协作机制，动员民营企业等社会力量参与消费扶贫。国家发展改革委于2020年3月13日印发的《消费扶贫助力决战决胜脱贫攻坚2020年行动方案》指出，要大力发展农村电子商务，研究制定支持贫困地区加强农产品仓储保险冷链物流设施建设的政策措施，加快补齐农产品冷链物流"短板"，启动"快递进村"工程。

在网络扶贫方面，国家发展改革委、国务院扶贫办等部门于2020年3月联合印发了《2020年网络扶贫工作要点》，明确提出到2020年底前，电商服务通达所有乡镇，快递服务基本实现乡乡有网点，电商帮扶贫困户增收作用更加明显。

在农村物流配送方面，交通运输部、国家邮政局等18个部门于2019年8月联合印发了《关于认真落实习近平总书记重要指示推动邮政业高质量发展的实施意见》，提出到2022年，要基本实现邮政"村村直通邮"、快递"乡乡有网点"，通过邮政、快递渠道基本实现建制村电商配送服务全覆盖。2021年2月，《中共中央国务院关于全面推进乡村振兴加快农业农村现代化的意见》，提出加快完善县乡村三级农村物流体系，改造提升农村寄递物流基础设施，深入推进电子商务进农村和农产品出村进城，推动城乡生产与消费有效对接。加快实施农产品仓储保鲜冷链物流设施建设工程，推进田头小型仓储保鲜冷链设施、产地低温直销配送中心、国家骨干冷链物流基地建设。

2019年12月，农业农村部会同国家发展改革委、财政部、商务部印发了《关于实施"互联网+"农产品出村进城工程的指导意见》，提出要发挥"互联网+"在推进农产品生产、加工、储运、销售各环节高效协同和产业化运营中的作用，培育出一批具有较强竞争力的县级农产品产业化运营主体，建立完善适应农产品网络销售的供应链体系、运营服务体系和支撑保障体系，实现优质特色农产品产销顺畅衔接、优质优价，供给能力和供应效率得到显著提升，农民就业增收渠道进一步拓宽。

在乡村振兴方面，农业农村部、中央网络安全和信息化委员会办公室于2020年1月印发了《数字农业农村发展规划（2019—2025年）》，要求以产业数字化、数字产业化为发展主线，着力建设基础数据资源体系，加强数字生产能力建设，加快农业农村生产经营、管理服务数字化改造，强化关键技术装备创新和重大工程设施建设，全面提升农业农村生产智能化、经营网络化、管理高效化、服务便捷化水平，以数字化引领驱动农业农村现代化，为实现乡村振兴提供有力支撑。

2022年2月22日，《中共中央 国务院关于做好2022年全面推进乡村振兴重点工作的意见》，即2022年中央一号文件发布。这是21世纪以来我国第19个指导"三农"工作的中央一号文件。该文件聚焦产业促进乡村发展,明确提出"实施'数商兴农'工程,推进电子商务进乡村。促进农副产品直播带货规范健康发展"。

2. 农村电商推动农产品供应链演化升级

(1)"电商+消费"模式缓解了农产品滞销问题。农村电商通过信息平台使农产品实现了数据化和在线化,使农产品更好地与消费者进行匹配,使更多农产品进入全国市场。同时,电商平台不断创新营销方式,引导用户消费,帮助农产品实现了快速上行。例如,各大电商平台通过营销活动、网络直播带货、内容电商等方式不断推动农产品短时间内大规模成交,极大缓解了农产品的滞销问题。

✤ 文化视角

困难之下,电商连线,全国一盘棋

一方有难,八方支援。中国人民在面对困难和挑战时总是能够众志成城,团结起来,凝聚成强大的民族向心力。2020年年初,突如其来的新冠肺炎疫情给湖北许多藕农的莲藕产业带来一场重大危机。莲藕本是洪湖著名的农产品,得天独厚的水质和土壤孕育了粉藕的独特口感,从不缺乏销路,但新冠肺炎疫情的暴发让洪湖的藕农陷入了产品滞销的困境。

正当农户焦急等待之际,2020年4月初,一场由京东发起的"买光湖北货"的活动(见图8-6),让他们迎来了一场"及时雨"。在这一行动中,京东推出了系列举措,助力洪湖莲藕这样的滞销农产品走出田间地头,同时为商户提供缩短账期、降低平台费用等系列支持,缓解商户压力。此外,针对湖北地区的供应商开通了京东冷链物流绿色通道,又匹配了海量的营销资源。

"买光湖北货"会场上线当天,京东洪湖扶贫馆日均销量是3月的200多倍。此后,洪湖的莲藕

图8-6 京东"买光湖北货"活动页面

订单开始已大量增长，商户感受到了动员全国为湖北拼单的力量。随即，为湖北带货的风潮已席卷全国，潜江小龙虾、秭归橙子等农产品的销量也大幅增长。众多因新冠肺炎疫情滞销的湖北农产品走向全国，成为推动湖北经济复苏的重要力量。

（2）农村电商推动物流基础设施改造。物流网络与电商是以协同发展的方式共同推进的，农村电商的迅速发展引发了对农村地区物流网络发展的需求。在我国"快递下乡""快递西进""电子商务与快递物流协同发展"等政策的引导下，各大电商平台联合各大物流公司，积极构建贫困地区三级物流体系，以满足电商兴农带来的快递需求，提升物流效率，帮助打通农产品上行"最初一公里"。生鲜农产品电商发展推动了冷链物流体系的建设，一些生鲜农产品电商建设了自属的产地仓、区域仓储配送中心和前置仓，以满足日益增长的生鲜运送需要。

（3）聚焦农产品供应链上游，助力农业供给侧改革。电子商务打通了生产者和消费者之间的屏障，拓宽了农产品上行通道，并在庞大的市场需求下反向推动农业规模化生产、标准化发展，延长价值链，促进了农业产业结构转型升级。越来越多的电商企业投入农产品产业化进程中，将业务布局向农产品供应链前端延伸，实现了农业标准化生产、商品化处理、品牌化销售、产业化经营，重塑产业链，赋能农业。

随着我国城乡居民收入的不断增长，居民消费结构持续升级，对优质、特色农产品消费需求持续增加，对农产品产生了诸如绿色、有机、营养、保健等个性化、多样化的消费需求。农产品电商为顺应消费升级趋势，通过产业化运作，将更多优质特色农产品打造为网货，并形成品牌，走向全国乃至全球市场。农产品电商的不断发展进一步带动了农产品销售领域的分级、包装、预冷、初加工及配送等供应链体系的建设。农村电商通过重塑农产品供应链体系，推动一、二、三产业融合的方式推动现代化农业不断发展，助力乡村振兴，推动农业高质量发展。

3. 通过品牌建设提升农产品附加值

（1）推广地理标志产品及特色农产品品牌。电商平台常通过专门的农特产品窗口及网络营销活动等方式对农产品进行定期不定期的宣传推广，扩大了特色农产品的认知范围，提升了品牌知名度。同时，直播带货、社区团购、拼购等电子商务新模式、新业态蓬勃发展，手机变成了"新农具"，流量变成了"新农资"，直播变成了"新农活"，大量"村红"变身农特产品、农村旅游资源的代言人，直播电商通过"网红直播""田间地头直播"等模式，将原生态产品资源更直接地呈现给消费者，打造农产品网红畅销产品，对消费者进行有效引流，拓宽农产品上行渠道。

（2）开发区域公共品牌并进行推广。部分农村地区农特产品生产仍属于小农户作业，未实现资源整合、标准化生产，导致农特产品特色及品牌功能开发不足，无法吸引客户再次购买，影响了销路。借助电商发展力量，当地政府、龙头企业、电商平台等指导农户进行标准化生产，提升产品质量，之后协助品牌打造，提升产品价值。

企业创新

丽水山耕：两山理论　品牌赋能

"丽水山耕"品牌（其订单农业基地如图8-7所示）是引领生态精品农业发展，让丽水的好山好水都能转化为农民增收致富的区域公用品牌，也是丽水生态产品价值实现机制的一次重要探索。"丽水山耕"全面贯彻落实丽水"培育新引擎，建设大花园"的新定位和新使命，"丽水山耕"主要从以下几个方面逐步推进品牌可持续发展：

（1）完善"丽水山耕"品牌顶层设计。丽水市委、市政府以品牌农业为丽水市农业发展的顶层设计，在此基础上推动生态精品农业。该品牌委托浙江大学CARD中国农业品牌研究中心进行了全面策划，编制完成《丽水市生态精品农产品品牌战略规划》，并经由丽水市委、市政府发文实施，完善了品牌发展的顶层设计，为"丽水山耕"品牌的发展奠定了基础，搭建了框架。

图8-7　丽水山耕订单农业基地

（2）创新"丽水山耕"品牌运营机制。以丽水市生态农业协会的名义注册品牌，并选定国有独资企业丽水市农业投资发展有限公司进行运营。政府创牌保证了政府对品牌背书的公信力与公益性，协会注册保证了行业协会监管的约束性，国有企业运营保证了市场主体的灵活性。这一创新性的运营保障了"丽水山耕"区域公用品牌的可持续性发展。

（3）营造"丽水山耕"品牌大生态圈。政府、协会、农投公司、农业主体分工协作形成合力，从标准化、电商化、金融化等方面建构了"丽水山耕"生态圈。

（4）实施"母子品牌"战略实现共赢。以"基地直供、检测准入、全程追溯"为产品核心，采用首创"1+N"全产业链一体化公共服务体系，引导地标品牌及农业主体加入"丽水山耕"品牌体系，实现公用品牌作为"母品牌"，加盟企业品牌作为"子品牌"，以"母鸡带小鸡"双商标方式运营，有效提升农产品的信誉度和附加值，形成"平台＋企业＋产品"价值链，实现利益均衡分配。

在"丽水山耕"品牌的助推下，好产品卖出了好价钱，农民由此增收致富，践行了"绿水青山就是金山银山"的理念。

4. 推动农民转变思维，加速人才返乡创业

（1）新农人引导农民思维模式和经营模式转变。随着电子商务在农村的深入推进，农民和农村企业家对互联网的认识和接受程度大大提升，小范围的电商兴农成功案例通过示范效应进一步改变了农户的价值倾向，使更多的农民将目光转向农村电商，进而带动了村镇农业经营模式整体向电商模式转变。同时，电商平台依靠其技术优势和人才信息，帮助村镇农业培养新农人，协助其进行电商运营，一批优秀的新农人脱颖而出，带动了其他农户加入农村电商，以实现整村经营模式的转变。

（2）农村电商财富创造效应吸引人才返乡创业。政策的扶持、基础设施的完善、市场规模的扩大、越来越多的成功案例，吸引着越来越多的青年创业人才返乡，推动新农人规模不断壮大。农村电商发展离不开人才，加快农村电商人才培养，提高农村电商人才的整体素质，已成为农村电商发展的当务之急。

8.2.2 电子商务赋能工业

当前，互联网由消费领域、虚拟经济向生产领域、实体经济深度拓展，制造业向数字化、网络化、智能化加快转型，数据驱动、平台支撑、个性化定制、体验式消费、分享制造等新模式、新业态层出不穷。以互联网为代表的新一代信息技术与工业生产、商业流通的深度融合催生出了工业电子商务这一新模式和新业态，正成为驱动新一轮科技革命与产业变革的重要力量。

1. 促进生产模式向以消费者驱动转变

一直以来，我国制造业存在产能过剩、设备闲置、生产周期长、新产品开发慢、产品不适销、库存积压等问题。这些问题严重阻碍了工业制造的转型升级，致使企业的生产经营成本居高不下。另外，生产与市场的脱节，用户需求与供应商供应相左，造成货物长时间挤压，企业库存严重。

在生产制造环节，工业电子商务可在第一时间将消费者的个性化需求反馈给相关制

造部门或上游生产厂商，实现个性化定制和柔性制造，切实满足多品种、小批量、快速反应的市场需求。在营销环节，依托大数据分析，工业电子商务可以消费者为中心实现精准营销，促成产品与消费者的高效匹配，助力品牌发展。

2. 促使大企业构筑完整的产业链生态

大型企业的电子商务应用，可通过供应链纽带、上下游配套和技术扩散等途径辐射、引领一批中小企业加强电子商务应用，从而逐步整合和优化供应链中的信息流、物流、资金流，为整个产业链带来红利。大型企业的电子商务应用呈现出以下三种典型发展模式：

一是管理变革型，制造企业面向动态、多样化的消费需求，搭建开放式工业电商创新平台，重构网络化、扁平化、平台化的管理模式；

二是协同创新型，制造企业搭建网络化产业链协同创新平台，通过整合制造资源和生产能力，打造高效协同的社会化制造体系；

三是产业链整合型，制造企业利用自身业务优势，以"线下实体空间+线上孵化平台+'双创'服务"为发展主线，推动产学研"双创"资源的深度整合和开放共享，形成资源富集、高效协同的产业创新生态。

3. 为高端制造业的发展赋予新动能

工业电子商务的发展不仅能直接带动物流、信用、认证、金融支付和网络安全等支撑型生产性服务业的蓬勃发展，还将大力促进以云计算、大数据和工业软件开发等为代表的新生型生产性服务业的发展壮大，为经济发展赢得新空间。

服务型制造成为制造企业布局的新方向，大企业整合自身的技术、数据、资金、供应链资源，打造面向行业的智能云服务平台，拓展基于产品的增值服务和基于技术创新的专业服务。

❂ 企业创新

海尔COSMOPlat：世界智能制造的新坐标

2020年1月，世界经济论坛公布了新一批灯塔工厂名单，共有18家企业入选，其中就有海尔。海尔成为全球唯一在同一个国家拥有两座灯塔工厂的企业。灯塔工厂是什么？根据全球灯塔网络的官方说明，"灯塔工厂"是指在第四次工业革命尖端技术应用整合工作方面卓有成效、堪为全球表率的领先企业。"灯塔

　　　　　　　　　　　　　　　　　　8.2　电子商务助力产业转型升级

工厂"又被称为"世界最佳工厂"。

海尔的数字化转型能否被复制？海尔30多年的制造经验、对国际尖端技术和模式的探索、平台和人才等稀缺资源能否帮助更多的中国企业？5G、AI、人工智能等技术风起云涌，普通的传统制造企业如何搭上快车，享受技术红利？答案就是卡奥斯COSMOPlat。

卡奥斯COSMOPlat是由海尔自主研发的、具有中国自主知识产权、全球首家引入用户全流程参与体验的工业互联网平台，其核心是大规模定制模式，通过持续与用户交互，将硬件体验变为场景体验，将用户由被动的购买者变为参与者和创造者，将企业由原来的以自我为中心变成以用户为中心。

如今，卡奥斯COSMOPlat平台不仅广泛赋能国内外中小企业，给企业插上"工业互联网"的翅膀，提供一个共赢增值的平台，还主导着行业标准的制定，先后主导和参与了31项国家标准、6项国际标准，覆盖大规模定制、智能制造、智能工厂、智能生产、工业大数据、工业互联网6大领域，成为全球公认的大规模定制领域标准的制定者和主导者。

长久以来，建筑陶瓷行业被认为是传统旧产能的代表之一。淄博的建陶品牌统一陶瓷与卡奥斯COSMOPlat平台合作后，产品质量显著提升，原料采购价格平均下降了15%。此外，在行业销量下滑23%的情况下，企业销量逆势增长了30%，企业利润增长了32%。

同样，借助卡奥斯COSMOPlat平台，房车品牌康派斯的平均生产周期从原来的35天降低到了20天，主要生产材料的采购价格降低了12%，模块采购综合成本降低了7.3%，产品溢价提升了63%，订单量提升了62%，还实现了按照用户的精准需求生产定制产品。

此类案例还发生在农业、医疗、服装等各个行业的更多企业身上。目前，卡奥斯COSMOPlat已形成"1+7+N"体验云生态体系，即1个平台（卡奥斯平台）、7个模块（交互定制、开放创新、精准营销、模块采购、智能生产、智慧物流、智慧服务等覆盖全流程的七大环节），在衣、食、住、行、康、养、医、教等多个行业形成系统架构。

目前海尔卡奥斯COSMOPlat平台已在7大领域、15个行业、12大区域、全球20多个国家进行推广复制。作为工业互联网领域的首个"独角兽"企业，卡奥斯COSMOPlat未来发展的蓝图已经愈来愈清晰。将新一代信息技术与制造业深度融合，助力中国企业转型升级，为中国"智造"共享一个世界级的工业互联网平台，是卡奥斯COSMOPlat平台正在努力实现的宏伟目标。

8.2.3 电子商务重构服务业

随着互联网的蓬勃发展，传统商业和生活服务业竞争加剧，红利正在逐渐减弱，行业增速放缓，为实现降本增效和创新发展，企业积极融入互联网平台，进行数字化改造，行业线上化率不断提高。

1. 助推传统零售企业持续升级

AR（增强现实）、区块链、人工智能、智能供应链、无人零售、无人配送等关键技术已经在零售领域得到普遍应用，传统零售业借助新技术，实现生产、仓储物流、门店销售等各环节数字化，企业竞争力得到很大提升。电子商务助推零售企业的持续升级，主要体现在供应链、门店和消费端。

（1）供应链。供应链精细化管理是打造数字化供应链的重要基础。零售企业只有首先从门店/前置仓端、物流端来落地各类数字化管理体系，再用数字化来打通各个节点，才能真正构建起高效的数字化供应链，新零售变革下供应链面临的痛点与数字化解决方案如图8-8所示。

供应链调整方向	带来的供应链痛点	新的数字化解决方案
① 传统的大规模生产、大批量配货被小批量、高频率订单模式取代	①a 需求预测难度加大，流通通路仓库库存控制难	• 基于消费大数据的精准需求分析与预测，对企业物流提出整体解决方案
	②b 线上线下融合要求供应链反应更加敏捷，分立的物流体系导致计划难度增加	• 线上线下一体化、仓配物流一体化服务
② 仓库布局越来越贴近终端消费者，而"前置仓""门店仓"等新模式纷纷涌现，以便灵活快速供应	①a 前置仓/门店仓等仓库模式涌现，供应链网络布局（尤其是仓库布点）难度加大	• 基于数据驱动的仓储分拨网络布局设计和规划
	②b 干线及城配（尤其是到前置仓/门店仓等）配送成本升高	• 城市配送整体调度优化平台 • 无人驾驶、无人机的资源技术
③ 送货入户成为普遍要求	③a 最后一公里配送成本上升如O2O、重货入户等	• 智能调度系统 • 利用众包模式
④ 电商直接对接零售店，供应链环节被压缩	④a 到零售门店的配送成本居高不下	• 集中调配仓储资源，充分共享以提升效率 • 提升订单完成率

（来源：贝恩公司《零售新变革下的数字化供应链》）

图8-8 零售新变革下供应链面临的痛点与数字化解决方案

（2）门店。传统零售企业主动延伸现有商业业态，加大智能零售基础设施的投入，利用云技术实时观察客流变化，优化经营方案；开发在线定制、线上拼团、社群导购、智能门店，实现用户数字化、门店智能化和产品数字化。近年来，随着设备硬件及移动支付技术的成熟，一些新零售终端纷纷出现，主要包含无人便利店和自助售货机。无人便利店与传统便利店类似，借助自助收银、人脸识别等技术，实现部分新增场景的覆盖。

（3）消费端。提升以消费者需求为中心的数字化体验，通过微信公众号、小程序等渠道开展内容营销，提高转化效率。

2. 推动生活性服务业数字化

"生活服务业"以国家统计局在《生活性服务业统计分类（2019）》中的概念界定为基础，重点关注住宿餐饮、居民出行、体育文化、娱乐服务、培训服务等服务行业。生活服务业数字化是以数据为关键生产要素，通过数字技术与生活服务业的深度融合，推动生活服务业结构优化和效率提升，培育新产品、新模式、新业态，不断提升服务品质和个性化、多样化服务能力的过程。

经济数字化转型发展已是大势所趋，给人们的生产生活方式带来深刻改变。生活服务业在保持经济平稳增长、扩大就业、促进经济结构转型升级、培养壮大新动能等方面的地位和作用越来越大。生活服务业是中国现代服务业的重要内容，随着数字技术与生活服务业走向深度融合，生活服务业的发展模式、业态持续迭代，内涵不断丰富和发展。

（1）生活服务业数字化历程。我国生活服务业大致经历了信息在线化、交易在线化、服务移动化三个阶段的数字化历程。

①信息在线化。1994年至21世纪初，旅游、餐饮等服务和商户信息实现了初步线上化，在线点评模式出现，数字化生活服务初具互动性。

②交易在线化。21世纪初至2013年，生活服务业数字化全面开启线上交易、线下服务的商业模式，团购网站兴起引发的竞争非常激烈。

③服务移动化。2013年至今，随着移动互联网的普及和线上支付等基础设施的完善，基于位置服务（LBS）的生活服务新形态蓬勃发展，推动生活服务业数字化水平迈上新台阶。

（2）生活服务业数字化发展新趋势。新冠肺炎疫情给我国经济造成了巨大冲击，也给生活服务业数字化转型带来契机。在新冠肺炎疫情的冲击下，餐饮、住宿、旅游等服务业受到影响，取而代之的是线上零售、线上教育、线上娱乐、视频会议、远程办公等，驱动生活服务业数字化提速，催生了以无接触服务等为代表的新业态和新模式。数字化生活服务不仅保障了特殊期间人们的日常生活、学习和工作，而且展现出强大的发展能力，成为促进"六稳"和支撑中小微企业生存和发展的重要力量。在数字技术不断迭代、服务业格局持续演变等背景下，生活服务业的数字化呈现出以下新的发展趋势：

①从单环节突破到全链条渗透。生活服务业数字化正在突破单一环节的定点优化，并通过全产业链赋能实现价值创造，对行业发展形成质变影响。

从企业视角来看，网络与数字技术正在从客户引流、在线订单、售后服务等前端环节向供应链管理、人员管理、运营决策等后端环节渗透，通过打通前后端数据，增强联动，推动企业管理效能提升。以餐饮业为例，餐饮数字化正在逐渐从订餐向就餐和备餐环节渗透，智慧餐厅的概念开始深入餐饮数字化建设，体现在线上端的团购、外卖、订餐、排号，前厅端与后厨端的点菜、支付对接，后台端的运营和客户管理，形成数据驱动的一体化解决方案。

🔲 企业创新

探秘北京冬奥会智慧餐厅"机器人大厨"

北京冬奥会的高科技元素吸引了国内外媒体的关注，其主媒体中心的无人智慧餐厅成为北京冬奥会上一道靓丽的风景线，一系列新技术、新应用的落地，让"科技冬奥"从意愿走进现实。其相关新闻报道如图8-9所示。

微课：
探秘冬奥
会智慧餐
厅"机器人
大厨"

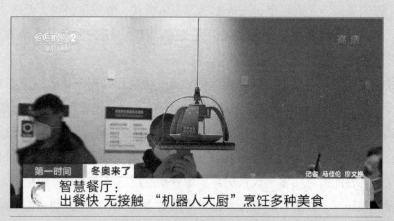

图8-9 北京冬奥会智慧餐厅新闻报道

在北京冬奥会智慧餐厅中餐区，美食大多"从天而降"。通过上方的机械化轨道自动送达对应的餐桌。饺子、宫保鸡丁、煲仔饭等美食都是热门选项。除了地道中国菜，"机器人大厨"还可以制作汉堡、比萨、鸡尾酒等多种类型菜肴。起锅、炒制、调味、装盘等环节自动完成，用料比例和烹煮时长都有严格的限制，不少用餐者表示，"机器人大厨"水平不亚于人工厨师。智慧餐厅配备了120台制餐机器人，24小时待命，可同时服务数千人。

不仅是在冬奥餐厅，北京的一些街头巷尾也在近期出现了无人炒菜餐车的身影。车内的机器人大厨可以制作500余种家常菜，定期更新菜谱，供消费者选择。餐食可根据个人喜好进行搭配，价格大多在15元左右。此外，还会随车供应干果等零食来满足更多消费需求。

从产业视角来看，网络与数字技术正沿着产业链向上下游相关行业企业延伸，通过数据的打通实现资源配置效率的提升。同样以餐饮行业为例，智慧餐厅的建设，有利于进一步推动智慧农业实现农产品溯源（原材料）、智慧物流提升资源配置效率（采购）、金融科技提升中小企业融资的便捷性等，使全环节、全链条的数字化进程加快，进一步激发了生活服务业的高质量发展。

②数字技术催生更多模式创新。不同技术的迭代，催生了以无人服务、虚拟经济、智能服务为代表的新业态。这些新业态对提升服务供给数量、激发新消费需求、提升供给效率起到关键作用。

无人服务业态未来将在更多生活服务场景中应用。机器视觉、模式识别等技术的发展，催生了无人货架、无人超市、无人配送等服务模式，解放了烦琐、低效、重复性工作上的人力，使生活服务业走向自助化、无人化。同时，无人服务在高难度清洁任务、车底检查、防疫等场景也有广泛的应用前景。

沉浸式体验服务向各生活服务细分领域渗透，成为提升用户体验的重要手段。VR/AR在游戏和影视中的应用为消费者提供视觉、听觉、触觉等感官模拟，形成使消费者身临其境的感官享受；在景区、博物馆、展览馆等场所，可以支持互动娱乐设施、全息博物馆和智能导览等建设；VR/AR内容也被应用到线上展览、景区宣传推广等领域；线上虚拟试衣、餐厅酒店实景、代售房屋实景等新应用已经进入推广阶段。

大数据、云计算、人工智能等技术在客户服务中被广泛应用，智能服务将重塑客户服务体验。生活服务业是最贴近消费者的服务行业，客户服务水平对于消费者感知和业务拓展至关重要，智能服务正在成为人工服务的有效辅助手段。一是智能语音客服能够帮助消费者实现订餐、排号、基本信息查询、售后服务、初级投诉等功能；二是在超高速网络支持下的机器人客服能够实现商场、景区等场所的导引服务和餐厅、酒店内的送餐服务等。

③多元主体协同共治。生活服务业已经进入"智慧经营"时代，越来越多的产业力量正在参与生活服务业的数字化进程。其中，政府主要起到维护行业秩序、规范行业发展的作用；企业通过业务联合数据共享，实现资源的有效协同；行业组织、研究机构发

挥行业影响力优势，推动跨平台标准对接；平台作为多主体力量整合的纽带，通过汇集客户、企业、数据，降低企业数字化转型门槛，增强数字化服务的可获取性，放大规模效应。"政、产、学、研"分别从政策引导、行业推动、理论保障、方法咨询等多角度发力，共同推动生活服务业数字化的进一步延伸，形成实用高效、规范有序的数字化发展局面。

❖ 法治护航

滴滴出行App下架

2021年7月，经国家互联网信息办公室检测核实，滴滴出行App存在严重违法违规收集使用个人信息问题。国家互联网信息办公室依据《中华人民共和国网络安全法》相关规定，通知应用商店下架滴滴出行App，要求滴滴出行科技有限公司严格按照法律要求，参照国家有关标准，认真整改存在的问题，切实保障广大用户的个人信息安全。

滴滴出行App下架整改，表现出国家对个人网络信息安全的重视，同时为平台经济的参与主体敲响了警钟。诸如大数据杀熟、二传手买卖、垄断式竞争等低质低效的商业模式将走向衰落，政府"有形的手"主动介入商业活动，将有效弥补市场的不足，加快市场淘汰，不适应时代要求的商业主体如不主动适应新挑战、新业态、新环境，将被迫出局。

8.2 电子商务助力产业转型升级

一、单选题

1. 产业互联网是一种（　　　）。

   A. 软件系统　　　　　　　　B. 经济形态

   C. 信息平台　　　　　　　　D. 技术手段

2. 产业互联网是以（　　）作为基础资源。

   A. 互联网　　　　　　　　　B. 信息技术

   C. 数据　　　　　　　　　　D. 消费者

3. 以下不属于电子商务对农业带来的影响的是（　　　）。

   A. 推动农民转变思维　　　　B. 推动农产品供应链升级

   C. 提升农产品附加值　　　　D. 加速农村城镇化

4. 以下不属于生活服务业数字化发展新趋势的是（　　　）。

   A. 从单环节突破到全链条渗透

   B. 数字技术催生更多创新模式

   C. 多元主体协同共治

   D. 交易在线化

5. 生活服务业数字化以（　　　）为生产要素。

   A. 数据　　　　　　　　　　B. 渠道

   C. 消费者　　　　　　　　　D. 互联网

二、多选题

1. 电子商务与产业融合产生的作用是（　　　　　）。

   A. 指引企业产品革新　　　　B. 推动客户为中心的流程创新

   C. 加剧专业化分工　　　　　D. 推进产业集群发展

2. 以下属于产业互联网特点的是（　　　　　）。

   A. 跨产业融合来满足市场需求　　B. 产品向数字化方向升级

   C. 机器取代人的工作　　　　D. 组织更加弹性

3. 农村电商在（　　　　　）方面推动农产品供应链演化升级。

   A. 缓解农产品滞销　　　　　B. 推动物流基础设施改善

   C. 促进农业供给侧改革　　　D. 提高农产品品牌价值

4. 电子商务促进大型企业产业链生态发展模式有（　　　）。

    A. 管理变革型
               B. 协同创新型

    C. 产业链整合型
            D. 个性化定制型

5. 生活服务业数字化经历了（　　　）历程。

    A. 信息在线化
               B. 交易在线化

    C. 服务移动化
             D. 治理多元化

三、判断题

1. 电子商务与传统产业融合对传统产业既是挑战也是机遇。（　　）

2. 消费互联网主要实现的是人与人之间的连接，而产业互联网以万物互联为目标。（　　）

3. 产业互联网是以机构组织为主体的颠覆式创新。（　　）

4. 农村电商利用其信息平台的作用使农产品实现了数据化、在线化，使农产品更好地与消费者进行匹配。（　　）

5. 生活服务业数字化是对单一环节的定点优化。（　　）

四、案例分析题

    家装行业虽有庞大市场和光明前景，但同时具备了复杂、分散、低频和依赖人工的特点，产业链上中下游相对独立，且以小微企业为主。面对这样的情况，先行先试的土巴兔历经三次革新，将互联网家装平台带入了一个相对开放的生态环境。

    土巴兔以"装修就上土巴兔"的理念深入人心，在消费互联网占据一席之地；这家公司现在想做的是深耕产业互联网。为消费者提供服务的正是装修公司和建材公司。从某种意义上来说，土巴兔一直在做的事是连接，用平台连接C端用户和B端建材商、设计师和装修公司等，并在此基础上为B端装修企业提供供应链、金融等赋能服务，因此投入产业互联网是水到渠成的事。

    请分析，土巴兔在从消费互联网到产业互联网迈进的过程中，采取了哪些创新举措？又是如何助推行业变革，领跑互联网家装行业的？

实训主题：电子商务赋能家乡农产品上行，助力乡村振兴

实训背景：开发好农村电商这一个大市场，离不开专业的"开垦人"。在广西壮族自治区北流市，上百名"80后"农民和返乡青年们，通过电商、短视频等平台，将家乡的百香果从田间地头卖向了全国各地，生意做得红红火火。除了像北流市这样的年轻人外，全国各地还有更多年轻人立足本地，激发农产品上行的新活力，并将新业态复制到全国。请同学们分析如何学以致用，通过所学知识服务家乡特色农产品上行。通过本实训任务，精选家乡特色农特产品，通过产品调研、市场分析、品牌策划、供应链打造、电商渠道建设、营销推广等措施系统打造农产品上行方案，服务家乡乡村振兴，提升服务社会、为祖国做贡献的本领、能力和情怀。

实训目标：1. 通过政策调研了解乡村振兴国家战略。

2. 通过实地调研、网络调研等手段，了解家乡农特产品现状，培养学生调研研究能力。

3. 通过制定电子商务助力农产品上行的方案，引导学生学以致用，激发学生服务家乡振兴的责任感。

实训操作：1. 开展网络调研，了解国家支持乡村振兴的相关政策。

2. 实地走访家乡，探寻特色农产品，调研其种植、市场、销售等实际情况，并通过网络调研市场竞争情况。

3. 制定电子商务助力家乡特色农产品上行的方案，并进行项目路演。

4. 企业专家评价，小组互评，教师点评。

[1] 商务部电子商务和信息化司.中国电子商务报告2020[M].北京：中国商务出版社，2021.

[2] 商务部电子商务和信息化司.2021年上半年中国网络零售市场发展报告[R].2021.8.

[3] 商务部电子商务和信息化司.2020年网络零售市场发展报告[R].2021.3.

[4] 许应楠.电子商务基础与实务[M].2版.北京：高等教育出版社，2021.

[5] 赵莉，林海.电子商务法律法规[M].北京：高等教育出版社，2021.

[6] 林海.新媒体营销[M].2版.北京：高等教育出版社，2021.

[7] 杨立钒，杨维新，杨坚争.电子商务导论[M].北京：电子工业出版社，2021.

[8] 邓志新.跨境电商理论、操作与实务[M].北京：人民邮电出版社，2018.7.

[9] 王法涛.电子商务产业链治理及升级路径[M].上海：上海人民出版社，2016.11.

　　林海，教授，南粤优秀教师，广东科学技术职业学院商学院院长；国家专业教学标准研制核心组成员，全国职业院校技能大赛中职组电子商务技能赛项专家组组长；课程思政教学名师，广东省职业教育"双师型"名教师工作室主持人，广东省高职教育（电子商务）专业领军人才，广东省高职教育高水平专业群负责人，广东省一类品牌专业负责人，广东省职业教育教学成果一等奖第一完成人；珠海市电子商务协会副会长，金湾区电子商务服务中心主任，曾担任惠威音响、帕琦品牌电子商务运营总监，珠海罗西尼表业电子商务顾问。先后主持《高等职业教育创新发展行动计划（2015—2018年）》项目3项，省级品牌专业建设项目2项，省级协同创新中心建设项目1项，企业横向技术服务项目6项，发表论文20余篇，主编新形态一体化教材4部。主持的"新媒体营销"被评为教育部首批课程思政示范课程。

郑重声明

高等教育出版社依法对本书享有专有出版权。任何未经许可的复制、销售行为均违反《中华人民共和国著作权法》，其行为人将承担相应的民事责任和行政责任；构成犯罪的，将被依法追究刑事责任。为了维护市场秩序，保护读者的合法权益，避免读者误用盗版书造成不良后果，我社将配合行政执法部门和司法机关对违法犯罪的单位和个人进行严厉打击。社会各界人士如发现上述侵权行为，希望及时举报，本社将奖励举报有功人员。

反盗版举报电话 （010）58581999 58582371 58582488

反盗版举报传真 （010）82086060

反盗版举报邮箱 dd@hep.com.cn

通信地址 北京市西城区德外大街4号 高等教育出版社法律事务与版权管理部

邮政编码 100120

防伪查询说明

用户购书后刮开封底防伪涂层，利用手机微信等软件扫描二维码，会跳转至防伪查询网页，获得所购图书详细信息。用户也可将防伪二维码下的20位密码按从左到右、从上到下的顺序发送短信至106695881280，免费查询所购图书真伪。

反盗版短信举报

编辑短信"JB，图书名称，出版社，购买地点"发送至10669588128

防伪客服电话

（010）58582300

资源服务提示

授课教师如需获得本书配套教辅资源，请登录"高等教育出版社产品信息检索系统"（http://xuanshu.hep.com.cn/）搜索本书并下载资源。首次使用本系统的用户，请先注册并进行教师资格认证。

高教社电子商务专业QQ群号：218668588